RELAÇÃO DE TRABALHO RESPONSÁVEL

Responsabilidade social empresarial e afirmação dos direitos fundamentais no trabalho

MARCOS CÉSAR AMADOR ALVES

Advogado, Titular de Amador Alves Advogados, Doutorando em Direito do Trabalho pela Faculdade de Direito da Universidade de São Paulo — USP, Mestre em Direito das Relações Sociais pela Pontifícia Universidade Católica de São Paulo — PUC-SP, MBA em Administração de Empresas para Graduados na Fundação Getúlio Vargas de São Paulo — FGV-SP — CEAG, *International Fellowship Program* na Organização das Nações Unidas (ONU), em Nova York, realizou estudos pós-graduados e atividades acadêmicas na *Facoltà di Giurisprudenza della Università degli Studi di Roma Tor Vergata*, na *Facoltà di Giurisprudenza della Università degli Studi di Roma La Sapienza* e na *Columbia Law School*, em Nova York, foi Presidente da Comissão de Direito Empresarial do Trabalho da OAB/SP e Membro Oficial de Missão Diplomática na Organização das Nações Unidas (ONU), em Nova York.

MARCOS CÉSAR AMADOR ALVES

RELAÇÃO DE TRABALHO RESPONSÁVEL

Responsabilidade social empresarial e afirmação dos direitos fundamentais no trabalho

LTr 75

LTr EDITORA LTDA.
© Todos os direitos reservados

Rua Jaguaribe, 571
CEP 01224-001
São Paulo, SP — Brasil

Fone (11) 2167-1101

LTr 4307.4
Janeiro, 2011

Visite nosso site
www.ltr.com.br

Dados Internacionais de Catalogação na Publicação (CIP)
(Câmara Brasileira do Livro, SP, Brasil)

Alves, Marcos César Amador
   Relação de trabalho responsável : responsabilidade social empresarial e afirmação dos direitos fundamentais no trabalho / Marcos César Amador Alves. — São Paulo : LTr, 2011.

   Bibliografia
   ISBN 978-85-361-1643-3

   1. Brasil — Constituição (1988) 2. Contrato de trabalho 3. Direito fundamental 4. Direito do trabalho 5. Empresas — Responsabilidade social 6. Trabalhadores — Relações profissionais I. Título.

10-11695   CDU-34:331(81)

Índice para catálogo sistemático:

1. Brasil : Responsabilidade social do
   empregador : Direito do trabalho 34:331(81)

*Dedico esta obra aos meus pais,
Jeronimo e Madalena, os quais, pelo exemplo
do amor incondicional, da honestidade, do trabalho,
da dignidade, da coragem e do idealismo, iluminam
meu caminho, delineiam meu fado.*

*Meus sinceros agradecimentos
aos estimados professores da Faculdade
de Direito da Pontifícia Universidade Católica
de São Paulo, cujos ensinamentos foram
fundamentais para a elaboração deste trabalho.*

*Agradeço, pela inestimável confiança e decisivo apoio,
ao admirado mestre e educador exímio,
Prof. Dr. Paulo Sérgio João, dedicado orientador,
cujo entusiasmo pelo Direito do Trabalho exerceu sobre mim,
desde os tempos da graduação, decisiva influência.*

*Aos amigos que conheci ao longo do curso e que,
por certo, perdurarão.*

*Minhas homenagens aos advogados com os quais
aprendo a me dedicar à incessante luta pela Justiça
e a amar a advocacia.*

*Aos meus familiares e amigos,
sem os quais nada seria possível.*

*Em especial à Cris,
a quem dedico todo meu amor.*

SUMÁRIO

ABREVIAÇÕES 13

APRESENTAÇÃO 15

PREFÁCIO 23

INTRODUÇÃO 27

CAPÍTULO I — Responsabilidade social empresarial 33

1.1. Perspectiva histórica e abrangência transnacional 34
1.2. Conceito e dimensões 36
1.3. Um novo papel das empresas na sociedade 38
1.4. Função social e lucro 39
1.5. Ética corporativa e responsabilidade social empresarial 41
1.6. Sustentabilidade empresarial e *triple bottom line* 42
1.7. Teoria dos *Stakeholders*: o foco no público interno e nas práticas trabalhistas de fornecedores 43
1.8. Responsabilidade social empresarial e Direitos Humanos ... 44
    1.8.1. Responsabilidade social empresarial e proteção da dignidade do trabalhador 45
1.9. O papel essencial dos particulares para a efetivação da proteção da dignidade do trabalhador 46

CAPÍTULO II — Responsabilidade social empresarial e Direito 48

2.1. Princípio da dignidade da pessoa humana 49
2.2. Direito, Ética e Justiça Social 52
2.3. Eficácia social e eficácia jurídica 54
2.4. A apropriação dos instrumentos de regulação pelos particulares e seus efeitos ... 57

2.5. Particularidades do Direito Internacional 58
2.6. *Soft law*: empoderamento por meio da responsabilidade social empresarial 59
2.7. Responsabilidade social empresarial, dignidade da pessoa humana e a melhoria das condições de trabalho 60

CAPÍTULO III — Definição dos direitos fundamentais no trabalho 62

3.1. Os desafios da proteção internacional ao trabalho humano e a complexidade do mundo moderno: desumanização 67
    3.1.1. O enfrentamento do *dumping social* 70
3.2. O estabelecimento de *standards* internacionais de direitos 71
3.3. A OIT, o Direito Internacional do Trabalho e a afirmação dos direitos fundamentais no trabalho 72
3.4. O processo permanente de construção dos direitos fundamentais no trabalho 75
3.5. As principais declarações internacionais de direitos e a proteção ao trabalho 76
    3.5.1. A Declaração de Princípios e Direitos Fundamentais no Trabalho da OIT 79
    3.5.2. Direito ao trabalho decente e os postulados da OIT 81
        3.5.2.1. Conceito de trabalho decente 82
        3.5.2.2. Dimensões do trabalho decente 83
    3.5.3. O trabalho seguro e saudável 85
3.6. Panorama brasileiro: afirmação dos direitos fundamentais no trabalho e a responsabilidade social empresarial 86
    3.6.1. Convenções fundamentais da OIT ratificadas pelo Brasil 88
    3.6.2. Leis brasileiras que ressaltam a responsabilidade social empresarial nas relações de trabalho 91
    3.6.3. Práticas empresariais em destaque 94

CAPÍTULO IV — Interseção entre os direitos fundamentais no trabalho e a responsabilidade social empresarial 96

4.1. A necessária complementação da ação da OIT 97
    4.1.1. Densidade normativa dos direitos fundamentais no trabalho 98
    4.1.2. Mecanismos de promoção, supervisão, aplicação e seguimento da Declaração de Princípios e Direitos Fundamentais no Trabalho da OIT e dos postulados do trabalho decente 100
4.2. O desafio da implementação dos direitos fundamentais no trabalho e o ideal da concretização dos direitos sociais 102
4.3. O valor social do trabalho e a proteção da dignidade do trabalhador como princípios éticos 103

4.4. Globalização justa e a sua dimensão sociotrabalhista 105

4.5. A responsabilidade social empresarial na afirmação dos direitos fundamentais no trabalho 108

4.6. A permeabilidade das diretivas da responsabilidade social empresarial aos direitos fundamentais no trabalho 111

CAPÍTULO V — Normalização da responsabilidade social empresarial 113

5.1. Conceito e noções gerais 113

5.2. Princípios e diretivas 114

5.3. Normalização da responsabilidade social empresarial na afirmação dos direitos fundamentais no trabalho 115

5.4. Norma SA 8000 da *Social Accountability International* 115

5.5. Acordos globais, códigos de conduta empresarial, preceitos de governança corporativa e diretivas de responsabilidade social empresarial diversas 122

CAPÍTULO VI — A afirmação dos direitos fundamentais do trabalho como pressuposto primeiro da responsabilidade social empresarial 127

6.1. A crise da proteção ao trabalho e a sua reafirmação por meio da vertente dos direitos fundamentais e da responsabilidade social empresarial 130

6.2. Direitos fundamentais no trabalho, responsabilidade social das empresas e Justiça Social 133

6.3. A relação de trabalho responsável e a afirmação da dignidade da pessoa humana ... 135

6.4. O paradigma da relação de trabalho responsável 136

    6.4.1. Proposta para a formulação de um conceito novo 136

    6.4.2. Elementos básicos 137

    6.4.3. Elementos complementares 143

    6.4.4. Perspectivas 146

6.5. Humanizar as relações de trabalho no mundo contemporâneo: por uma nova ética global 147

CONCLUSÕES 153

BIBLIOGRAFIA 159

APÊNDICE

Caso Nike 173

Caso Bradesco 175

Caso Cosan 177

Caso JBS-Friboi 179

Caso Vale do Rio Doce 182

ANEXOS

Declaração da OIT sobre os princípios e direitos fundamentais no trabalho e seu seguimento 189

Convenções da OIT referenciadas 193

Norma SA 8000 da *Social Accountability International* 194

Lista de empresas brasileiras certificadas de acordo com a norma SA 8000 da *Social Accountability International* 203

FLUXOGRAMAS 207

ABREVIAÇÕES

AA1000 — Accountability 1000
CEPAA — Council on Economics Priorities Accreditation Agency
CF — Constituição Federal
CLT — Consolidação das Leis do Trabalho
DUDH — Declaração Universal dos Direitos Humanos
ECA — Estatuto da Criança e do Adolescente
ETI — Ethical Trade Initiative
FLO — Fair Trade Labelling Organizations International
GRI — Global Reporting Initiative
ISO — International Organization for Standardization
OCDE — Organização para a Cooperação e Desenvolvimento Econômico
OIT — Organização Internacional do Trabalho
OMS — Organização Mundial da Saúde
ONG — Organização Não Governamental
ONU — Organização das Nações Unidas
PLR — Participação nos Lucros e Resultados
RSC — Responsabilidade Social Corporativa
RSE — Responsabilidade Social Empresarial
RSE — Responsabilidade Social Empresarial Interna
SA 8000 — Social Accountability 8000
SAI — Social Accountability International
SGRS — Sistema da Gestão da Responsabilidade Social

APRESENTAÇÃO

É notável o interesse crescente pelo estudo e pela compreensão da responsabilidade social empresarial em seus aspectos e dimensões. Profissionais como advogados, administradores e economistas, empresários, estudantes, gestores públicos, especialistas em recursos humanos, enfim, diferentes grupos de interesse, buscam conhecer as características e exterioridades deste autêntico fenômeno. Referida realidade decorre das exigências impostas por uma sociedade cada vez mais consciente e engajada, formada por cidadãos, consumidores, trabalhadores e governantes que reivindicam comprometimento efetivo das empresas com a sustentabilidade, com a governança corporativa, com a equidade social, com as futuras gerações. Uma nova postura empresarial, um novo comportamento passa a ser demandado como expressão deste verdadeiro movimento de mudança, o qual suscita a difusão de instrumentos de estudo e orientação para uma efetiva compreensão e um entendimento pleno.

A obra *Relação de Trabalho Responsável — Responsabilidade Social Empresarial e Afirmação dos Direitos Fundamentais no Trabalho* tem a pretensão de despertar a sociedade para este autêntico movimento de mudança, observando os parâmetros acadêmicos exigidos para estudos de tal tipo.

O livro apresenta o estudo da responsabilidade social empresarial em sua relação concludente com a materialização dos direitos fundamentais do trabalho. A aplicação irrestrita dos direitos fundamentais no trabalho e do trabalho decente são pressupostos primeiros para o verdadeiro reconhecimento da responsabilidade social empresarial, correspondendo ao paradigma, ora proposto, da relação de trabalho responsável. A conjugação da responsabilidade social empresarial com o conteúdo jurídico das declarações de Direitos Humanos, formalizadas como normas de Direito Internacional, representa, na vertente de proteção ao trabalho humano, poderosa interação e influente aparato destinado ao enfrentamento dos desafios da efetivação dos direitos fundamentais.

As empresas, por desempenharem papel proeminente nas relações sociais contemporâneas, ao assumirem compromisso autêntico com a responsabilidade social, orientam a reconciliação entre desenvolvimento econômico e Justiça Social, preconizando e prestigiando a formatação de padrões de emprego e ocupação laboral que respeitam e concretizam os direitos humanos no trabalho.

No seu desenvolvimento, o trabalho de pesquisa destaca a evolução das dimensões da responsabilidade social empresarial e suas relações com o Direito. Apresenta a determinação dos direitos fundamentais no trabalho e sua interseção com a responsabilidade social corporativa, destacando os aspectos de sua normalização. Exprime a realização dos direitos fundamentais no trabalho como meio de resistência aos efeitos deletérios da precarização da proteção jurídica das condições de trabalho, do trabalho indigno. A decorrente construção do paradigma da relação de trabalho responsável, como vínculo ético-jurídico, representa instrumento de efetivação da proteção da dignidade da pessoa humana, despertando uma nova dimensão ética para o ideal da globalização equitativa e da Justiça Social, enfocada na afirmação verdadeira dos Direitos Humanos, da consagração da dignidade da pessoa humana como valor central da sociedade internacional, da humanização das relações de trabalho.

A postura corporativa que se restrinja a almejar lucro não é mais aceitável na sociedade contemporânea. A sociedade, cada vez mais, tem a consciência de que a aplicação irrestrita dos direitos fundamentais no trabalho e a concretização dos elementos do trabalho decente e seguro são pressupostos primeiros para o verdadeiro reconhecimento da responsabilidade social empresarial, que pode, verdadeiramente, representar a reconciliação efetiva e prática entre desenvolvimento econômico e Justiça Social. Toda pessoa tem direito ao trabalho, respeitando-se sua dignidade e seus direitos fundamentais declarados. A materialização sistemática de referido anseio, deste autêntico sentimento, corresponde, conforme ora se propõe, ao paradigma da relação de trabalho responsável, instrumento propugnado com meio verdadeiro de cumprimento e efetivação dos direitos trabalhistas.

O estudo científico do tema *Relação de Trabalho Responsável — Responsabilidade Social Empresarial e Afirmação dos Direitos Fundamentais no Trabalho* demandou especial denodo no que tange à eleição das principais proposições a serem analisadas.

Em essência, sob distinta formulação, é possível afirmar que o trabalho gravita, especialmente, em torno dos pontos seguintes:

- a definição do conceito de responsabilidade social empresarial e seu papel no âmbito da proteção e valorização do trabalho humano;
- as repercussões da responsabilidade social empresarial em relação ao avanço da proteção dos direitos fundamentais no trabalho no sistema capitalista;
- as relações existentes entre Direito e a responsabilidade social empresarial e a dimensão legal da responsabilidade social corporativa;
- a OIT e sua legitimidade para definir os padrões mínimos de direitos trabalhistas no plano internacional;

- a indicação dos direitos fundamentais no trabalho e os parâmetros e diretrizes válidos para a definição dos padrões mínimos de direitos trabalhistas no plano internacional;

- a complexidade da economia global contemporânea, a afetar decisivamente o tratamento e a proteção das relações de trabalho;

- a insuficiência dos instrumentos normativos tradicionais para assegurar a afirmação da dignidade da pessoa humana nas relações de trabalho;

- os direitos sociais no trabalho, como dimensão dos Direitos Humanos, e os especiais desafios para sua efetivação;

- a necessidade de concretização dos direitos fundamentais no trabalho e a contribuição da disciplina da responsabilidade social empresarial;

- os fatores que influenciam e determinam o comportamento das empresas e de seus gestores no sentido de adotarem condutas responsáveis nas relações do trabalho;

- os aspectos concernentes às dificuldades enfrentadas pelo Direito para, por si só, assegurar a eficácia social dos direitos fundamentais;

- o modo como as empresas são compelidas a observar os padrões mínimos de direitos trabalhistas no plano internacional e a influência exercida pela responsabilidade social empresarial como instrumento de concretização e efetivação da proteção dos direitos fundamentais no trabalho;

- as diretrizes de responsabilidade social e os padrões de condutas criados e normalizados por grupos da sociedade civil exigindo comportamentos das empresas no que diz respeito aos Direitos Humanos nas relações de trabalho;

- as reflexões sobre o comportamento dos consumidores em suas decisões de compra de produtos fabricados por empresas que se utilizam, no curso do processo fabril, de trabalho escravo, trabalho infantil, enfim, que desrespeitam a dignidade do trabalhador;

- a reação da sociedade civil consumidora em face das organizações que descumprem os parâmetros da responsabilidade social empresarial, notadamente no tocante aos trabalhadores, e sua efetividade para o cumprimento dos direitos fundamentais no trabalho;

- a afirmação dos direitos fundamentais no trabalho como pressuposto primeiro da responsabilidade social empresarial;

- os elementos da relação de trabalho responsável, com base na compreensão das relações existentes entre responsabilidade social empresarial e a afirmação dos direitos fundamentais no trabalho;

- a busca por uma nova dimensão da ética global, focalizada na afirmação dos Direitos Humanos e na humanização das relações de trabalho a possibilitar a reconciliação entre desenvolvimento econômico e Justiça Social.

Para uma abordagem mais clara e objetiva, que permita a compreensão dos propósitos específicos do trabalho e de suas delimitações, o texto resultante da pesquisa científica realizada apresenta, no seu núcleo, seis capítulos principais que se complementam e se inter-relacionam permanentemente.

No primeiro capítulo, é abordada, como tópico central, a responsabilidade social empresarial, ressaltando-se seu conceito, suas dimensões, sua perspectiva histórica e abrangência transnacional. Temas como o papel das empresas na sociedade, a conjugação da função social com lucro, a ética corporativa e a sustentabilidade empresarial são enfrentados. Em profundidade, conceitos relativos ao *triple bottom line* e à teoria dos *stakeholders* são objeto de destaque, notadamente quanto ao foco no público interno e nas práticas trabalhistas de fornecedores. Nesse passo, é contextualizada, com índole introdutória, a relação entre responsabilidade social empresarial e proteção da dignidade do trabalhador. Evidencia-se não apenas a importância da responsabilidade social empresarial para o enfrentamento do trabalho indigno, como também o papel essencial dos particulares para a efetivação da proteção da dignidade do trabalhador.

No capítulo segundo, a relação entre a responsabilidade social empresarial e o Direito é investigada. Temas e conceitos concernentes a Direito, Ética e Justiça Social serão abordados. As distinções entre a ciência da conduta e a ciência de exigibilidade, assim como os elementos característicos das normas morais e normas jurídicas são levantados. Nesse ponto, a apropriação dos instrumentos de regulação pelos particulares e suas consequências são discutidas. Ingressa-se, então, nas especificidades do Direito Internacional. São estudados os instrumentos nominados *soft law*; apresentam-se as propriedades e características do empoderamento proporcionado pela responsabilidade social empresarial. Por fim, noções sobre as relações de causalidade existentes entre responsabilidade social empresarial, dignidade da pessoa humana e melhoria das condições de trabalho são objeto de atenta análise.

Em seguida, avançando para o terceiro capítulo, apresenta-se, como tópico central, a determinação dos direitos fundamentais no trabalho no plano internacional, com o apontamento das declarações e dos instrumentos formais pertinentes. Ressalta-se, em tal contexto, o papel da OIT no processo permanente de construção e na afirmação dos direitos fundamentais no trabalho. Nesse sentido, são analisadas, como conteúdos principais, a Declaração da OIT sobre os Princípios e Direitos Fundamentais no Trabalho e as dimensões específicas de proteção do trabalho decente e do trabalho seguro e saudável, em consonância com as diretrizes da OIT, elucidando-se suas projeções.

No que respeita à Declaração de Princípios e Direitos Fundamentais no Trabalho da OIT, são pontuadas as liberdades de associação e de organização sindical e o reconhecimento efetivo do direito de negociação coletiva, a eliminação de todas as formas de trabalho forçado ou obrigatório, a abolição efetiva do trabalho infantil e a eliminação da discriminação em matéria de emprego e ocupação. Quanto ao direito ao trabalho decente, são exibidos os postulados da OIT a definirem o trabalho produtivo e em condições laborais justas, com a correspondente proteção e aplicação dos princípios e direitos fundamentais no trabalho e normas internacionais do trabalho, a geração de oportunidades de trabalho emprego e renda, o diálogo social e equidade para o desenvolvimento e a proteção social dos trabalhadores, encerrando-se com os preceitos de afirmação do trabalho seguro e saudável.

Ademais, são discutidos os desafios da proteção internacional ao trabalho humano diante da complexidade do mundo moderno, contemplando-se o enfrentamento do *dumping social* por meio do estabelecimento de *standards* internacionais de direitos.

Em sequência, no capítulo quarto, com base na definição do objeto de proteção estabelecido, a pesquisa avança em direção à compreensão da interseção entre os direitos fundamentais no trabalho e a responsabilidade social empresarial, apontando-se a necessária complementação da ação da OIT. A densidade normativa e a efetividade dos direitos fundamentais no trabalho são, então, exploradas. Apresentam-se os mecanismos de promoção, supervisão, aplicação e seguimento da Declaração de Princípios e Direitos Fundamentais no Trabalho da OIT e dos postulados do trabalho decente.

Os desafios da implementação dos direitos fundamentais no trabalho e da concretização dos direitos sociais são enfrentados nesse momento. Discorre-se, ademais, sobre as relações entre trabalho e a moral no mundo contemporâneo, enfatizando o valor social do trabalho e a proteção da dignidade do trabalhador como princípios éticos. Também são apresentadas reflexões sobre o ideal da globalização justa e a sua dimensão sociotrabalhista. Manifesta-se a indissociável relação entre a responsabilidade social empresarial e a afirmação dos direitos fundamentais no trabalho. Salienta-se, nesse passo, a permeabilidade das diretivas da responsabilidade social empresarial aos direitos fundamentais no trabalho.

A discussão em torno da normalização da responsabilidade social empresarial recebe, no quinto capítulo, atenção detida. São avaliadas as noções gerais atinentes ao estudo, passando-se à verificação do contexto em que se insere e da concepção da normalização da responsabilidade social empresarial como instrumento destinado à afirmação dos direitos fundamentais no trabalho. Nessa seção, são relacionados e apresentados instrumentos aprovados nesse contexto, em particular a norma SA 8000 da *Social Accountability International* (SAI), além de aspectos pertinentes aos códigos de conduta empresarial e aos preceitos de governança corporativa.

Com ênfase especial, no capítulo sexto, o trabalho concentra-se na análise da afirmação dos direitos fundamentais do trabalho como pressuposto primeiro da responsabilidade social empresarial. Expõe-se, em associação, a temática da crise da proteção ao trabalho e a sua reafirmação por meio da vertente dos direitos fundamentais e da responsabilidade social empresarial. Ressalta-se, nesse diapasão, a correlação entre direitos fundamentais no trabalho, responsabilidade social das empresas e Justiça Social, exibindo-se aspectos da dimensão social da globalização e da necessária harmonização das sustentabilidades social e econômica.

Apresenta-se, por fim, proposta de formulação conceitual do novo paradigma da relação de trabalho responsável, destinado ao aperfeiçoamento e sedimentação dos relevantes postulados de proteção da dignidade da pessoa humana nas relações laborais. Exibe, em referido escopo, a definição dos elementos constitutivos da relação de trabalho responsável, perspectivas inerentes e contribuições para a formulação de uma nova ética global, estabelecida na humanização das relações de trabalho no mundo contemporâneo.

O encerramento do estudo dedica-se à apresentação das conclusões extraídas da pesquisa levada a efeito. A configuração da responsabilidade social empresarial como instrumento destinado à concretização dos direitos fundamentais no trabalho é aclarada e apresentada como temática indispensável à proteção da dignidade do trabalhador, reconhecida como anseio de toda a comunidade internacional e conquista inalienável da pessoa humana.

Ao final, destacam-se, em apêndice, quadros com resumos de casos concretos a abordar temas tratados na pesquisa; anexos, textos integrais de diplomas internacionais em referência e instrumentos de normalização da responsabilidade social empresarial, além do conjunto das obras compulsadas, as quais compõem a bibliografia utilizada para o aperfeiçoamento do estudo proposto.

As bases lógicas da investigação científica do presente trabalho foram sedimentadas principalmente por meio do método dedutivo, com base no estudo de reconhecidos autores que tratam do tema relativo aos direitos fundamentais, sua eficácia, notadamente no que se refere ao trabalho. Usou-se, além disso, o método indutivo pela constatação de conceitos gerais verificados com fatos específicos e conhecidos da realidade empresarial. Atendo-se à dogmática jurídica, buscou-se, no método analítico-sintético, a extração essencial do conteúdo dos textos e demais documentos compulsados. Foi bastante explorada, no aperfeiçoamento da técnica de pesquisa proposta, a investigação firmada na consideração da documentação indireta, com a pesquisa documental de fontes primárias e a pesquisa bibliográfica das fontes secundárias. Livros, artigos de periódicos, consulta ao arcabouço legal, jurisprudência e diplomas internacionais, assim como matérias específicas, foram constantemente consultados nos meios de mídia impressa e na Internet.

No livro ora apresentado, não se teve a pretensão de esgotar ou exaurir a análise do tema, porque se trata de assunto recente e complexo, o qual tem sido objeto de reflexões a gerar posicionamentos diversos e, por vezes, inconclusivos. O intuito da pesquisa, fora de questionamento, é, claramente, o de contribuir para o debate com a apresentação ordenada, revestida de estrutura e orientação eminentemente científica, enfrentando, de forma crítica e investigativa, específicos aspectos da responsabilidade social empresarial e a afirmação dos direitos fundamentais no trabalho.

A responsabilidade social empresarial pode, verdadeiramente, representar a reconciliação efetiva e prática entre as atividades econômicas e a Justiça Social nas relações de trabalho que encerram. O resultado final da pesquisa evidencia que as intervenções afirmativas do princípio da dignidade da pessoa humana do trabalhador, além de atualizarem e fortalecerem as bases do Direito do Trabalho, constituem meios eficazes de resistência contra as ameaças de retrocesso social.

PREFÁCIO

É com muito prazer e orgulho que recebi a grata incumbência de prefaciar o primoroso livro *Relação de Trabalho Responsável — Responsabilidade Social Empresarial e Afirmação dos Direitos Fundamentais no Trabalho*, da autoria de Marcos César Amador Alves, meu estimado aluno desde a graduação na Faculdade de Direito da Pontifícia Universidade Católica de São Paulo, depois aluno na pós-graduação na mesma Universidade e meu orientando.

A obra com que nos brinda é de rara profundidade e desafia os novos tempos com um tema que trata com muita propriedade de que o respeito à dignidade humana nas relações de trabalho representa instrumento de paz e de equilíbrio social.

O sugestivo tema da responsabilidade social precisava encontrar seu lugar entre o discurso político, o interesse econômico e a obrigação jurídica. Incontestavelmente, não há de se falar em responsabilidade social empresarial sem efetivação dos direitos fundamentais no trabalho.

De fato, nos últimos tempos, constatamos uma revolução no ambiente de trabalho com a individualização das relações trabalhistas e a busca do exercício da cidadania no local de trabalho. Trata-se do cumprimento do fundamento constitucional do respeito à dignidade humana, relegada historicamente para as atividades da vida que não envolvesse obrigações decorrentes do contrato de trabalho.

Para as empresas, as obrigações deixaram de ser exclusivamente mero pagamento de salário em troca de prestação de serviços. O trabalhador passou a ser visto na sua integralidade e o local de trabalho como ambiente em que necessariamente se deve produzir riqueza humana, satisfação pessoal e realização profissional.

Atualmente, não se concebe mais uma organização, notadamente aquelas que adotam o discurso da responsabilidade social empresarial, que não cumpra obrigações trabalhistas mínimas e que não atenda aos interesses pessoais dos seus empregados. Exemplo dessa necessidade é o crescimento do debate a respeito do assédio moral, as atuações do Ministério Público do Trabalho e as obrigações de natureza social cada vez mais transferidas para a iniciativa privada.

Este é o conteúdo essencial desta inestimável obra, que deverá ocupar lugar obrigatório na biblioteca de todos aqueles que são operadores do direito do trabalho ou têm atuação na área da gestão de pessoas.

Prof. Dr. Paulo Sérgio João
Professor Doutor de Direito do Trabalho da
Faculdade de Direito da PUC-SP e da FGV-SP

Se o homem não é capaz de organizar a economia mundial de forma a satisfazer a necessidade de uma humanidade que está a morrer de fome e de tudo, que humanidade é esta? Nós, que enchemos a boca com a palavra humanidade, creio que ainda não chegamos a ela, não somos seres humanos. Talvez cheguemos a sê-lo um dia, mas não o somos, falta-nos muitíssimo. O espetáculo do mundo está aí e é de dar calafrios.

José Saramago, 1994[1]

---

(1) Acervo oficial da exposição *José Saramago: a consistência dos sonhos*, realizada no Instituto Tomie Othake em São Paulo, de 28.11.2008 a 15.02.2009, sob a curadoria do diretor da Fundação César Manrique, Fernando Gómez Aguilera.

INTRODUÇÃO

Um dos avanços jurídicos mais notáveis na história da humanidade corresponde à consagração da dignidade da pessoa humana como valor central da sociedade.

O Direito Internacional e os sistemas constitucionais das democracias mais avançadas alçaram o princípio da dignidade da pessoa humana à posição máxima do ordenamento jurídico.

A Declaração Universal dos Direitos Humanos (DUDH) da Organização das Nações Unidas (ONU), proclamada em 10 de dezembro de 1948, instrumento internacional maior de afirmação da prevalência da pessoa humana, em seu preâmbulo, estabelece:

> O reconhecimento da dignidade inerente a todos os membros da família humana e dos seus direitos iguais e inalienáveis constitui o fundamento da liberdade, da justiça e da paz no mundo.

Entre outros textos constitucionais[2], a Constituição Brasileira, promulgada em 1988, ao definir seus princípios fundamentais, estabelece no art. 1º, inciso III:

> Art. 1º A República Federativa do Brasil, formada pela união indissolúvel dos Estados e Municípios e do Distrito Federal, constitui-se em Estado Democrático de Direito e tem como fundamentos:
>
> (...)
>
> III — a dignidade da pessoa humana;

A dignidade da pessoa humana é, por conseguinte, o núcleo essencial dos direitos fundamentais, coligado ao próprio direito à vida, pois se relaciona com as garantias e as exigências básicas do ser humano para uma existência que permita o desenvolvimento de suas potencialidades. E demanda efetiva concretização. Não pode, em hipótese alguma, subsistir apenas como ideia ou ideal.

Para Ingo Wolfgang Sarlet[3], a dignidade da pessoa humana é

> a qualidade intrínseca e distintiva reconhecida em cada ser humano que o faz merecedor do mesmo respeito e consideração por parte do

---

(2) *V. g.*: Constituição Italiana de 1947 — art. 3º "Todos os cidadãos têm a mesma dignidade e são iguais perante a lei, sem discriminação de sexo, de raça, de língua, de religião, de opiniões políticas, de condições pessoais e sociais"; Constituição Portuguesa de 1976 — art.1º "Portugal é uma República soberana, baseada, entre outros valores, na dignidade da pessoa humana e na vontade popular e empenhada na construção de uma sociedade livre, justa e solidária".
(3) SARLET, Ingo Wolfgang. *Dignidade da pessoa humana e direitos fundamentais*. 6. ed. Porto Alegre: Livraria do Advogado, 2008. p. 63.

Estado e da comunidade, implicando, neste sentido, um complexo de direitos e deveres fundamentais que assegurem a pessoa tanto contra todo e qualquer ato de cunho degradante e desumano, como venham a lhe garantir as condições existenciais mínimas para uma vida saudável, além de propiciar e promover sua participação ativa e corresponsável nos destinos da própria existência e da vida em comunhão com os demais seres humanos.

A dignidade da pessoa humana apresenta-se, doravante, como princípio fundamental, que se irradia para todos os quadrantes do ordenamento jurídico. De modo ainda mais pungente, repercutem seus notáveis efeitos na seara do Direito do Trabalho.

O trabalho, fora de dúvida, é o meio fundamental dado à pessoa humana para efetivar e exaltar sua existência com dignidade. Sua proteção, em decorrência, assume diferenciado relevo e superior importância.

Em 18 de junho de 1998, cinquenta anos após a edição da antes mencionada Declaração Universal dos Direitos Humanos, foi adotada pela Organização Internacional do Trabalho (OIT) a Declaração sobre os Princípios e Direitos Fundamentais no Trabalho. Trata-se do instrumento internacional que define os direitos fundamentais sociais relativos ao trabalho, os quais constituem concretizações da dignidade humana. Na mesma direção, a proteção das dimensões do trabalho decente e do trabalho seguro, propostas pela OIT.

As relações de trabalho evidenciam progressiva complexidade e mutação constante, em contínuo processo de adaptação às exigências econômicas hodiernas. Diante das profundas transformações produzidas pela globalização, pela evolução tecnológica e pelas novas condições de competição da economia mundial, a proteção e tutela ao trabalho têm sofrido indesejáveis limitações e restrições. Por conseguinte, a adoção de medidas efetivas para a concretização dos direitos fundamentais no trabalho revela-se imperiosa.

O consagrado jurista italiano Norberto Bobbio[4] pontifica:

> O problema fundamental em relação aos direitos do homem, hoje, não é tanto o de justificá-los, mas o de protegê-los.

Nesse contexto, encontra-se o tema do trabalho de pesquisa ora apresentado, o qual versa sobre a "responsabilidade social empresarial e a afirmação dos direitos fundamentais no trabalho: o paradigma da relação de trabalho responsável".

---

(4) BOBBIO, Norberto. *A era dos direitos*. Rio de Janeiro: Campus, 1992. p. 24.

Fora de dúvida, é premente retirar do plano etéreo a Declaração sobre os Princípios e Direitos Fundamentais no Trabalho e os postulados do trabalho decente e seguro, garantindo sua concretização. Tal, por certo, permitirá a intensificação da difusão de seus valiosos mandamentos, contribuindo para o fortalecimento das normas internacionais no contexto da globalização econômica, que tem frustrado, de modo significativo, a esperança de mudança em direção aos ideais de igualdade na distribuição de recursos e equidade social.

Ao jurista, mais do que analisar a norma e a sua estrutura formal, apresenta-se o desafio de encontrar os meios de efetivação das declarações de direitos para implementar uma sociedade justa. Somente se concretizados, os direitos fundamentais no trabalho serão instrumentos efetivos para a afirmação da dignidade do trabalhador, conquista inalienável da pessoa humana e anseio de toda a comunidade internacional.

O conteúdo do Direito do Trabalho não se esgota no estudo da legislação trabalhista. O Direito não se reduz à normatividade. Ele vai muito além, na busca incessante pela Justiça. Daí seu notável fascínio. Envolve, fora de dúvida, as peculiaridades de um autêntico e sensível fenômeno. A regulação da atividade laborativa humana na sociedade contemporânea apresenta, assim, uma infindável complexidade.

Em tal compasso, o âmbito do estudo proposto exigiu, para seu completamento, o diálogo frutífero com outras ciências. Notadamente, os domínios da Administração de Empresas, da Sociologia, da Economia, das Ciências Políticas e da Filosofia permitiram alçar conceitos e o desenvolvimento de reflexões imprescindíveis aos propósitos da pesquisa, evidenciando sua índole multidisciplinar. A interação de diferentes áreas do saber propicia a busca por melhores respostas para os questionamentos que a multiplicidade de desafios impostos pela vida humana exige.

Em referido encaminhamento exsurge o estudo destacado da responsabilidade social empresarial, tema que vem ganhando expressiva importância nos meios acadêmicos. As empresas ocupam, fora de questionamento, proeminente posição no que tange às relações sociais. São vistas como influentes membros da sociedade, responsáveis diretas pelo seu irrestrito aprimoramento, em sentido integral. A responsabilidade social, como exigência de movimentos de mudança, eclode, exatamente, para definir um novo relacionamento ético das empresas com os diversos grupos com os quais interagem, notadamente os trabalhadores.

As diretivas estabelecidas para a responsabilidade social, definidas usualmente por meio da normalização, exigem a implementação efetiva da ética corporativa, da sustentabilidade empresarial com foco em seu escopo social, entre outros elementos, indicando uma nova cultura institucional nas organizações.

As corporações passam a contemplar os diferentes grupos de interesse presentes na sociedade, para além da única e exclusiva preocupação com os anseios de seus acionistas, reconhecendo que, de modo inexorável, a sociedade moderna não mais se compadece com objetivos empresariais que se restrinjam à busca pura e simples pelo lucro. Exige-se das empresas, com crescente intensidade, uma nova postura, um revisitado objetivo social.

Não há dúvida de que a responsabilidade social empresarial é um fenômeno que tem demonstrado intenso crescimento, com impactos no contexto normativo, no âmbito dos comportamentos das corporações.

A autêntica responsabilidade social, que se situa no foco do estudo ora apresentado, prestigia, com ênfase, a formatação de padrões de emprego e de ocupação laboral que respeitam os Direitos Humanos no trabalho. Ao mesmo tempo, a identificação do papel da empresa como agente fundamental de transformação, de desenvolvimento e de promoção da justiça nas relações trabalhistas, coaduna-se, plenamente, com a afirmação da proteção jurídica de direitos fundamentais e do investimento produtivo. Trata-se de arcabouço necessário para propiciar e orientar a reconciliação entre desenvolvimento econômico e Justiça Social.

Nesse sentido, a interseção entre responsabilidade social empresarial e a afirmação dos direitos fundamentais no trabalho, é analisada minuciosamente, no alvitre de se evidenciar em que medida relatada simbiose contribui para o enfrentamento do desafio de se encontrarem os meios de efetivação das declarações de direitos, no que se refere aos padrões essenciais no trabalho estabelecidos no plano internacional.

Reflexão relevante concerne à assertiva pela qual as condutas empresariais, no que tange às relações de trabalho, não são determinadas, tão somente, pelas leis, pelo Direito positivado. Diversos e distintos são os elementos definidores do modo de agir nas empresas: Direito, ética, consciência social, objetivos econômicos. Há, conforme se demonstrará, a necessidade de interação de diversos instrumentos, especialmente para se determinar o respeito e a afirmação da dignidade da pessoa humana do trabalhador nas relações laborais. A postura corporativa que se restrinja a almejar lucro não é mais sustentável na sociedade contemporânea.

Em distinta perspectiva, a adoção de padrões de comportamento ético pelas empresas e seus gestores reflete-se, incontestavelmente, no campo jurídico. A responsabilidade social empresarial não pode colidir com o Direito, nem ignorá-lo. Nesta pesquisa, o estudo concentra-se na construção de argumentos que amparem o postulado pelo qual a afirmação dos direitos fundamentais no trabalho pode ser considerada como o pressuposto primeiro da responsabilidade social empresarial.

É de indispensável importância aprofundar o estudo científico acerca da relação concludente da responsabilidade social empresarial, notadamente quanto ao foco no público interno e às práticas trabalhistas de fornecedores, com a afirmação e a realização dos direitos fundamentais no trabalho como meio de resistência não só aos efeitos deletérios da precarização da proteção jurídica das condições de trabalho, como também ao trabalho indigno.

A disciplina dos Direitos Humanos confere o tom universalista que se pretendeu buscar ao longo da pesquisa, a despeito dos inúmeros desafios e dificuldades que tão ambiciosa intenção impõe. Os fenômenos da globalização e da integração econômica, assim como o novo padrão de concorrência internacional, têm produzido efeitos intensos e transformações sensíveis na proteção ao trabalho. As práticas que decorrem do descumprimento de normas mínimas de trabalho constituem vantagens comerciais ilegítimas e implicam o processo de desvalorização da força humana de trabalho, produzindo repercussões em diferentes partes do mundo. Nesse sentido, urge que os padrões de direitos trabalhistas passem a ser vistos de uma perspectiva transnacional, com real capacidade de concretização e afirmação frente a interesses meramente econômicos, os quais, na atualidade, têm prevalecido, em nítido prejuízo dos preceptivos de Justiça Social e dos direitos fundamentais no trabalho.

O mestre Arnaldo Süssekind[5] preleciona:

> Reconhecendo, embora, a importância dos aspectos econômicos que fundamentam o Direito Internacional do Trabalho, afigura-se-nos, todavia, que seu principal esteio é de caráter social e concerne à universalização dos princípios da Justiça Social e da dignificação do trabalhador. É certo que razões de ordem econômica constituíam sério obstáculo à consecução desses ideais; mas são exatamente esses ideais que configuram a finalidade preponderante do direito universal do trabalho.

É fundamental, portanto, que instrumentos e mecanismos sejam efetivados para compelir os membros dos diversos países a respeitar o conjunto de normas fundamentais no trabalho.

A Declaração sobre os Princípios e Direitos Fundamentais no Trabalho e os postulados do trabalho decente e seguro não podem restringir-se ao plano meramente contemplativo. Todas as nações, elidindo o indesejável e inaceitável retrocesso social, devem almejar a evolução plena na direção dos mais altos padrões de Direitos Humanos e trabalhistas, reconhecendo, efetivamente, a importância dos institutos jurídicos destinados a realizar tão relevantes desígnios.

---

(5) VIANNA, Segadas; MARANHÃO, Délio; SÜSSEKIND, Arnaldo Lopes. *Instituições de direito do trabalho*. Rio de Janeiro: Freitas Bastos, 2003. p. 1498.

A conjugação da responsabilidade social empresarial, consolidada com o conjunto de instrumentos de normalização e de diretrizes autônomas, com o conteúdo jurídico das declarações de Direitos Humanos, formalizadas como normas de Direito Internacional, representa, na vertente de proteção ao trabalho humano, poderoso arsenal destinado ao enfrentamento dos desafios da efetivação dos Direitos Fundamentais no Trabalho e da construção do paradigma da relação de trabalho responsável.

A causa precípua da construção jurídica contemporânea volta-se à proteção da dignidade da pessoa humana. No campo do trabalho, esta realidade mostra-se ainda mais sensível. O desenvolvimento do estudo evidencia que a conjugação do direito e da responsabilidade social, fora de dúvida, demonstra-se primordial para exercer decisivo impacto no elevado propósito da implementação dos direitos fundamentais no trabalho, sem os quais, decisivamente, nenhum outro direito ou preceptivo de tutela ao trabalho subsistirá.

Todas as nações, elidindo o indesejável e inaceitável retrocesso social, devem almejar a evolução plena na direção dos mais altos padrões de Direitos Humanos e trabalhistas, reconhecendo, efetivamente, a importância dos institutos destinados a realizar tão relevantes desígnios.

CAPÍTULO I

Responsabilidade social empresarial

A humanidade, em seu processo de desenvolvimento histórico, sempre se caracterizou por movimentos de mudança. Em todos os setores que integram a sociedade, modificações continuadas são percebidas, evidenciando a dinâmica inerente aos atores sociais e de suas perspectivas culturais, políticas, econômicas. Enunciados movimentos de mudança atingem os diversos grupos de interesse, produzindo diferentes reflexos, deflagrando a eclosão de novos conceitos, novas posturas, novos comportamentos.

Em referido contexto, emerge o tema da responsabilidade social empresarial (RSE) ou corporativa (RSC).

As empresas fazem parte de uma sociedade. Estão, portanto, sujeitas às modificações exigidas nos meios sociais. A efetivação da responsabilidade social empresarial trata-se da expressão de um autêntico movimento de mudança, que demanda a ruptura concreta com a visão tradicional da empresa que cinge seus objetivos à obtenção de lucro, à função econômica.

A conscientização social está no cerne do surgimento da responsabilidade social empresarial, influenciando a transformação do clássico modelo econômico liberal. Para Luiz Cláudio Zenone[6], "no desenvolvimento de um produto ou serviço, uma empresa necessita de uma série de recursos que extrai do meio ambiente (recursos físicos) e do meio social (recursos humanos)". Em suas atividades, os interesses das corporações, permanentemente, se tocam, se inter-relacionam com os dos demais grupos. A responsabilidade social empresarial corresponde a um processo de sensibilização com questões sociais, ao comprometimento das organizações e de seus gestores com os demais agentes com os quais interage na busca pelo desenvolvimento de toda a sociedade.

As empresas ocupam, fora de questionamento, proeminente posição no que tange às relações sociais. São vistas como influentes membros da sociedade,

---

(6) ZENONE, Luiz Cláudio. *Marketing social.* São Paulo: Thomson Learning, 2006. p. 1.

sendo responsáveis diretas pelo seu aprimoramento. Thomas Friedman[7] afirma que, num mundo plano, onde as corporações se alongam em cadeias de produção que se desdobram em diversos países por todo o mundo, o poder e a influência das empresas para transmitir valores e definir tendências e orientações para toda a sociedade alcançam dimensões nunca antes imagináveis. A responsabilidade social, como exigência de movimentos de mudança, eclode, exatamente, para definir um novo relacionamento ético das empresas com os diversos grupos com os quais interagem, notadamente os trabalhadores.

A responsabilidade social empresarial evolui continuamente, escoltando as transformações do pensamento social sobre a vida. Consumidores mais exigentes, empresas comprometidas com valores éticos universais, a afirmação do respeito aos Direitos Humanos, compõem uma combinação que vem transformando sociedades e colocando em questão os padrões de produção em todo o planeta.

Trata-se de uma notável mudança, com repercussões sensíveis, conforme se demonstrará.

1.1. Perspectiva histórica e abrangência transnacional

A responsabilidade social empresarial pode ser considerada um fenômeno cujos delineamentos se mostram em permanente construção. A ativação das empresas em ações específicas e consistentes voltadas aos diferentes grupos de interesse que integram a sociedade foi sendo percebida progressivamente. Sua configuração revela um processo gradual. Do ponto de vista científico, suas origens são de imprecisa identificação.

De acordo com o professor José Eduardo Prudêncio Tinoco[8], em 1916, o industrial do ramo automobilístico Henry Ford, presidente e acionista majoritário da *Ford Motor Company*, decidiu não distribuir a integralidade dos dividendos aos acionistas, tendo priorizado o investimento no aumento de salários, na capacidade de produção e em fundo de reservas. A iniciativa foi questionada por acionistas liderados por John e Horace Dodge. A Justiça americana, na apreciação da causa, decidiu favoravelmente a Dodge, entendendo que as corporações existem para o benefício de seus acionistas. Aos diretores incumbia garantir o lucro em prol dos investidores, não podendo usá-lo para fins diversos.

Durante a Segunda Guerra Mundial, foram intensificadas as críticas à concepção de que a empresa deveria responder tão somente aos seus acionistas.

---

(7) FRIEDMAN, Thomas. *O mundo é plano:* uma breve história do século XXI. Rio de Janeiro: Objetiva, 2005.
(8) TINOCO, José Eduardo Prudêncio. *Balanço social:* uma abordagem da transparência e da responsabilidade pública das organizações. São Paulo: Atlas, 2001.

A contribuição social das corporações começou a ser exigida. Nessa época, diversos movimentos de mudança aconteceram nos Estados Unidos, motivados, notadamente, pelos graves efeitos sociais do conflito e do avanço das ações de ativistas humanitários.

Em 1953, o caso A. P. Smith *Manufacturing Company*, no qual seus acionistas contestavam a doação de recursos financeiros à Universidade de Princeton, trouxe a público a discussão em torno do papel das empresas e de suas responsabilidades sociais. Nessa ação judicial, a Justiça reconheceu que uma corporação poderia promover o desenvolvimento social por meio da filantropia empresarial.

Segundo a pesquisadora Mariesa Toldo[9], nas décadas de 1960 e 1970, as discussões a respeito da resolução dos problemas sociais avançavam vigorosamente na Europa. Nos Estados Unidos, as empresas passaram a demonstrar preocupações com a questão ambiental, bem como em propalar suas atividades na área social.

A crise econômica mundial percebida na década de 1980 foi determinante para o ingresso consistente das empresas nos domínios da responsabilidade social. A socióloga Ana Maria Kirschner[10] salienta:

> A crise econômica e o crescimento do desemprego atingiram a Europa na década de 80 e contribuíram para que a empresa começasse a ser valorizada pela sua capacidade de salvaguardar o emprego — valor essencial da socialização na sociedade contemporânea. O papel da empresa vai além do econômico: ademais de provedora de emprego, é também agente de estabilização social.

A atuação social da empresa, com crescente intensidade, passou a ser exigida e valorizada. A difusão dos aspectos positivos da responsabilidade social empresarial determinou a massificação da atuação das corporações em áreas sociais, nos segmentos historicamente ocupados apenas pelo Estado, que evidenciava sua insuficiência.

Foi a partir dos anos de 1990 que o comprometimento empresarial com ações sociais organizadas passou a estar inserto na própria estratégia corporativa. A responsabilidade social empresarial tornou-se, efetivamente, um fator determinante de competitividade para os negócios, exigida, notadamente, por consumidores.

O despertar dessa nova consciência exigiu a organização efetiva dos parâmetros e diretivas para a adoção da responsabilidade social empresarial.

---

(9) TOLDO, Mariesa. *Responsabilidade social empresarial*. Prêmio Ethos Valor. Responsabilidade social das empresas: a contribuição das universidades. São Paulo: Peirópolis, 2002.
(10) KIRSCHNER, Ana Maria. A sociologia diante da globalização: a perspectiva da sociologia de empresa. *Revista Antropolítica*, Niterói, v. 4, 1º sem. 1998, p. 21-22.

Universidades, institutos, organizações não governamentais e empresas passaram a desenvolver modelos de contabilidade social, auditoria social e balanço social, deflagrando, de modo definitivo, a remodelação de estruturas organizacionais conservadoras e fechadas, as quais começam a preconizar, de modo nunca antes imaginado, a transparência de suas atividades para a sociedade. Assim, o desempenho das empresas no domínio social passava a ser pública e objetivamente aferido.

De acordo com José Eduardo Prudêncio Tinoco[11], a França foi o primeiro país do mundo a ter uma lei que obriga as empresas com mais de 300 funcionários a elaborar e publicar o denominado Balanço Social, no qual indicadores objetivos de responsabilidade social empresarial são divulgados amplamente para a sociedade.

Com o advento das declarações e diretivas propostas pelos organismos internacionais, é possível afirmar que atividades ou políticas de responsabilidade social das empresas passaram a permear as várias nações do mundo, evidenciando sua abrangência transnacional. No âmbito da ONU, há de se destacar o *Global Compact*, programa dirigido às empresas, destinado a difundir os valores fundamentais dos Direitos Humanos, relações de trabalho e proteção ambiental. Em sentido equivalente, as diretivas sobre responsabilidade social da Organização para a Cooperação e Desenvolvimento Econômico (OCDE).

A intensificação e a organização das discussões sobre as disciplinas da ética e o comprometimento social das empresas contribuíram, de modo significativo, para a pertinente conceituação da responsabilidade social.

1.2. Conceito e dimensões

A expressão "responsabilidade social empresarial" foi inicialmente concebida e debatida nos Estados Unidos no final da década de 1960. Mas foi apenas na década seguinte que, nos meios empresarial e acadêmico, o conteúdo da expressão começou a se distinguir da mera filantropia, em que somente se olha para os desfavorecidos, ofertando-lhes auxílio e caridade. O conceito passa a contemplar um comportamento complexo, que concebe a visão empresarial no que tange aos relacionamentos com as diversificadas partes com as quais interage em suas atividades.

O foco central da definição de responsabilidade social é o compromisso das empresas com toda a sociedade, e não apenas com seus acionistas. Para elucidar essa realidade, impõe-se o estudo de diferentes conceitos já formulados.

---

(11) TINOCO, José Eduardo Prudêncio. *Op. cit.*

O Conselho Empresarial Mundial para o Desenvolvimento Sustentável[12] propôs, em 1988, os elementos caracterizadores da responsabilidade social das empresas:

> Responsabilidade social corporativa é o comprometimento permanente dos empresários de adotar um comportamento ético e contribuir para o desenvolvimento econômico, simultaneamente, a qualidade de vida de seus empregados e de seus familiares, da comunidade local e da sociedade como um todo.

Para Patrícia Almeida Ashley[13]:

> a responsabilidade social pode ser definida como o compromisso que uma organização deve ter com a sociedade, expresso por meio de atos e atitudes que a afetem positivamente, de modo amplo, ou a alguma comunidade, de modo específico, agindo proativamente e coerentemente no que tange a seu papel específico na sociedade e a sua prestação de contas para com ela. A organização, neste sentido, assume obrigações de caráter moral, além das estabelecidas em lei, mesmo que não diretamente vinculadas a suas atividades, mas que possam contribuir para o desenvolvimento sustentável dos povos. Assim, numa visão expandida, a responsabilidade social é toda e qualquer ação que possa contribuir para a melhoria da qualidade de vida da sociedade.

Na visão de Fábio Risério Moura de Oliveira[14]:

> É a inserção da empresa na sociedade como agente social e não somente econômico. Ter responsabilidade social é ser uma empresa que cumpre seus deveres, busca seus direitos e divide com o Estado a função de promover o desenvolvimento da comunidade; enfim, é ser uma empresa cidadã que se preocupa com a qualidade de vida do homem em sua totalidade.

A compreensão da responsabilidade social empresarial abrange diferentes dimensões. Para o autor Archie Carrol[15], é possível construir uma pirâmide de responsabilidade social, a qual, ao ser dividida em quatro segmentos sobrepostos,

---

(12) *Apud* SILVEIRA, Maria do Carmo Aguiar da Cunha. *O que é responsabilidade social empresarial*. Disponível em: <http://www.sfiec.org.br/artigos/social/responsabilidade_social_empresarial.htm> Acesso em: 10.set.2010.
(13) ASHLEY, Patrícia Almeida. *Ética e responsabilidade social nos negócios*. São Paulo: Saraiva, 2005. p. 6-7.
(14) OLIVEIRA, Fábio Risério Moura de. Relações Públicas e a comunicação na empresa cidadã. In: *Responsabilidade social das empresas:* a contribuição das universidades. São Paulo: Peirópolis, 2002. p. 204.
(15) CARROL, Archie B. A. The pyramid of corporate social responsibility: toward the moral management of corporate stakeholders. *Business Horizons*, 34, p. 42, July-August 1991.

apresentaria, em sua porção superior, as responsabilidades filantrópicas (ser um bom cidadão), em seguida, as responsabilidades éticas (ser ético), depois as responsabilidades legais (obedecer às leis) e as responsabilidades econômicas (ser lucrativo). Esta última, localizada na base — mais largada — da pirâmide, serve de suporte para as demais.

São elementos que caracterizam a RSE:

- o seu caráter voluntário, fruto da decisão espontânea das empresas;
- o fato de tornar-se, efetivamente, parte integrante da gestão empresarial;
- o envolvimento em ações sistemáticas e constantes, não ocasionais;
- sua indissociável ligação com o conceito de desenvolvimento sustentável.

Ademais, é relevante destacar que, em sentido corrente, os parâmetros definidores das condutas exigidas para a configuração da responsabilidade social empresarial, atividade denominada normalização, que constitui tema a ser abordado com detalhamento mais adiante, são formalmente definidos por instrumentos construídos como base para verificações de conformidade de práticas adotadas. Aprovado por um organismo reconhecido, refere-se a um documento que estabelece regras, diretrizes ou características para atividades ou seus resultados, fornecidos para uso comum e repetitivo, definindo sua ordenação.

1.3. Um novo papel das empresas na sociedade

No sistema capitalista, a empresa, ao desenvolver a produção ou a circulação de bens ou de serviços, é a unidade básica de organização econômica. Seu objetivo primordial relaciona-se com a finalidade econômica, com o aprimoramento constante de condições de competitividade no mercado em que atua, com a busca pelo lucro.

As corporações estão no centro do desenvolvimento econômico, influenciando toda a sociedade. São, verdadeiramente, agentes essenciais que, no desenvolvimento de suas atividades, exercem impactos sobre a sociedade e sobre o meio ambiente.

Diante das novas exigências incorporadas pelo conceito da responsabilidade social empresarial, para além dos objetivos ordinários já indicados, a corporação assume novas obrigações perante a sociedade e deve ser, também, um ator vital ao desenvolvimento sustentável. Para isso, é imprescindível que defina adequadamente sua relação com a sociedade, baseada na harmonização de suas finalidades econômicas e das exigências éticas impostas.

A empresa, assim, é impelida a cumprir, integralmente, as suas finalidades objetivas em suas dimensões econômica, social e ambiental, nos espaços internos e externos. A atuação corporativa, por isso, vê-se efetivamente comprometida com a melhoria contínua, atendendo às expectativas da sociedade e respeitando, sobretudo, o desenvolvimento pleno das pessoas.

Para os objetivos mais específicos do presente estudo, a identificação do papel da empresa como agente fundamental de transformação, de desenvolvimento e de promoção da justiça nas relações trabalhistas coaduna-se, plenamente, com a afirmação da proteção jurídica de direitos fundamentais e do investimento produtivo, exibindo sua feição social mais notável.

1.4. Função social e lucro

A sociedade contemporânea exige que a atividade empresarial seja exercida sob os firmes ditames da atuação social. Como fatores de expressivo interesse social, as corporações não podem restringir-se à busca pelo lucro ou ao cumprimento de meros interesses particulares. Tais escopos devem ser, assim, conjugados.

De acordo com o pensamento de Jeanne D'Arc Anne Marie Lucie Blanchet[16]:

> Deseja-se sim viver em uma sociedade em que todos cumpram suas "funções-sociais" (as empresas inclusive, tendo em vista sua vultosa importância na sociedade como um todo), empregados e patrões, mas funções estas que não lhes sejam árduas ou vagas a ponto de se ofender o fundamento constitucional do Estado Democrático de Direito denominado de dignidade da pessoa humana.

A função social da propriedade e, em particular, a função social da empresa, como pensamento estruturado, decorrem, modernamente, da reação humanista aos excessos do liberalismo econômico. Superando uma visão individualista, a introdução procedida correspondeu ao elemento de Justiça Social, a favorecer um pretendido desígnio para a coletividade e a caracterizar, preponderantemente, o perfil do direito de propriedade. Na busca pelo lucro, as empresas precisam sempre considerar seu desígnio social, sua interação com a sociedade e os diferentes interesses envolvidos. Há, conforme se percebe, um componente permanente de indissociabilidade entre econômico e social consagrado no pensamento contemporâneo.

É relevante destacar, neste momento preambular, os elementos distintivos existentes entre os conceitos de função social das figuras jurídicas e a respon-

---

(16) BLANCHET, Jeanne D'Arc Anne Marie Lucie. *A função social da empresa, a liberdade econômica e o bem comum*. Curitiba: Genesis, 2004. p. 113.

sabilidade social empresarial. Embora a responsabilidade social possua, em sua fundamentação, discurso consonante com o da função social em sentido jurídico, com ela não se confunde.

Primeiramente, a função, no âmbito jurídico, enceta um dever de agir. Na responsabilidade social corporativa, o empresário decide contribuir para o desenvolvimento social espontaneamente. A função social das figuras jurídicas, ditada pelo dogma da ciência em que está inserta, corresponde a uma regra condutora de comportamento revestida de exigibilidade, para cumprir sua vocação, as potencialidades legítimas e éticas aguardadas pela sociedade, sem desperdício de recursos da própria sociedade, legitimando um justo equilíbrio entre o individual e o social. No caso da empresa, uma finalidade economicamente útil, a qual, só por si, contribua para a Justiça Social, afastando o poder absoluto, exclusivo e perpétuo do proprietário, características do direito de propriedade no Estado Liberal.

Portanto, evidencia-se a diferenciação do quanto determinado pela lei como ações obrigatórias e o comprometimento real com o social como forma de desenvolvimento voluntário dos gestores da organização, comprometimento que serve como instrumento de avaliação de imagem e de reputação.

Segundo prelecionam Irineu Afonso Frey e Márcia Rosane Frey[17]:

> Responsabilidade Social Corporativa é a forma de gestão que se define pela relação ética e transparente da empresa com todos os públicos com os quais ela se relaciona e pelo estabelecimento de metas empresariais compatíveis com o desenvolvimento sustentável da sociedade, preservando recursos ambientais e culturais para gerações futuras, respeitando a diversidade e promovendo a redução das desigualdades sociais.

Importante assinalar, ainda, que o significado da responsabilidade social inclui um conjunto amplo de comprometimentos corporativos, englobando expectativas e atribuições econômicas, legais, éticas e filantrópicas, direcionadas aos diferenciados grupos de interesse que com a empresa se relacionam. A responsabilidade social empresarial, por isso, atua como instrumento de efetivação da função social, mas com ela não se confunde.

---

(17) FREY, Irineu Afonso; FREY, Márcia Rosane. Responsabilidade social empresarial: um novo paradigma para a análise comparativa das diferentes dinâmicas de desenvolvimento regional. In: *Segundas Jornadas de História Regional Comparada e Primeiras Jornadas de Economia Regional Comparada*, 2005, Porto Alegre. Anais Segundas Jornadas de História Regional Comparada e Primeiras Jornadas de Economia Regional Comparada. Porto Alegre: PUC-RS, 2005.

1.5. Ética corporativa e responsabilidade social empresarial

Na perspectiva enfática do vencedor do prêmio Nobel de Economia, Milton Friedman[18], a única responsabilidade social das empresas é a de gerar lucros. Seu argumento pressupõe que os objetivos sociais e econômicos são separados e distintos, e que os gastos sociais sacrificam os resultados econômicos. Em consonância com enunciada visão, a empresa deve corresponder às expectativas dos acionistas, exclusivamente. Seus gestores, como agentes dos acionistas, devem buscar, unicamente, a maximização do lucro, sem atentar para metas diversas. O autor retrata os negócios como uma "autoprocura do lucro", exclusivamente.

Friedman, como discípulo contemporâneo dos defensores da política neoliberal, de livre mercado, que teve Smith, Ricardo, Malthus e Mill[19] como precursores, advoga que jamais se poderá transferir responsabilidade social para as empresas, pois estas devem pugnar tão somente pela maximização do seu lucro. Admite que seus sócios, na condição de pessoas físicas, prestem colaboração financeira para amenizar os problemas sociais, se assim o desejarem.

Trata-se, fora de dúvida, de um posicionamento insustentável, que expõe condutas e valores morais completamente incongruentes com os comportamentos esperados e exigidos pela sociedade. Não considera, sobretudo, a compreensão da responsabilidade social empresarial em seus abrangentes sentidos.

A palavra "ética", proveniente do vocábulo grego *ethos*, tem seu significado relacionado com "costume, maneira habitual de agir, índole".

Para o autor Joaquim Manhães Moreira[20], a ética empresarial é:

> o comportamento da empresa — entidade lucrativa — quando ela age de conformidade com os princípios morais e as regras do bem proceder aceitas pela coletividade (regras éticas).

O novo ambiente empresarial traduz um novo modo de fazer negócios, no qual a responsabilidade social é a característica que melhor define esse novo *ethos*.

A propagação do ideário social entre as empresas é vital à construção de uma nova ética empresarial. Segundo propõe Patrícia Almeida Ashley[21], as

---

(18) FRIEDMAN Milton. The social responsibility of business is to increase its profits. *New York Times Magazine*, 13 set. 1970. Disponível em: <http://www.colorado.edu/studentgroups/libertarians/issues/friedman-soc-resp-business.html> Acesso em: 10.set.2010.
(19) A síntese de suas teorias pode ser verificada na obra: HUGON, Paul. *História das doutrinas econômicas*. 10. ed. São Paulo: Atlas, 1969.
(20) MOREIRA, Joaquim Manhães. *A ética empresarial no Brasil*. São Paulo: Pioneira, 1999. p. 28.
(21) ASHLEY, Patrícia Almeida. *Op. cit.*, p. 7.

organizações terão de aprender a equacionar a necessidade de obter lucros, obedecer às leis, ter um comportamento ético e envolver-se em alguma forma de filantropia para as comunidades em que se inserem. Nessa direção, a autora defende que as ações e atividades das organizações precisam estar embasadas em características como:

- preocupação com atitudes éticas e moralmente corretas que afetam todos os públicos/*stakeholders* envolvidos (entendidos da maneira mais ampla possível);
- promoção de valores e comportamentos morais que respeitem os padrões universais de Direitos Humanos e de cidadania e participação na sociedade;
- respeito ao meio ambiente e contribuição para sua sustentabilidade em todo o mundo;
- maior envolvimento nas comunidades em que se insere a organização, contribuindo para os desenvolvimentos econômico e humano dos indivíduos ou até atuando diretamente na área social, em parceria com governos ou isoladamente.

A empresa deve, sobretudo, oferecer um ambiente laboral moralmente gratificante, plenamente compatível com a dignidade da pessoa humana e voltado para o desenvolvimento pleno de suas potencialidades.

O comportamento ético de uma empresa trata-se de posicionamento estratégico fundamental como fator crítico de sucesso e, até mesmo, de sobrevivência no mercado competitivo em que se insere.

1.6. Sustentabilidade empresarial e triple bottom line

A temática da sustentabilidade empresarial, fundamental à compreensão da extensão da responsabilidade social, relaciona-se com o conceito do *triple bottom line*, ou tripé de responsabilidade social.

A conceituação de sustentabilidade empresarial, segundo o Instituto Ethos[22], consiste em:

> Assegurar o sucesso do negócio a longo prazo e ao mesmo tempo contribuir para o desenvolvimento econômico e social da comunidade, um meio ambiente saudável e uma sociedade estável.

---

(22) Disponível em: <www.ethos.org.br> Acesso em: 10.set.2010.

Em tal direção, o desenvolvimento sustentável, conforme proposta da Comissão Brundtland[23], é aquele que satisfaz as necessidades do presente sem comprometer a capacidade de as futuras gerações satisfazerem suas próprias necessidades.

O comprometimento com a responsabilidade social abrange, permanentemente, a ação empresarial que busca a sustentabilidade. Tal noção apresenta três grandes dimensões, quais sejam, a econômica, a social e a ambiental. A expressão em inglês *triple bottom line* corresponde a outra, *profit-people-planet*, "lucro-pessoas-planeta".

As corporações, com isso, devem atender aos três critérios fundamentais, que devem ser obedecidos simultaneamente, a saber: equidade social, prudência ecológica e eficiência econômica.

No sentido de se alcançar a equidade social, insere-se, quanto aos trabalhadores, a valorização dos padrões de trabalho digno, com a melhoria das condições laborais, assistência social, incentivo às atividades culturais, artísticas, entre outros elementos.

1.7. Teoria dos stakeholders: o foco no público interno e nas práticas trabalhistas de fornecedores

Com base na compreensão da responsabilidade social como o compromisso das empresas com toda a sociedade, e não apenas com seus acionistas, é relevante identificar, exatamente, os demais agentes sociais, ou partes interessadas, relacionados com a ação corporativa. Em tal, contexto insere-se a teoria dos grupos de interesse ou a teoria dos *stakeholders*, originalmente detalhada pelo Professor Edward Freeman[24].

Toda organização envolve um sistema de *stakeholders*, com os quais mantém relações de interdependência. *Stakeholders* são os grupos interessados que podem afetar ou serem afetados por uma corporação na consecução de seus objetivos. São esses agentes que, em última análise, justificam a existência das organizações.

Os *stakeholders* têm legítimos interesses nas organizações, legitimidade essa justificada sobre bases éticas. Com efeito, essa teoria dos grupos de interesse contribuiu decisivamente para a concepção da responsabilidade social corporativa.

---

(23) Relatório Brundtland, produzido no âmbito da ONU pela Comissão Mundial sobre o Meio Ambiente e Desenvolvimento, é o documento intitulado Nosso Futuro Comum, publicado em 1987, relativo ao desenvolvimento sustentável mundial.
(24) FREEMAN, R. Edward. *Strategic management:* a stakeholder approach. Boston: Pitman, 1984.

O compromisso das ações das empresas não poderia ficar restrito à geração de ganhos financeiros para seus acionistas (*shareholders*), mas deveria beneficiar, também de maneira objetiva, as seguintes partes interessadas (*stakeholders*): público interno (trabalhadores, empregados, colaboradores), fornecedores, governos, consumidores, comunidade, meio ambiente, sociedade. Um excessivo foco estratégico nos resultados financeiros de curto prazo corroerá, por certo, o desempenho de longo prazo.

A teoria dos *stakeholders* tem sido útil para articular a missão mais ampla de uma empresa para além do modelo insustentável de maximização do valor restrita ao acionista. Por seu intermédio, é possível vislumbrar a sensibilidade das empresas para incorporar as preferências e expectativas dos *stakeholders* a sua estratégia, fator determinante da sustentabilidade.

Dois tipos de *stakeholders* interessam especialmente ao estudo vertente, a saber: o público interno e os fornecedores. Quanto aos últimos, o foco se concentrará nas práticas trabalhistas que adotam.

O público interno corresponde aos profissionais contratados que envidam esforços laborativos para a consecução dos objetivos empresariais. São eles os empregados, temporários, trabalhadores terceirizados e todas as pessoas que laboram nas atividades da empresa. A responsabilidade social empresarial, em relação a tal público, deve corresponder, como exigência ética, às práticas trabalhistas que respeitem a dignidade do obreiro, em consonância com os padrões internacionalmente definidos.

Quanto aos fornecedores, são assim considerados os parceiros corporativos, integrantes da cadeia de produção e distribuição, que desenvolvem atividades pertinentes ao suprimento de produtos ou prestação de serviços necessários ao empreendimento empresarial. A relação das empresas com os fornecedores deve se dar de modo que transmita os padrões éticos estabelecidos, exigindo a efetiva concretização dos pressupostos de responsabilidade social empresarial definidos, especialmente no que se refere ao tratamento deferido a seu respectivo público interno. Caso a preocupação ou exigência não se estenda às práticas trabalhistas dos fornecedores, a empresa pode deparar com a violação indireta das diretivas da responsabilidade social, o que se demonstra tão grave quanto a violação direta.

Em relação ao público interno e aos fornecedores, no concernente às práticas trabalhistas, concentra-se o estudo a ser detalhado a respeito da responsabilidade social empresarial e da afirmação dos direitos fundamentais do trabalho.

1.8. Responsabilidade social empresarial e Direitos Humanos

Durante muito tempo, os Direitos Humanos foram tratados e considerados como uma questão de responsabilidade única dos governos.

Na atualidade, é imprescindível reconhecer que a promoção de valores e comportamentos morais que respeitem os padrões universais de Direitos Humanos deve estar no centro da atuação empresarial orientada para a responsabilidade social. A necessidade do real engajamento das empresas na promoção dos Direitos Humanos é inegável. Trata-se de autêntico comprometimento com a humanidade em sua totalidade.

As empresas são importantes agentes de promoção do desenvolvimento econômico e do avanço tecnológico, possuem grande capacidade criadora e de geração de recursos. O bem-estar comum depende, cada vez mais, de uma ação cooperativa e integrada de todos os setores da economia, num processo de desenvolvimento que coloque como metas a promoção dos Direitos Humanos.

Ora, a Declaração Universal dos Direitos Humanos reflete as bases éticas e morais para a construção de uma sociedade fundamentada na liberdade, na paz e na Justiça. A responsabilidade social das empresas carreia, em seu cerne, compromissos com a construção de um mundo economicamente mais próspero e socialmente mais justo e sustentável, valores fortemente demarcados pela DUDH.

Como conceito introdutório para os propósitos deste estudo, segundo João Batista Herkenhoff[25], Direitos Humanos são "aqueles direitos fundamentais que o homem possui pelo fato de ser homem, por sua natureza humana, pela dignidade que a ela é inerente".

As práticas fundamentais de responsabilidade social empresarial têm relação estreita com a definição proposta. Entretanto, poucas empresas estão familiarizadas ou adotam o enfoque dos Direitos Humanos ao orientar suas ações. Como detentoras de muita influência e poder, as corporações, por imperativos ético e legal, devem incorporar em suas estratégias de negócios a promoção e efetivação dos Direitos Humanos.

1.8.1. Responsabilidade social empresarial e proteção da dignidade do trabalhador

A valorização do trabalho humano está, fora de dúvida, em diferenciado patamar de importância no que concerne às práticas de responsabilidade social empresarial.

Conforme ensinam Giovanni Caso e Lafaiete Pussoli:[26]

> No que diz respeito à vida interna da empresa, espera-se que os ritmos, as modalidades e os ambientes de trabalho respeitem a dignidade da

---

(25) HERKENHOFF, João Batista. *Curso de direitos humanos.* São Paulo: Acadêmica, 1994. v. I, p. 30.
(26) CASO, Giovanni; PUSSOLI, Lafaiete. *Ética social. A exigência ética hoje.* Ética na virada do milênio. 2. ed. São Paulo: LTr, 1999. p. 227.

pessoa do trabalhador; que sirva ao homem e às suas necessidades reais, que a empresa seja uma verdadeira comunidade de pessoas.

Não há dúvida de que, entre as diversas dimensões da responsabilidade social empresarial, aquela que evidencia maior proeminência em razão, até mesmo, das atividades corporativas em si, é a que se preocupa com o público interno e com as práticas trabalhistas que adotam seus fornecedores.

O primado da dignidade da pessoa humana exige, de modo basilar, a concepção da proteção do trabalho. Do trabalho digno.

Segundo a consideração de Jean-François Chanlat[27]:

> O foco interno é uma das facetas mais importantes da prática de responsabilidade social por parte das empresas, pois representam políticas e ações focadas em seu próprio corpo de trabalhadores, que devem permear a concepção da gestão de pessoas nas organizações, abrangendo o comportamento humano, o sentido do trabalho e os desafios que a gestão de recursos humanos enfrenta para propiciar a inclusão social no ambiente interno das empresas.

Segundo Marcio Milleto Mostardeiro[28]:

> Apesar de a responsabilidade social corporativa trabalhar com a lógica de que a empresa deve estabelecer uma relação ética com todos os públicos relacionados consigo, é certo que os mais destacados destes são o público interno, a comunidade, e o meio ambiente. (...) os mais prioritários são os dois primeiros.

Entretanto, mais importante do que o envolvimento externo, é a preocupação com o público interno, com o trabalhador, ou seja, com os empregados e demais profissionais vinculados à atividade da empresa.

A afirmação dos direitos fundamentais do trabalho deve ser contemplada como pressuposto primeiro da responsabilidade social empresarial. Em idêntico sentido, com reverberação ainda mais intensa, a eliminação absoluta do trabalho indigno deve ser preconizada.

1.9. O papel essencial dos particulares para a efetivação da proteção da dignidade do trabalhador

Os particulares são os agentes fundamentais em qualquer processo de mudança. Durante muito tempo, os Direitos Humanos foram tratados e considerados como uma questão de responsabilidade única dos governos.

---

(27) CHANLAT, Jean-François. *Revista GV Executivo*, São Paulo, v. 4, n. 1, p. 49, fev./abr. 2005.
(28) MOSTARDEIRO, Marcio Milleto. Evolução do sistema capitalista rumo à ética de mercado — uma reflexão sobre a necessidade de adaptação do modelo. In: BITENCOURT, Claudia. *Gestão contemporânea de pessoas:* novas práticas, conceitos tradicionais. Porto Alegre: Bookman, 2004. p. 414-436.

Com o avanço das democracias e da responsabilidade social, a efetivação dos postulados de valorização da dignidade humana passou a ser obrigação de todos, notadamente dos particulares.

A sociedade civil, fora de dúvida, detém instrumentos poderosos para exigir a concretização dos Direitos Humanos, principalmente no que concerne aos direitos fundamentais no trabalho e de proteção da dignidade do trabalhador.

A crescente expansão da consciência coletiva de consumidores e cidadãos sobre os problemas sociais cada vez mais representa uma pressão constante sobre as empresas e suas práticas de produção e de prestação de serviços. Requer-se, das corporações, algum tipo de resposta a essas demandas da sociedade, que vive, de modo inevitável, a cultura do consumo.

Há uma renovada postura dos clientes, que esperam ações de responsabilidade social do mundo empresarial, sobretudo para questões que exigem soluções passíveis somente da ação coletiva. Trata-se do avanço do consumo consciente.

Com base nessa expectativa dos particulares em interagir com as organizações que operem de maneira ética, que tenham imagem positiva e atuação responsável, nasce um novo tipo de corporação, em que lucratividade e gestão com responsabilidade social não implicam custos ou conflito, mas podem conviver equilibradamente e gerar sustentabilidade, sobretudo econômica, para as empresas.

Cada vez mais, empresas do mundo todo se convencem de que valorizar sua reputação e investir na sua imagem pública, gerando ações de impacto positivo na sociedade, são fatores de competitividade. Em momentos de crise, tal postura percebe apreciação ainda maior.

Ao adicionar às suas competências básicas um comportamento ético e socialmente responsável, as empresas adquirem o respeito das pessoas e das comunidades impactadas por suas atividades. Assim, são gratificadas pelo reconhecimento de seus consumidores e pelo engajamento dos seus colaboradores, fatores cruciais de vantagem competitiva e sucesso empresarial. Ao mesmo tempo, a responsabilidade social empresarial, como estratégia de gestão, contribui para a construção de uma sociedade mais justa e mais próspera.

No novo mundo globalizado, o processo de mudança em curso exige, como fator determinante para a competitividade empresarial, a atuação responsável das corporações. Nesse cenário de reestruturação de valores, a preocupação com a responsabilidade social é fundamental para tornar as organizações competitivas e garantir sua boa reputação, a preferência do público e, enfim, sua própria sobrevivência no mercado.

A responsabilidade social empresarial voltada para a correção das práticas trabalhistas no que respeita a seu público interno e aos profissionais que atuam em seus fornecedores, enaltecendo o respeito aos direitos fundamentais no trabalho, fora de dúvida, é instrumento precioso para a concretização da proteção da dignidade do trabalhador.

CAPÍTULO II

Responsabilidade social empresarial e Direito

As transformações e os acentuados desequilíbrios que caracterizam o mundo contemporâneo, em sua crescente complexidade, têm conduzido a uma intensa reflexão sobre valores. A aspiração humana, no entanto, que se revela cada vez mais clara, mais profunda e mais universal, corresponde a viver de maneira digna. A dignidade humana está no centro da ética. Concretizar tal aspiração exige a conjugação de diversos instrumentos.

A formulação das diretrizes definidoras da responsabilidade social empresarial coliga-se, necessariamente, à definição de padrões éticos, afeitos ao comportamento das corporações. O Direito, como sistema de normas de conduta destinado a regular, com força cogente, as relações sociais, conjuga, intrinsecamente, elementos éticos.

A disciplina da responsabilidade social empresarial apresenta mútuas relações com o Direito. A Ética é o principal elemento de ligação em referida comunicação. O conceito de responsabilidade social corporativa evidencia forte conotação normativa advinda de fontes privadas sobre o dever das corporações em promover o desenvolvimento social. Assim, o Direito reflete-se, e de certo modo, integra-se à responsabilidade social empresarial, sem perder suas características únicas. Enunciada simbiose, embora não implique qualquer crise de identidade a afligir cada campo do conhecimento, tem o desejável potencial de otimizar a efetividade.

O encontro entre Direito e responsabilidade social enseja uma complexa potencialização da ação ética, a qual está modificando as condutas sociais.

A positivação dos direitos não significa, por si só, garantia de sua efetivação.

Não há qualquer dúvida de que a responsabilidade social empresarial é um fenômeno que tem demonstrado consistente crescimento, com impactos no contexto normativo, no âmbito dos comportamentos das corporações. A principal razão do estudo da responsabilidade social empresarial no campo jurídico reside na sua capacidade de aplicação e efetivação dos Direitos Humanos.

No âmbito de interesse da presente pesquisa, as condutas empresariais, no que tange às relações de trabalho, parecem não ser determinadas apenas pelas leis, pelo Direito positivado. Diversos e distintos são os elementos definidores do modo de agir nas empresas, como Direito, Ética, consciência social, objetivos econômicos. Há, conforme se demonstrará, a necessidade de interação de diversos instrumentos, especialmente para determinar o respeito e a afirmação da dignidade da pessoa humana do trabalhador nas relações laborais.

Em ótica distinta, é preciso assumir que uma das funções da legislação é a de dar amparo e estímulo aos cidadãos e às instituições que compõem o cenário social. Impõe-se, dessa forma, a abertura da reflexão jurídica e ética para que os empresários, consumidores e trabalhadores se sintam fortalecidos e incentivados a assumir práticas de responsabilidade e sustentabilidade social. Ao Direito, portanto, incumbe ofertar instrumentos capazes de incentivar as empresas a praticar ações de cidadania corporativa e promover condições para a realização da responsabilidade social. Não pode, jamais, representar empecilho ao desenvolvimento da conscientização social.

2.1. Princípio da dignidade da pessoa humana

Consoante se ressaltou, a consagração da dignidade da pessoa humana[29] como valor central da sociedade, representa, verdadeiramente, um dos avanços jurídicos mais notáveis na história da humanidade. A dignidade da pessoa humana é o núcleo essencial dos direitos fundamentais, coligado ao próprio direito à vida, porque se relaciona com as garantias e exigências básicas do ser humano para uma existência que permita o desenvolvimento de suas potencialidades. E demanda efetiva concretização. Não pode, em hipótese alguma, subsistir apenas como ideia ou ideal. Denegá-la implica a própria impossibilidade do direito à vida.

A premissa, fundamental para este estudo, de que o homem, por ser dotado de dignidade, é um fim em si mesmo e, por isso, não pode ser coisificado (tratado como mero objeto), muito menos ser instrumentalizado (tratado como meio para atingir um determinado fim) por seus semelhantes, advém do sistema filosófico proposto por Immanuel Kant[30]. Dignidade,

---

(29) Na doutrina, não há consenso quanto à expressão a ser utilizada, se dignidade humana ou dignidade da pessoa humana. Embora aparente demonstrar-se redundante, a expressão dignidade da pessoa humana se justifica, pois a dignidade não se limita à pessoa humana, mas pode se projetar a quem não adquiriu tal condição, como os materiais ditos genéticos.

(30) Immanuel Kant, em sua célebre obra *Fundamentação da metafísica dos costumes e outros escritos* (São Paulo: Martin Claret, 2004), demonstra que a dignidade da pessoa humana adviria da soma da autonomia do ente racional para a formulação de princípios morais universais com o fato de o ser humano existir como fim em si mesmo e jamais como instrumento para a satisfação dos interesses

assim, é o valor de que se reveste tudo aquilo que não tem preço, ou seja, não é passível de ser substituído por um equivalente.

Quanto à etimologia, De Plácido e Silva[31] informa que:

> dignidade deriva do latim *dignitas* (virtude, honra, consideração); em regra se entende a qualidade moral, que, possuída por uma pessoa, serve de base ao próprio respeito em que é tida. Compreende-se também como o próprio procedimento da pessoa, pelo qual se faz merecedor do conceito público.

---

de outrem, conforme denotam as passagens seguintes: "(...) o imperativo universal do dever poderia também exprimir-se da seguinte forma: age como se a máxima da tua ação devesse se tornar, pela tua vontade, lei universal da natureza. (...) Uma pessoa que, por uma série de adversidades, chegou ao desespero e sente desapego à vida, mas está ainda bastante em posse da razão para indagar a si mesma se não será talvez contrário ao dever para consigo atentar contra a própria vida. Procuremos, agora, saber se a máxima de sua ação se poderia tornar em lei universal da natureza. A sua máxima, contudo, é a seguinte: por amor de mim mesmo admito um princípio, o de poder abreviar a minha vida, caso esta, prolongando-se, me ameace mais com desgraças do que me prometa alegrias. Trata-se agora de saber se tal princípio do amor de si mesmo pode se tornar lei universal da natureza. Mas logo se vê que uma natureza cuja lei fosse destruir a vida em virtude do mesmo sentimento cuja determinação é suscitar sua conservação se contradiria a si mesma e não existiria como natureza" (p. 52). "(...) supondo que haja alguma coisa cuja existência em si mesma tenha um valor absoluto e que, como fim em si mesma, possa ser o fundamento de determinadas leis, nessa coisa, e somente nela, é que estará o fundamento de um possível imperativo categórico, quer dizer, de uma lei prática. Agora eu afirmo: o homem — e, de uma maneira geral, todo o ser racional — existe como fim em si mesmo, e não apenas como meio para uso arbitrário desta ou daquela vontade. Em todas as suas ações, pelo contrário, tanto nas direcionadas a ele mesmo como nas que o são a outros seres racionais, deve ser ele sempre considerado simultaneamente como fim" (p. 58). "O imperativo prático será, pois, o seguinte: age de tal maneira que possas usar a humanidade, tanto em tua pessoa como na pessoa de qualquer outro, sempre e simultaneamente como fim e nunca simplesmente como meio" (p. 59). "Mas o homem não é uma coisa; não é, portanto, um objeto passível de ser utilizado como simples meio, mas, pelo contrário, deve ser considerado sempre em todas as suas ações como fim em si mesmo. Não posso, pois, dispor do homem em minha pessoa para o mutilar, degradar ou matar" (p. 60). "Todos os seres racionais estão, pois, submetidos a essa lei que ordena que cada um deles jamais se trate a si mesmo ou aos outros simplesmente como meios, mas sempre simultaneamente como fins em si" (p. 64). "No reino dos fins, tudo tem ou um preço ou uma dignidade. Quando uma coisa tem preço, pode ser substituída por algo equivalente; por outro lado, a coisa que se acha acima de todo preço, e por isso não admite qualquer equivalência, compreende uma dignidade. (...) o que se faz condição para alguma coisa que seja fim em si mesma, isso não tem simplesmente valor relativo ou preço, mas um valor interno, e isso quer dizer, dignidade. Ora, a moralidade é a única condição que pode fazer de um ser racional um fim em si mesmo, pois só por ela lhe é possível ser membro legislador do reino dos fins. Por isso, a moralidade e a humanidade enquanto capaz de moralidade são as únicas coisas providas de dignidade" (p. 65). "A autonomia é, pois, o fundamento da dignidade da natureza humana e de toda a natureza racional (p. 66). "(...) toda a dignidade da humanidade consiste precisamente nessa capacidade de ser legislador universal, se bem que sob a condição de estar ao mesmo tempo submetido a essa mesma legislação." (p. 70).
(31) SILVA, De Plácido e. *Vocabulário jurídico*. Rio de Janeiro: Forense, 2008.

Segundo a lição de Alexandre de Moraes[32]:

> a dignidade é um valor espiritual e moral inerente à pessoa, que se manifesta singularmente na autodeterminação consciente e responsável da própria vida.

Há, verdadeiramente, uma relação indissociável entre o direito à vida e a proteção da dignidade da pessoa humana, que atua como referência nuclear a unificar os direitos fundamentais.

Na definição[33] indicada por Gomes Canotilho[34]:

> É a dignidade do ser humano entendida como um valor (bem) autônomo e específico que exige respeito e proteção, proibindo-se a pena de morte e a execução de pessoas, a tortura e tratos ou penas desumanas e degradantes, as práticas de escravidão, de servidão, de trabalho forçado e o tráfico de seres humanos. É a dignidade compreendida como dimensão aberta e carecedora de prestações que legitima e justifica a socialidade, traduzida, desde logo, na garantia de condições dignas de existência.

Para Luiz Antonio Rizzato Nunes[35]:

> não é possível falar — não deve ser possível falar — em sistema jurídico legítimo que não esteja fundado na garantia da intangibilidade da dignidade da pessoa humana.

Como princípio, a dignidade é absoluta, plena e não pode ser estremecida por qualquer espécie de argumentação que a coloque em relativismo[36]. A dignidade é intrínseca à essência da pessoa humana.

O princípio da dignidade da pessoa humana, segundo o escólio de Rizzato Nunes[37], "é um verdadeiro supraprincípio".

A dignidade da pessoa humana apresenta-se, doravante, como princípio fundamental, correspondente ao desenvolvimento integral da pessoa humana, o qual se irradia para todos os quadrantes do ordenamento jurídico. De modo ainda mais pungente, repercute seus notáveis efeitos na seara do Direito do Trabalho.

---

(32) MORAES, Alexandre de. *Direitos humanos fundamentais:* teoria geral. 4. ed. São Paulo: Atlas, 2002. p. 46.
(33) Segundo Farias: "Em razão de o princípio da dignidade da pessoa humana ser uma categoria axiológica aberta, considera-se inadequado conceituá-lo de forma 'fixista'. Além do mais, uma definição filosoficamente sobrecarregada, cerrada, é incompatível com o pluralismo e diversidade, valores que gozam de elevado prestígio nas sociedades democráticas contemporâneas." FARIAS, Edílsom Pereira de. *Colisão de direitos.* Porto Alegre: Fabris, 1996. p. 50.
(34) CANOTILHO, José Joaquim Gomes. *Direito constitucional e teoria da Constituição.* 7. ed. Coimbra: Almedina, 2003. p. 199.
(35) NUNES, Luiz Antônio Rizzato. *O princípio da dignidade da pessoa humana:* doutrina e jurisprudência. São Paulo: Saraiva, 2002. p. 25.
(36) *Ibidem,* p. 46.
(37) *Ibidem,* p. 50.

O trabalho, fora de dúvida, é o meio fundamental dado à pessoa humana para efetivar e sublimar sua existência com dignidade. Sua proteção, em decorrência, assume diferenciado relevo e superior importância.

Geórgia Ríbar[38] ensina que:

> o trabalhador, por ser uma pessoa humana, já que é digna qualquer pessoa humana, também merece ser protegido em sua dignidade, fazendo com que sejam respeitados seus direitos, porque a dignidade da pessoa humana está acima de qualquer vínculo laboral. A dignidade do obreiro faz prevalecer seus direitos, limitando, censurando toda e qualquer manobra que possa desrespeitar o trabalhador.

Para Gabriela Neves Delgado[39]:

> o trabalho não violará o homem enquanto fim em si mesmo, desde que prestado em condições dignas. O valor da dignidade deve ser o sustentáculo de qualquer trabalho humano. (...) Onde o direito ao trabalho não for minimamente assegurado (por exemplo, com respeito à integridade física e moral do trabalhador, o direto à contraprestação pecuniária mínima), não haverá dignidade humana que sobreviva.

A autêntica responsabilidade social, que se situa no foco do estudo vertente, prestigia, com diferenciada ênfase, a formatação de padrões de emprego e ocupação laboral que respeitam os Direitos Humanos no trabalho. Ao mesmo tempo, a identificação do papel da empresa como agente fundamental de transformação, de desenvolvimento e de promoção da Justiça nas relações trabalhistas, coaduna-se, plenamente, com a afirmação da proteção jurídica de direitos fundamentais e do investimento produtivo.

2.2. Direito, Ética e Justiça Social

As discussões quanto às relações existentes entre Ética, Moral e Direito sempre suscitaram enormes dissensões, notadamente nos domínios da Filosofia do Direito. É importante diferenciar o alcance de cada elemento, embora se reconheça que esses três conceitos têm fortes vínculos e apresentam, em determinadas questões, sobreposições e entrelaçamentos.

De modo didático, Dimitri Dimoulis[40] sintetiza as diferentes concepções surgidas a propósito do tema, exibindo as cinco teses sobre a referida relação, a saber:

---

(38) RÍBAR, Geórgia. Os princípios constitucionais da dignidade da pessoa humana, da igualdade e o princípio da não discriminação na proteção contra a discriminação na relação de emprego. *Revista LTr*, São Paulo, n. 9, p. 1.096, 2006.
(39) DELGADO, Gabriela Neves. *Direito fundamental ao trabalho digno*. São Paulo: LTr, 2006. p. 207.
(40) DIMOULIS, Dimitri. *Manual de introdução ao estudo do direito*. São Paulo: RT, 2003. p. 107-109.

a) os mandamentos jurídicos e morais coincidem (*tese da identidade*);

b) as regras jurídicas constituem o núcleo das regras morais (*o direito como mínimo ético*);

c) as regras morais constituem o núcleo do direito que compreende muitas normas moralmente indiferentes (*a moral como mínimo jurídico*);

d) as regras jurídicas são aparentadas com as morais, sendo impossível criar e interpretar o direito sem levar em consideração a moral (*tese da conexão*);

e) entre ambos os ordenamentos, há plena e absoluta separação (*tese da separação*).

A Ética, em sentido amplo, corresponderia ao "estudo dos juízos de apreciação referentes à conduta humana suscetível de qualificação do ponto de vista do bem e do mal, seja relativamente a determinada sociedade, seja de modo absoluto"[41]. É classificado como ético, do prisma filosófico, aquele que é considerado bom.

A conduta humana teria na Ética sua justificativa. A seu turno, a conduta estaria relacionada com a Moral ao considerá-la como norma por adesão. Já o Direito representaria a regra obrigatória a definir a conduta humana.

Para José Montoya Saénz[42], tanto os preceitos morais como legais têm por finalidade "assegurar a sobrevivência e a prosperidade do grupo".

Segundo ensina Osvaldo Ferreira de Melo[43], "cabe à Ética decidir qual seja a resposta sobre o que é moralmente correto; ao Direito, sobre que seja racionalmente justo".

Numa interpretação mais corrente, servindo a Ética como reflexão sobre a ação humana, o que a caracteriza como justificativa usual na busca pelo bem comum e pela Justiça é que tanto a Moral como o Direito se baseiam em regras destinadas a estabelecer uma certa previsibilidade para as ações humanas. Ambos, porém, diferenciam-se. A Moral estabelece regras assumidas pela pessoa, como uma forma de viver aceita; independe das fronteiras geográficas e garante uma identidade entre pessoas que sequer se conhecem, mas utilizam esse mesmo referencial moral comum. O Direito busca estabelecer o regramento de uma sociedade delimitada. As leis têm uma base territorial. Esta seria, como regra, uma das distinções.

---

(41) HOLANDA, Aurélio Buarque de. *Novo dicionário Aurélio da Língua Portuguesa*. 7. ed. São Paulo: Positivo, 2008.
(42) SAÉNZ, José Montoya. *Introducción a algunos problemas de la historia de la etica*. Universidade de Valencia: Manuscrito, 1998. p. 3.
(43) MELO, Osvaldo Ferreira de. *Fundamentos da política jurídica*. Porto Alegre: Fabris Editor, 1994. p. 58-59.

As perspectivas pelas quais o Direito representa um subconjunto da Moral podem gerar a conclusão de que toda lei é moralmente aceitável, fato que não se processa necessariamente. A existência de conflitos entre a Moral e o Direito é verificável.

O Direito não pode ser visto apenas como uma técnica dogmática de controle ao delimitar os comportamentos e sancionar as condutas indesejáveis. Desprovido de um pensamento crítico, não terá qualquer significado moral. E sobre tal discussão, informa José Eduardo Faria[44]:

> O fato ilícito não é, em si, tido como um fato imoral ou eticamente condenável; é apenas encarado como uma conduta contrária àquela fixada pela norma. Ao reduzir o direito a um sistema de normas, que se limita a dar sentido jurídico aos fatos sociais à medida que estes são enquadrados no esquema normativo vigente, tal concepção torna desnecessário o questionamento de dogmas. Despreza, assim, a discussão relativa à natureza e às implicações éticas da função social das leis e dos códigos, valorizando apenas seus aspectos técnicos e procedimentais.

Na justificação do Direito positivado, devem ser considerados os valores aceitos pela sociedade em referência. Então, a Ética, como princípio dominante na formação da consciência jurídica, participará no julgamento axiológico de toda norma jurídica, de modo dinâmico.

A dignidade humana está no centro da Ética. É algo totalmente indispensável, hodiernamente, a composição do pensar ético-moral no plano do Direito, sob pena de afastamento no movimento de transformação da humanidade.

Em tal contexto, a responsabilidade social empresarial mantém vínculos com os conceitos apresentados, ou seja, Ética, Moral e Direito. Notadamente, seu enfoque concerne ao bem comum, elemento fundamental de qualquer doutrina de Justiça Social. Na dimensão econômica, corresponde à justa distribuição da renda ou riqueza, de acordo com as necessidades e a capacidade das pessoas, com o aumento do nível de renda das massas, com a diminuição progressiva das diferenças de classe. O sentido de Justiça, na ética dos negócios, é importante para tratar a dimensão de distribuição dos benefícios da atividade produtiva. A valorização da dignidade do trabalho humano é um componente essencial para a Justiça Social.

2.3. Eficácia social e eficácia jurídica

Se o Direito positivo, por si só, com esteio em suas normas jurídicas de natureza imperativo-atributiva e exigível, produzisse a concretização de seus

---

(44) FARIA, José Eduardo. *Direitos humanos, direitos sociais e justiça*. São Paulo: Malheiros, 1994. p. 21.

mandamentos, seria suficiente sua isolada ação para a efetivação de seus desígnios. No Estado de Direito, o império da lei determina que nenhuma conduta pode afastar-se das normas jurídicas impostas. Entretanto, tal não condiz com a realidade dos fatos, repercutindo, em consequência, no exame da questão da eficácia social.

A norma jurídica pode ser vislumbrada em pelo menos três instâncias valorativas, quais sejam: validade, vigência e efetividade. A validade está relacionada com a questão da legitimidade da norma jurídica e da sua adequação ao ordenamento jurídico em que se insere. A vigência, por sua vez, está vinculada à eficácia jurídica da norma, gerando efeitos sobre os eventos a que se refere seu antecedente. Já a instância da efetividade refere-se à eficácia social da norma jurídica, ao seu acatamento pelos sujeitos destinatários.

A efetividade está relacionada com o problema de seguimento ou cumprimento de uma norma por parte dos destinatários dela, compreendendo, para a apreciação dos casos de violação, os meios coercitivos oferecidos à autoridade que a evocou. A existência de uma norma como jurídica não implica seu constante e maquinal seguimento.

Para Norberto Bobbio[45]:

> Não é nossa tarefa aqui indagar quais possam ser as razões para que uma norma seja mais ou menos seguida. Limitamo-nos a constatar que há de existir normas que são seguidas universalmente de modo espontâneo (e são as mais eficazes), outras que são seguidas na generalidade dos casos somente quando estão providas de coação, e outras, enfim, que são violadas sem que nem sequer seja aplicada a coação (e são as mais ineficazes). A investigação para averiguar a eficácia ou a ineficácia de uma norma é de caráter histórico-sociológico, se volta para o estudo do comportamento dos membros de um determinado grupo social e se diferencia, seja da investigação tipicamente filosófica em torno da justiça, seja da tipicamente jurídica em torno da validade. Aqui também, para usar a terminologia douta, se bem que em sentido diverso do habitual, pode-se dizer que o problema da eficácia das regras jurídicas é o problema fenomenológico do direito.

Miguel Reale[46], ao abordar o tormentoso tema da eficácia das normas, informa:

> A eficácia se refere, pois, à aplicação ou execução da norma jurídica, ou, por outras palavras, é a regra jurídica enquanto momento da conduta humana.

---

(45) BOBBIO, Norberto. *Teoria da norma jurídica*. São Paulo: Edipro, 2001. p. 47-48.
(46) REALE, Miguel. *Lições preliminares de direito*. São Paulo: Saraiva, 1998. p. 112-113.

Se, para Miguel Reale, a existência da norma jurídica depende relativamente da eficácia, para Bobbio, em sua *Teoria da Norma Jurídica*, há independência entre referidos elementos.

Miguel Reale[47] aduz, nesse diapasão, o seguinte:

> O certo é, porém, que não há norma jurídica sem um mínimo de eficácia, de execução ou aplicação no seio do grupo. O Direito autêntico não é apenas declarado, mas reconhecido, é vivido pela sociedade, como algo que se incorpora e se integra na sua maneira de conduzir-se. A regra de direito deve, por conseguinte, ser formalmente válida e socialmente eficaz.

A eficácia social dos direitos, notoriamente, não é um problema puramente jurídico. A análise normativa é fundamental, mas somente ela não é suficiente para explicar os motivos que levam à inexistência prática dos direitos na sociedade.

A lei não tem poderes místicos capazes de sempre mudar a realidade social em que toca. A eficácia social dos direitos não existe por si só, mas está agregada a um vasto conjunto de ações e decisões. Importante transcrever-se a seguinte afirmação do professor Jacques Chevallier[48]:

> A norma jurídica tem obrigação de ser eficaz; a norma jurídica já não vale só por si mesma, mas, unicamente, na medida em que concorre para a realização de fins mais vastos que a ultrapassam, para a concretização de programas ao serviço dos quais se encontra; por fim, a norma jurídica não poderá ser apreciada isoladamente, mas em função da sua inserção em sequências de ação de que é apenas um elemento. Toda a norma se encontra integrada num conjunto mais vasto.

Há circunstâncias, de naturezas diversas, principalmente econômicas e sociais, a impactar na realização dos instrumentos legais postos.

Particularmente, o problema que envolve a efetividade dos direitos fundamentais tem sido objeto de numerosos estudos. A singular importância do tema, em qualquer sustentação, revela-se inegável. Na afirmação de Ingo Wolfgang Sarlet[49]:

> Não esqueçamos que, ao tratarmos da eficácia jurídica dos direitos fundamentais, nos situamos, em verdade, na antessala de sua

---

(47) *Ibidem*, p. 113.
(48) CHEVALLIER, Jacques. A racionalização da produção jurídica. *Legislação — Cadernos de Ciência da Legislação*, n. 3, jan./mar. 1992.
(49) SARLET, Ingo Wolfgang. *A eficácia dos direitos fundamentais*. 4. ed. Porto Alegre: Livraria do Advogado, 2004. p. 231.

efetivação, razão pela qual o adequado enfrentamento dos problemas suscitados naquela esfera pode facilitar em muito o trabalho dos que buscam soluções para a efetiva realização dos direitos fundamentais.

Segundo a lição de Amauri Mascaro Nascimento[50]:

> A legislação trabalhista que promove a igualdade não conseguiu surtir os efeitos desejados, o que fica claro diante das desigualdades, algumas até mesmo gritantes, que a realidade social mostra. Discute-se, assim, o que poderia ser feito para dar maior eficácia às normas jurídicas, ainda que sejam medidas complementares à lei.

Nesse sentido, a responsabilidade social empresarial contém um elemento de efetividade que se revela fundamental para a afirmação de direitos. Os próprios instrumentos de normalização da responsabilidade empresarial incorporam as normas legais pertinentes. Ao preconizar a assunção de uma postura verdadeiramente ética, uma empresa deve reconhecer, em primeiro plano, as normas legais aplicáveis, sujeitando-se a seu pleno cumprimento. Trata-se, em princípio, de uma decisão motivada, mas voluntária, da corporação, a qual ensejará os mais diversos reflexos positivos. O comprometimento ético, com base em enunciada resolução, passa a ser cobrado, verificado objetivamente, exigido. A efetividade, pois, se manifesta.

2.4. A apropriação dos instrumentos de regulação pelos particulares e seus efeitos

A formulação das diretrizes definidoras da responsabilidade social empresarial corresponde, necessariamente, ao estabelecimento de padrões éticos, afeitos ao comportamento das corporações.

Conforme já se elucidou, a dimensão legal é um dos componentes da responsabilidade social empresarial. Exigida pela sociedade como pressuposto ético, ela abrange a obediência às leis, a aderência aos regulamentos, o cumprimento dos contratos. Notadamente, demanda a concretização das obrigações relativas à preservação das condições de trabalho.

A normalização da responsabilidade social corporativa envolve, ao seu turno, a produção de instrumentos que estabelecem regras, diretrizes ou características para atividades ou seus resultados, fornecidos para uso rotineiro, definindo sua ordenação.

Ao considerar, como paradigma, as normas jurídicas legítimas e válidas, refletindo sua incorporação, a normalização da responsabilidade social corpo-

---

(50) NASCIMENTO, Amauri Mascaro. O direito do trabalho analisado sob a perspectiva do princípio da igualdade. *Revista LTr*, São Paulo, v. 68, n. 7, p. 784, jul. 2004.

rativa descerra caminhos e fornece meios para a concretização da lei. Frutuosa sinergia forma-se, capaz de potencializar a produção de efeitos concretos pela regra de Direito.

Com isso, a norma jurídica incorporada passa a refletir uma renovada força executiva, uma reanimada eficácia no plano social. As empresas estabelecem, com a incorporação dos preceitos da responsabilidade social, uma diferenciada relação com as obrigações legais. A exigibilidade do comportamento normatizado percebe notória intensificação na direção de seu cumprimento.

A adoção de uma norma jurídica pelos instrumentos definidores da responsabilidade social empresarial é, fora de dúvida, meio consistente e provável para sua efetividade, notadamente quanto ao comportamento ético desejado.

2.5. Particularidades do Direito Internacional

Num contexto de globalização econômica intensa e inexorável, no qual as corporações, para otimizar a competitividade, atuam em diversos países, internacionalizam a produção, fundamental se analisarem aspectos da interação do Direito Internacional com a responsabilidade social empresarial.

Conforme definição proposta por Gustavo Neves Bregalda[51]:

> O Direito Internacional pode ser tratado, preambularmente, como o conjunto de princípios e normas, positivos e costumeiros, representativos dos direitos e deveres aplicáveis no âmbito da sociedade internacional. Embora não se repitam na ordem internacional as mesmas condições de coerção existentes na ordem interna dos diferentes Estados, as relações entre eles, ou entre eles e nacionais de outros Estados, ou ainda entre nacionais de Estados diferentes, se processam segundo princípios e regras aceitos quase universalmente e, em geral, obedecidos. Denomina-se Direito Internacional o conjunto destas normas, que se perfazem por meio dos princípios e regras, bem como pelos costumes internacionais. Será público, quando se referir aos direitos e deveres dos próprios Estados em suas relações; e privado, quando tratar da aplicação, a particulares sujeitos a um determinado Estado, de leis civis, comerciais ou penais emanadas de outro Estado.

Para Bruno Galindo[52]:

> A dificuldade encontrada na dimensão internacional dos Direitos Humanos reconhecidos como fundamentais está calcada tanto na

---

(51) BREGALDA, Gustavo Neves. *Direito internacional público e direito internacional privado*. 2. ed. São Paulo: Atlas, 2008. p. 3.
(52) GALINDO, Bruno. *Direitos fundamentais* — Análise de sua concretização constitucional. Curitiba: Juruá, 2005. p. 43.

eficácia restrita das normas de direito internacional público quanto na própria diversidade cultural da humanidade, tornando difícil uma aceitação dos direitos do homem como direitos fundamentais justamente por essa dificuldade de um consenso universal.

Conforme se denota, a efetivação de direitos no plano internacional revela dificuldades consideráveis relacionadas com a concretização de seus mandamentos. Para as empresas que atuam em diferentes países, deparar com enunciada adversidade apresenta-se como um autêntico desafio.

As práticas de responsabilidade social empresarial, em tal sentido, assumem diferenciado relevo, pois, contornando as deficiências apresentadas na aplicação e concretização de normas do Direito Internacional, ao se basearem em padrões, ou *standards*, aprovados consensualmente, permitem a adesão corporativa aos parâmetros de comportamento ético. Em tal aspecto, o comprometimento com os Direitos Humanos, aderidos e otimizados com a responsabilidade social, transmuda-se em representativo instrumento de efetivação no âmbito das práticas corporativas, de notáveis efeitos sociais. Em distinto enfoque, ainda demonstra o condão de facilitar, perceptivelmente, a adequação de práticas de gestão em diferentes partes do globo.

Empresas comprometidas com valores éticos universais, como o respeito aos Direitos Humanos, possibilitam um providencial concerto de fatores construtivos que tem o poder de transformar sociedades.

2.6. Soft law: *empoderamento por meio da responsabilidade social empresarial*

O Direito Internacional, de modo geral, incorpora várias formas de regulação social advindas de fontes distintas. Quando tais fontes não contêm mandamentos propriamente obrigatórios, exigíveis, são consideradas "moles", ou *soft law*.

Soft law é uma expressão de uso contemporâneo. Para Antonio de Cassesse[53], são três as principais características dos instrumentos de *soft law*: primeira — estes instrumentos simbolizam uma tendência moderna emergente na comunidade internacional, da qual as organizações internacionais e outros organismos coletivos são promotores; segunda — esses instrumentos refletem novos interesses da comunidade internacional, sobre os quais se tinha

---

(53) *Apud* CRIVELLI, Ericson. *A OIT e o futuro das normas internacionais do trabalho na era da globalização*. Tese (Doutorado em Direito Internacional) — Faculdade de Direito. Universidade de São Paulo. p. 185.

pouca sensibilidade no passado; terceira — por razões políticas ou econômicas, ou de outra natureza, torna-se difícil aos Estados conseguir um acordo sobre os assuntos tratados nesses instrumentos, para a celebração de um acordo internacional.

Em tal direção, as orientações emanadas da OIT representariam exemplo típico de *soft law*, estabelecendo *standards*, ou padrões internacionais para as práticas trabalhistas.

A *soft law* exibe notável função ao formar um autêntico tecido normativo impossível de ser concebido pelas regras do Direito tradicional. Coliga as lacunas na lei dura (*hard law*), ocupando áreas até então inalcançáveis pelos canais legais. Com enfoque pragmático, permite a construção de pontes entre as diferentes formas de Direito Internacional, tutelando a integralidade substantiva dos compromissos das partes envolvidas.

O advento da *soft law*, como fenômeno regulatório, significa um desafio ao Direito Internacional, a influenciar a modificação de sua estrutura, embora não represente risco maior. O que ocorre é que, por ser destituída de certeza jurídica, pode, no mais das vezes, não atingir suas finalidades. A responsabilidade social empresarial, em tal sentido, quando adota os preceitos contidos na *soft law*, exerce influência decisiva sobre os comportamentos das corporações, facilitando a viabilização da eficácia jurídica necessária.

Na medida em que a sociedade internacional se transforma, influenciada pelas novas problemáticas com que tem de lidar, a efetivação da *soft law*, por meio da responsabilidade social corporativa, representa expectativa nova para os destinatários, notadamente no campo dos Direitos Humanos.

2.7. Responsabilidade social empresarial, dignidade da pessoa humana e a melhoria das condições de trabalho

Conforme já se referiu, a causa precípua da construção jurídica contemporânea volta-se à proteção da dignidade da pessoa humana. No campo do trabalho, esta realidade mostra-se ainda mais sensível. A melhoria das condições de trabalho capazes de atender aos preceptivos da dignidade exige plena realização dos direitos ditos sociais, os quais Alexandre de Moraes[54] conceitua como:

> direitos fundamentais do homem, caracterizando-se como verdadeiras liberdades positivas, de observância obrigatória em um Estado Social de Direito, tendo por finalidade a melhoria de condições de vida aos hipossuficientes, visando à concretização da igualdade social, e são consagrados como fundamentos do Estado democrático.

---

(54) MORAES, Alexandre de. *Direito constitucional*. 14. ed. São Paulo: Atlas, 2003. p. 202.

De modo crescente, os direitos sociais previstos reclamam efetivação. Não se admite a inviabilização ou anulação de garantias das necessidades vitais do indivíduo, ou, então, a afronta ao princípio da dignidade humana estará caracterizada, determinando o desmoronamento da base de toda a sistemática dos direitos fundamentais.

Irany Ferrari[55] afirma, categoricamente, que "o trabalho há de ser o centro dos valores numa visão ideal do Estado Moral".

A conjugação do Direito com a responsabilidade social, fora de dúvida, demonstra-se primordial para exercer decisivo impacto no elevado propósito da implementação dos direitos fundamentais no trabalho, sem os quais, decisivamente, nenhum outro direito ou preceptivo de tutela ao trabalho subsistirá.

A Justiça é um ideal desejável para todas as relações humanas, para o convívio social, para o bem-estar coletivo. Pode-se dizer que ao Direito cabe regulamentar o que seja justo por meio de um consenso geral sobre as condutas moralmente aprovadas, evidenciando a Ética. Sua concretização necessita ser deflagrada.

Todas as nações, elidindo o indesejável e inaceitável retrocesso social, devem almejar a evolução plena na direção dos mais altos padrões de Direitos Humanos e trabalhistas, reconhecendo, efetivamente, a importância dos institutos destinados a realizar tão relevantes desígnios. A notória impotência do Estado para reduzir as desigualdades, cada vez mais evidentes, entre as classes sociais exige uma nova postura, um posicionamento amadurecido e emancipado de empresas e sociedade civil, definindo a ascensão da responsabilidade social.

---

(55) FERRARI, Irany; NASCIMENTO, Amauri Mascaro; MARTINS FILHO, Ives Gandra. *História do trabalho, do direito do trabalho e da justiça do trabalho.* São Paulo: LTr, 1998. p. 19.

CAPÍTULO III

Definição dos Direitos Fundamentais no Trabalho

O trabalho, em sua concepção humanista, apresenta-se como referência simbólica fundamental da sociedade contemporânea. É essencialmente por meio do trabalho que toda pessoa busca atingir o pleno desenvolvimento de suas potencialidades e, sobretudo, o sentido de completude.

Para Josué Lafayete Petter[56]:

> Valorizar o trabalho, então, equivale a valorizar a pessoa humana, e o exercício de uma profissão pode e deve conduzir à realização de uma vocação do homem.

Em enunciado sentido, afirma Miguel Reale[57]:

> Não entendo como se possa dizer que o trabalho não seja criador de valores. Ele já é, por si mesmo, um valor, como uma das formas fundamentais de objetivação do espírito enquanto transformador da realidade física e social, visto como o homem não trabalha porque quer, mas sim por uma exigência indeclinável de seu ser social, que é um "ser pessoal de relação", assim como não se pensa porque se quer, mas por ser o pensamento um elemento intrínseco ao homem, no seu processo existencial, que se traduz em sucessivas "formas de objetivação". Trabalho e valor, bem como, por via de consequência, trabalho e cultura, afiguram-se termos regidos por essencial dialética de complementaridade.

Segundo o estudo evolutivo proposto no ensinamento de Amauri Mascaro Nascimento[58], a valorização do trabalho humano não é construção axiológica recente:

---

(56) PETTER, Josué Lafayete. *Princípios constitucionais da ordem econômica:* o significado e o alcance do art. 170 da Constituição Federal. São Paulo: RT, 2005. p.153.
(57) *Apud* FERRARI, Irany; NASCIMENTO, Amauri Mascaro; MARTINS FILHO, Ives Gandra. *Op. cit.*, p. 18-19.
(58) NASCIMENTO, Amauri Mascaro. *Curso de direito do trabalho.* 19. ed. São Paulo: Saraiva, 2004. p. 7.

tema de filosofia do trabalho cujas raízes primeiras estão no pensamento da Antiguidade e da Idade Média — do trabalho como um castigo dos deuses —, no Renascimento — com as ideias de valorização do trabalho como manifestação da cultura —, e, mais recentemente, nos preceitos constitucionais modernos — do trabalho como direito, como dever, direito dever ou, ainda, como valor fundante das sociedades políticas.

De modo enfático, preconiza Manoel Jorge Silva Neto[59]:

> o trabalho não pode, de maneira alguma, ser assumido friamente como mero fator produtivo; é, sim, fonte de realização material, moral e espiritual do trabalhador.

A valorização do trabalho humano, fora de dúvida, tem por objetivo e fundamento a proteção da existência digna do homem.

A afirmação e proteção de tão precioso bem se insere, dessarte, na esfera dos direitos fundamentais, dos Direitos Humanos, como resultado de avanços e conquistas sociais alcançadas ao longo da história, notadamente a partir do século XIX, consolidando espaços reivindicatórios e de luta pela dignidade da pessoa humana.

A conceituação de Direitos Humanos[60], essencial ao vertente estudo, apresenta-se, nas doutrinas nacional e estrangeira, de diferentes formas, embora sempre com elementos comuns.

Para José Carlos Vieira de Andrade[61], Direitos Humanos foram primeiramente considerados pelo direito natural como "direitos de todas as pessoas humanas, em todos os tempos e em todos os lugares".

Segundo João Batista Herkenhoff[62], Direitos Humanos são "aqueles direitos fundamentais que o homem possui pelo fato de ser homem, por sua natureza humana, pela dignidade que a ela é inerente".

---

(59) SILVA NETO, Manoel Jorge. *Direito constitucional e econômico*. São Paulo: LTr, 2001. p. 96.
(60) Para Carlos Bernardo Alves Aarão Reis: "Os termos 'direitos fundamentais' e 'Direitos Humanos' usualmente são utilizados de forma indiscriminada, como se sinônimos fossem, malgrado possuam tais conceitos linhas comuns, não se confundindo, por conseguinte." E prossegue: "Em verdade, ao nosso sentir, em que pese ao uso indistinto das terminologias em comento e à estreita ligação entre tais conceitos, o termo 'Direitos Humanos' reserva-se ao campo histórico e filosófico, enquanto que a terminologia 'direitos fundamentais' resta reservada ao discurso jurídico" (Notas acerca da efetividade dos direitos fundamentais sociais como limite à discricionariedade administrativa.In: GARCIA, Emerson (Coord.). *A efetividade dos direitos sociais*. Rio de Janeiro: Lumen Juris, 2004. p. 358-359). No presente estudo, ante o diálogo estabelecido entre diferentes campos científicos, não foi adotada a rigidez sugerida pelo autor referido.
(61) ANDRADE, José Carlos Vieira de. *Os direitos fundamentais na Constituição Portuguesa*. Coimbra: Almedina, 1987. p. 12.
(62) HERKENHOFF, João Batista. *Curso de direitos humanos*. São Paulo: Acadêmica, 1994. v. I, p. 30.

Selma Regina Aragão[63] conceitua os Direitos Humanos como "os direitos em função da natureza humana, reconhecidos universalmente pelos quais indivíduos e humanidade, em geral, possam sobreviver e alcançar suas próprias realizações".

Alexandre de Moraes[64], numa perspectiva constitucionalista e preferindo a expressão Direitos Humanos fundamentais, considera-os como sendo o

> conjunto institucionalizado de direitos e garantias do ser humano que tem por finalidade básica o respeito a sua dignidade, por meio de sua proteção contra o arbítrio do poder estatal e o estabelecimento de condições mínimas de vida e desenvolvimento da personalidade humana.

Perez Luño[65] propõe que os Direitos Humanos sejam entendidos como:

> um conjunto de faculdades e instituições que, em cada momento histórico, concretizam as exigências da dignidade, da liberdade e da igualdade humanas, as quais devem ser reconhecidas positivamente pelos ordenamentos jurídicos em nível nacional e internacional.

Para Edilsom Farias[66], Direitos Humanos:

> podem ser aproximadamente entendidos como constituídos pelas posições subjetivas e pelas instituições jurídicas que, em cada momento histórico, procuram garantir os valores da dignidade da pessoa humana, da liberdade, da igualdade e da fraternidade ou da solidariedade.

Os direitos sociais, nesse sentido, são, exatamente, integrantes de uma das chamadas gerações ou dimensões dos Direitos Humanos[67].

Ao lado dos direitos econômicos e culturais, são classificados como Direitos Humanos de segunda dimensão ou geração, correspondendo à garantia da igualdade entre os indivíduos. A afirmação da proteção dos direitos do trabalhador insere-se em tal tipologia, conforme se demonstrará. Na mesma linha de

---

(63) ARAGÃO, Selma Regina. *Direitos humanos na ordem mundial*. Rio de Janeiro: Forense, 2000. p. 105.
(64) MORAES, Alexandre de. *Direitos humanos fundamentais:* teoria geral. 4. ed. São Paulo: Atlas, 2002. p. 39.
(65) PEREZ LUÑO, Antonio Enrique. *Derechos humanos, estado de derecho y Constitución*. 3. ed. Madri: Tecnos, 1990. p. 48.
(66) FARIAS, Edilsom. *Liberdade de expressão e comunicação:* teoria e proteção constitucional. São Paulo: RT, 2004. p. 27.
(67) Alguns constitucionalistas, como Paulo Bonavides, utilizam-se da expressão dimensões das declarações dos direitos àquela de gerações das declarações dos direitos, procurando indicar uma complementação contínua das declarações dos direitos, cada nova dimensão ampliando as conquistas das dimensões anteriores. Há, ainda, autores que consideram uma quarta e mesmo a uma quinta geração das declarações dos direitos.

classificação, os Direitos Humanos de primeira dimensão ou geração são os direitos civis e políticos. Os de terceira geração, os direitos de solidariedade.

O surgimento dos denominados direitos sociais está associado à transição do Estado Liberal para o Estado Social. Nesse processo, privilegia-se a proteção do indivíduo, diante do extremo poder econômico notado no Estado Liberal.

Percebeu-se que, sujeitando os homens ao livre jogo das "leis do mercado", ameaçada restava a garantia de uma existência digna e de satisfação de necessidades básicas, ensejando iniquidades e desigualdades. Dessa verificação e da necessidade de superar a ameaça decorrente nasceram os chamados direitos sociais.

Como salienta Perez Luño[68], os direitos sociais surgem do reconhecimento de que "liberdade sem igualdade não conduz a uma sociedade livre e pluralista". Tal, por certo, coaduna-se com a preservação do mínimo existencial, exigível por meio da intervenção positiva do Estado.

Extrai-se, em consequência, a essencialidade dos direitos sociais e a relevância jurídica de sua tutela. Trata-se de direitos contidos no mínimo existencial englobado, nomeadamente, no conteúdo jurídico do princípio da dignidade da pessoa humana. São, pois, direitos fundamentais.

O Estado Social teve sua base ideológica formada a partir do processo de intensas lutas operárias e sindicais, anarquistas e socialistas, iniciado no século XIX, em países como França, Alemanha e Inglaterra. Depois, já no século XX, afirmou-se com a Revolução Mexicana, de 1910, e com a Revolução Russa, de 1917. Ou seja, de meados do século XIX até os anos de 1930, o Estado Social consolidou suas bases históricas e matrizes ideológicas.

Foi o advento do Estado Social que propiciou o desenvolvimento do processo de redirecionamento das funções do Estado e de reapropriação do Direito pelas camadas sociais populares.

Assim, são reivindicadas, do Estado, intervenções na ordem social segundo critérios de justiça distributiva, que incluam os direitos à segurança social, ao trabalho, ao repouso, a um padrão de vida que garanta a saúde e o bem-estar individual e da família, à educação, entre outros. Trata-se, portanto, do resultado da articulação popular que postula a consagração de direitos sociais e sua materialização.

Na lição de Paulo Bonavides[69]:

> Os direitos de segunda geração merecem um exame mais amplo. Dominam o século XX do mesmo modo como os direitos de primeira

---

(68) PEREZ LUÑO, Antônio Henrique. *Los derechos fundamentales*. Madri: Tecnos, 1993. p. 215.
(69) BONAVIDES, Paulo. *Curso de direito constitucional*. 7. ed. São Paulo: Malheiros, 1998. p. 518.

geração dominaram o século passado. São os direitos sociais, culturais e econômicos, bem como os direitos coletivos e das coletividades, introduzidos no constitucionalismo das distintas formas de Estado social, depois que germinaram por obra da ideologia e da reflexão antiliberal deste século. Nasceram abraçados ao princípio da igualdade, do qual não se podem separar, pois fazê-lo equivaleria a desmembrá-los da razão de ser que os ampara e estimula.

Para a Professora Flávia Piovesan[70]:

> Direitos sociais, econômicos e culturais são verdadeiros direitos fundamentais e, por isso, devem ser reivindicados como direitos e não como caridade ou generosidade.

O sistema jurídico deve, doravante, proteger determinados direitos e valores, não apenas pelo eventual proveito que possam trazer a uma ou a algumas pessoas, mas pelo interesse geral da sociedade na sua satisfação.

O primado da dignidade da pessoa humana exige, de modo basilar, a concepção da proteção do trabalho exercido em condições de dignidade.

A essencialidade da proteção jurídica do trabalho pode ser amplamente compreendida a partir da magistral lição de Manoel Gonçalves Ferreira Filho[71]:

> O trabalho é ao mesmo tempo um direito e uma obrigação de cada indivíduo. Como direito, deflui diretamente do direito à vida. Para viver, tem o homem de trabalhar. A ordem econômica que lhe rejeitar o trabalho, lhe recusa o direito a sobreviver. Como obrigação, deriva do fato de viver o homem em sociedade, de tal sorte que o todo depende da colaboração de cada um.

Em direção similar, o escólio de Dalmo de Abreu Dallari[72]:

> O trabalho permite à pessoa humana desenvolver sua capacidade física e intelectual, conviver de modo positivo com outros seres humanos e realizar-se integralmente como pessoa. Por isso o trabalho deve ser visto como um direito de todo ser humano.

Todo trabalhador tem direito ao trabalho, respeitando-se sua dignidade e seus direitos fundamentais declarados. Os direitos fundamentais são dotados de características especialíssimas, as quais demonstram a sua singular importância

---

(70) PIOVESAN, Flávia. *Temas de direitos humanos*. São Paulo: Max Limonad, 1998. p. 12.
(71) FERREIRA FILHO, Manoel Gonçalves. *Curso de direito constitucional*. 26. ed. atual. São Paulo: Saraiva, 1999. p. 355.
(72) DALLARI, Dalmo de Abreu. *Direitos Humanos e cidadania*. São Paulo: Moderna, 1998. p. 40.

no sistema jurídico. Conforme ensina Alexandre de Moraes[73], suas principais características são: a imprescritibilidade (os direitos fundamentais não desaparecem pelo decurso do tempo); inalienabilidade (não há possibilidade de transferência a outrem); irrenunciabilidade (não podem ser objeto de renúncia); inviolabilidade (impossibilidade de sua não observância por disposições infraconstitucionais ou por atos das autoridades públicas); universalidade (devem abranger todos os indivíduos, independentemente de sua nacionalidade, sexo, raça, credo ou convicção político-filosófica); efetividade (a atuação do Poder Público deve ter por escopo garantir a sua efetivação); interdependência (as várias previsões, apesar de autônomas, possuem diversas interseções para atingirem suas finalidades); complementaridade (não devem ser interpretados isolada-mente, mas sim de forma conjunta com a finalidade de alcançar os objetivos previstos pelo legislador).

Em inspiradora lição, Norberto Bobbio[74] afirma que a paz, a democracia e os direitos fundamentais constituem três momentos inquestionavelmente necessários do mesmo movimento histórico. A paz, assim, atuaria como pressuposto inafastável para o reconhecimento da proteção dos direitos fundamentais, sendo certo que não haverá democracia onde não forem garantidos os direitos fundamentais e, inexistindo democracia, não sobreviverão as condições mínimas para a solução pacífica dos conflitos.

O trabalho, fora de dúvida, é o meio fundamental dado à pessoa humana para efetivar e sublimar sua existência com dignidade. Sua proteção, em decorrência, assume diferenciado relevo e superior importância. Daí a construção dos direitos fundamentais no trabalho.

3.1. Os desafios da proteção internacional ao trabalho humano e a complexidade do mundo moderno: desumanização

Ao longo dos séculos XX e XXI, a emergência da economia global e da doutrina neoliberal despertou, a um só tempo, temores e entusiasmos. Novos produtos, tecnologias, espaços para criação de riqueza, resultantes do fenômeno de globalização e do aperfeiçoamento dos mercados, pareciam evidenciar significativa esperança de mudança em direção aos ideais de igualdade na distribuição de recursos e equidade social.

As profundas transformações nas relações humanas, com notáveis impactos na ordem econômica e na ordem social, no entanto, não se traduziram nos avanços esperados, especialmente em relação aos países em desenvolvimento.

---

(73) MORAES, Alexandre de. *Direito constitucional*. 14. ed. São Paulo: Atlas, 2003. p. 55.
(74) BOBBIO, Norberto. *A era dos direitos*. Rio de Janeiro: Campus, 1996. p. 01.

Conforme destaca Daniel Sarmento[75]:

> As ideias econômicas neoliberais tornaram-se hegemônicas na comunidade financeira internacional, inspirando o chamado Consenso de Washington — receituário proposto pela Secretaria do Tesouro dos EUA, Banco Mundial, FMI, e principais instituições bancárias do G7, para a estabilização das economias dos países emergentes, cujas propostas básicas são abertura dos mercados internos, estrita disciplina fiscal com corte de gastos sociais, privatizações, desregulamentação do mercado, reforma tributária e flexibilização das relações de trabalho. Como afirmou Noam Chomsky, um dos maiores críticos desse modelo, "(...) os grandes arquitetos do Consenso (neoliberal) de Washington são os senhores da economia privada, em geral empresas gigantescas que controlam a maior parte da economia internacional e têm meios de ditar a formulação de políticas e a estruturação do pensamento e da opinião" (CHOMSKY, Noam. *O lucro ou as pessoas*: neoliberalismo e a ordem social. Tradução de: Pedro Jorgensen Jr. Rio de Janeiro: Bertrand Brasil, 2002. p. 22).

Os direitos sociais, que, por sua natureza eminentemente prestacional, já revelam sensíveis dificuldades para a sua implementação, sofrem diminuição de importância em razão da mudança do paradigma do Estado Social para o Estado Neoliberal, a propugnar pela não intervenção e pela desregulamentação do mercado.

A globalização demonstrou ser o agente de mudança mais visível em tal contexto. Como fator produzido pela dinâmica do capitalismo, trata-se de um processo de integração econômica, social, cultural, política, motivado pelos avanços tecnológicos observados, notadamente, nos meios de transporte, nos sistemas de informática e na comunicação dos países. Acopladas a seu núcleo de formação, posicionaram-se a liberalização do comércio internacional, a privatização da produção, a desregulamentação dos mercados, a eliminação de barreiras aos fluxos financeiros e a flexibilidade do mercado de trabalho.

Em consequência, novas formas de produção foram concebidas e a concorrência internacional acirrou-se de modo tormentoso. Sensíveis impactos foram produzidos no campo das relações de trabalho, que se demonstrou mais suscetível aos postulados de mitigação de proteção social exigidos pelos atores econômicos em evidência.

---

(75) SARMENTO, Daniel. *Direitos fundamentais e relações privadas*. 2. ed. Rio de Janeiro: Lumen Juris, 2006. p. 45-46.

Segundo afirma Arnaldo Sampaio de Moraes Godoy[76]:

> O empresário vê-se forçado a competir em condições que exigem mão de obra barata e manipulação de horários. Uma fúria neoliberal estaria minando conquistas laborais construídas ao longo de penosa jornada histórica.

Consoante se denota, em nome da concorrência, da ampliação das condições de competição no mercado, da eficiência, tudo parece permitido. Limites, freios e restrições não são admitidos.

As perspectivas delineadas para a classe trabalhadora relacionam-se à flexibilização de seus direitos, ao enfraquecimento dos movimentos reivindicatórios e do próprio sindicalismo, além da mitigação de resistências e ao abandono no tocante à participação em ações coletivas e lutas sociais.

Desse modo, direitos fundamentais dos trabalhadores são questionados sem que se evidencie qualquer contrapartida equivalente no sentido da melhoria de suas condições sociais e econômicas.

Em posicionamento claro, afirma José Soares Filho[77]:

> Fala-se em destruição ou minimização dos direitos instituídos em prol dos trabalhadores, para propiciar às empresas mais produtividade e maior competitividade, ou seja, o favorecimento do capital em detrimento do trabalho.

A realidade que se apresenta revela que os benefícios advindos da nova economia global não atingiram os indivíduos de modo uniforme e justo. O particular modo como a riqueza criada é distribuída é de fundamental importância para determinar a construção de uma sociedade justa.

A realidade, efetivamente, demonstrou que os benefícios advindos do fenômeno mencionado cingiram-se a poucos privilegiados. Demais, não atingiu o mundo de modo uniforme e justo.

As consequências sociais da globalização, fora de dúvida, demandavam a afirmação de posicionamentos e ações efetivas, capazes de conter retrocessos. Enunciado panorama ressaltou a necessidade, no universo laboral, do estabelecimento de padrões universais de proteção do trabalho, a serem seguidos e observados por todas as nações do mundo.

---

(76) GODOY, Arnaldo Sampaio de Moraes. *Direito do trabalho e globalização*. Disponível em: <http://jus2.uol.com.br/doutrina/texto.asp?id=6042#sdfootnote24sym#sdfootnote24sym> Acesso em: 10.set.2010.
(77) SOARES FILHO, José. A crise do direito do trabalho em face da globalização. *Revista LTr*, v. 66, p. 1168.

3.1.1. O enfrentamento do *dumping* social

No contexto da crescente e inexpugnável globalização da economia, ganha relevo a temática do denominado "*dumping* social". Para Ari Possidonio Beltran[78], o fenômeno se caracteriza pela

> grave violação de direitos sociais, em especial pelo pagamento de baixíssimos salários por parte de alguns Estados como arma de redução de custos e consequente aumento da competitividade no mercado integrado.

Maria Margareth Garcia Vieira[79] considera que:

> este *dumping* laboral é utilizado como forma de baixar o custo do valor-trabalho, diminuindo o valor do produto final e levando, assim, à concorrência desleal no comércio destes países com os países desenvolvidos, pois, muitas vezes, o principal componente do custo de produção é o salário.

Enunciada prática tem sido denunciada por governos de países com padrões trabalhistas mais avançados com o objetivo de resguardar seus mercados internos. De modo contundente, o *dumping* social evidencia as disparidades e os desequilíbrios gerados pela globalização econômica que não valoriza, como preceito ético, padrões internacionais de direitos fundamentais no trabalho.

Para Luiz Carlos Amorim Robortella[80], há, ao menos, três modos de manifestação do *dumping* social, a saber:

- empresas se transferem para outro país em busca de custo inferior de mão de obra e vantagens tributárias;

- estabelecimento interno de salários reduzidos em comparação com outros países com o objetivo de atrair corporações estrangeiras; e

- o trabalhador, buscando maiores salários e proteções trabalhistas mais amplas, transfere-se para outro Estado, determinando o agravamento da situação econômico-social.

Ao se utilizarem de mão de obra infantil, jornadas extenuantes de trabalho, enfim, condições indignas negligenciadas por governos de países menos desenvolvidos, conquistam-se, de modo espúrio e afrontoso à dignidade humana,

---

(78) BELTRAN, Ari Possidonio. *Os impactos da integração econômica no direito do trabalho.* Globalização e direitos sociais. São Paulo: LTr, 1998. p. 87.
(79) VIEIRA, Maria Margareth Garcia. *A globalização e as relações de trabalho.* Curitiba: Juruá, 2000. p. 42
(80) ROBORTELLA, Luiz Carlos Amorim. As relações de trabalho no Mercosul. *Revista LTr,* 57(11), p. 1315, nov. 1993.

vantagens competitivas, das quais se beneficiam empresas que atuam no contexto transnacional. Exemplar, em mencionado sentido, o caso Nike, tratado no quadro contido no apêndice do presente trabalho, o qual provocou poderosa reação da sociedade civil, exigindo, da influente corporação multinacional, postura condizente com as diretrizes da responsabilidade social empresarial.

A conjuntura exposta aclara a imprescindível e premente necessidade da afirmação dos direitos fundamentais no trabalho e de sua observância por todos os países, por todas as empresas. Tal concretização é de basilar importância para a valorização da dignidade do trabalhador.

3.2. O estabelecimento de standards internacionais de direitos

A conjugação dos novos fatores de transformação econômica, a operar no plano global, com os desequilíbrios sociais projetados às diversas nações, estabeleceu o debate em torno de instrumentos e soluções capazes de produzir efeitos na arena mundial.

Hans Küng[81] declara que:

> Hoje, ninguém mais pode ter dúvidas sérias de que um período do mundo que jamais foi tão moldado por política mundial, tecnologia mundial, economia mundial e civilização mundial precise de uma ética mundial.

Em assinalada linha de raciocínio, insere-se a afirmação dos *standards*, ou padrões de conduta, a que devem se adequar os distintos Estados no plano internacional, com notável atenção às relações de trabalho.

Para Maria Clara Osunna Diaz Falavigna[82], *standards* jurídicos podem ser compreendidos:

> Como uma conduta ético-jurídica, fundamentada no imperativo de uma norma, cujo conteúdo é estabelecido pelo escopo de justiça, na sua mutabilidade típica da conduta humana.

O *standard* jurídico, em referido enfoque, passa a ser reconhecido como uma padronização de virtude. Seria um autêntico critério de aferição da conduta social média.[83]

---

(81) KÜNG, Hans; SCHMIDT, Helmut. *Introdução para a declaração do parlamento das religiões do mundo:* uma ética mundial e responsabilidades globais. São Paulo: Loyola, 2001.
(82) FALAVIGNA, Maria Clara Osunna Diaz. *Os princípios gerais do direito e os* standards *jurídicos no Código Civil*. Tese (Doutorado em Direito Civil) — Faculdade de Direito. Universidade de São Paulo. 2007. p. 176.
(83) *Ibidem*, p. 185.

Falavigna[84] ressalta que:

> Haveria um sentido educativo nas leis para tornar bons os homens na visão aristotélica e se pode compreender os *standards* jurídicos com tal finalidade, visto que representam as virtudes humanas como um ideal a ser alcançado, mas enquanto conteúdo de uma norma.

Falavigna[85] aduz, ainda:

> Conclui-se que a intencionalidade do direito é fazer aflorar o que há de bom no ser humano, pois somente esse método será capaz de manter uma ordem necessária para a continuação da existência humana e dessa forma devem ser compreendidos os *standards* jurídicos, extraídos da estrutura normativa.

Quanto à natureza jurídica dos *standards* jurídicos, é possível concluir que se trata de parte de uma norma, seja regra escrita ou um princípio geral do direito, a qual se destina a adjudicar qualidade, ação ou existência ao que o enunciado deseja como modo de submeter o comportamento humano.

O antes proferido panorama laboral, produzido, sobretudo, pelo fenômeno da globalização, ressaltou a necessidade do estabelecimento de padrões universais de proteção do trabalho, a serem seguidos e observados por todas as nações do mundo. Propugnar e respeitar os *standards* internacionais de Direitos Humanos se mostra inadiável. Para o universo laboral, os *standards* propostos pela OIT possuem essa condição.

Não há como conceber o desenvolvimento, em seu mais autêntico sentido, sem que ele represente a melhoria das condições sociais, econômicas e culturais de todas as pessoas. A definição e o reconhecimento de um conjunto de padrões mínimos de condições de trabalho no âmbito global correspondem à valorização verdadeira do trabalho humano. Aos sistemas jurídico, político, econômico e social incube sua efetivação.

A afirmação da dignidade da pessoa humana exige, com especial ênfase, a proteção do trabalho.

3.3. A OIT, o Direito Internacional do Trabalho e a afirmação dos direitos fundamentais no trabalho

O crescimento econômico, só por si, revela-se insuficiente para reduzir desigualdades, conforme já se asseverou. As consequências sociais da globalização, portanto, não podem produzir retrocessos, notadamente no campo do trabalho.

---

(84) *Ibidem*, p. 177.
(85) *Ibidem*, p. 178.

Como reação às condições injustas, indignas e degradantes de muitos trabalhadores em todo o mundo, a Organização Internacional do Trabalho (OIT), agência multilateral especializada nas questões do trabalho ligada à Organização das Nações Unidas (ONU), a partir do processo de reformulação de suas políticas estratégicas, iniciado em 1987, apresenta a Declaração sobre os Princípios e Direitos Fundamentais no Trabalho, de 1998. Seguidamente, durante a Conferência Internacional do Trabalho realizada em 1999, externa a ideia e as dimensões do denominado trabalho decente.

Neste ponto do estudo, é relevante se lançarem as peculiares características da OIT e os diferentes aspectos que abrangem sua legitimidade para definir os padrões de direitos trabalhistas no plano internacional.

A criação da OIT foi aprovada ao ensejo da Conferência da Paz de 1919, no âmbito do Tratado de Versalhes[86], que estabeleceu as bases para o desenvolvimento das relações internacionais após o advento da Primeira Guerra Mundial.

A tese da internacionalização do Direito do Trabalho, no entanto, é anterior ao enunciado período. A ideia de se criarem normas internacionais de combate à exploração do trabalhador antecede a criação da OIT, relacionando-se à preocupação humana com a manutenção de padrões civilizatórios mínimos em todas as nações.

As normas protetivas do trabalho passaram a exibir tendências consistentes no sentido da internacionalização, notadamente, com a influência gerada pelo Manifesto Socialista de Marx e Engels de 1848 ("Trabalhadores do mundo, uni-vos, vós não tendes nada a perder a não ser vossos grilhões."). Também os movimentos sindicais do final do século XIX contribuíram para tal tendência, por meio da repercussão que ensejavam e por seus panfletos a estamparem o ideário socialista.

A internacionalização das normas de proteção ao trabalho teve clara influência da Encíclica *Rerum Novarum*, de 1891, criada pelo Papa Leão VIII, um autêntico marco para a proteção do trabalhador.

Com a expansão do sindicalismo e da difusão de ideais universalistas de afirmação da classe operária, inclusive por meio de congressos transnacionais (Congresso Socialista de Paris de 1889), a tese da internacionalização do trabalho se fortaleceu, culminando com a criação da OIT (1919), cuja finalidade é a de estabelecer normas internacionais de proteção do trabalhador, garantindo padrões civilizatórios que combatam a desigualdade, a miséria e a exploração da força do trabalho, preservando, como finalidade maior, a paz entre os homens.

---

(86) Parte XIII, arts. 387 a 427. Disponível em: <www.dhnet.org.br> Acesso em: 10.set.2010.

Conforme assevera Adalberto Martins[87], "observa-se, pois, que a OIT é o principal fator de internacionalização do Direito do Trabalho".

Em 1944, foi aprovada a Declaração de Filadélfia[88], com os novos objetivos e fundamentos da OIT, a saber:

- o trabalho não é uma mercadoria;
- a liberdade de expressão e de associação é uma condição indispensável para um progresso constante;
- a pobreza, onde quer que exista, constitui um perigo para a prosperidade de todos;
- a luta contra a necessidade deve ser conduzida com uma energia inesgotável por cada nação e por meio de um esforço internacional contínuo e organizado pelo qual os representantes dos trabalhadores e dos empregadores, colaborando em pé de igualdade com os Governos, participem em discussões livres e em decisões de caráter democrático tendo em vista promover o bem comum.

Após a Segunda Guerra Mundial, com a criação da ONU, a OIT foi reconhecida como organismo especializado em relações de trabalho no âmbito internacional, competente para empreender a ação e os instrumentos na consecução de seus objetivos. O processo de internacionalização dos Direitos Humanos, em tal período, como reação às atrocidades praticadas durante a Segunda Grande Guerra, percebe impulso consistente, alcançando diferenciado relevo.

A OIT é a organização multilateral competente para estabelecer normas internacionais trabalhistas. Diante da adesão da grande maioria dos países do mundo, goza de apoio e reconhecimento universais na promoção dos direitos fundamentais no trabalho como expressão de seus princípios constitucionais.

A formulação de normas internacionais trabalhistas, como função precípua da OIT, ocorre por meio de instrumentos como convenções, recomendações e resoluções. Também atua mediante procedimentos de ratificação, revisões e denúncias.

O sistema de normas internacionais formulado na OIT manifesta-se, mormente, sob o formato de convenções[89], que correspondem a tratados

---

(87) MARTINS, Adalberto. *Manual didático de direito do trabalho*. 3. ed. São Paulo: Malheiros, 2009. p. 102.
(88) Disponível em: <http://www.ilo.org/public/portugue/region/eurpro/lisbon/html/genebra_decl_filadel_pt.htm> Acesso em: 10.set.2010.
(89) Nas hipóteses de ratificação de uma convenção por um país, são assumidas duas principais obrigações: o engajamento formal na aplicação de suas disposições e a aceitação de um controle internacional.

internacionais sujeitos a ratificação dos Países-Membros, estando abertas à adesão. Outro diploma corresponde às recomendações, que se constituem em instrumentos facultativos, os quais versam a respeito dos temas abordados nas convenções, mas restringem-se a oferecer orientações para a política e as ações nacionais.

Entre as características da OIT, encontra-se sua composição tripartite. O tripartismo corresponde à composição dos principais órgãos da OIT, os quais, ao deliberarem sobre as normas internacionais de proteção do trabalho, contam com representantes de governos, de associações sindicais de trabalhadores e de organizações de empresários. Tal representa, efetivamente, o engajamento de todas as partes que participam diretamente das relações de trabalho.

A proteção da dignidade humana do trabalhador, ao longo de seus 90 anos de existência, sempre foi o objetivo primeiro e a razão fundamental das valiosas ações desenvolvidas pela OIT.

A legitimidade da OIT para definir os padrões de direitos trabalhistas no plano internacional está escorada, portanto, de modo firme e consistente, no processo histórico que demarca sua evolução constitutiva e a progressiva defesa dos direitos laborais por meio de sua ação e instrumentos preconizados, conjugado com as notáveis especificidades de sua estrutura decisória tripartite.

Qualquer modelo econômico que leve a condições desumanas de trabalho, à desconsideração do trabalhador como pessoa humana dotada de dignidade como valor principal, não pode sustentar-se isoladamente.

3.4. *O processo permanente de construção dos direitos fundamentais no trabalho*

Os Direitos Humanos não são um dado, mas um construto. Não há linearidade pura em sua formação. Surgem do processo de lutas, consolidadas pouco a pouco, e caracterizam-se por se encontrarem em permanente construção, que passam a conformar um indivisível núcleo normativo. Assim se opera quanto aos direitos fundamentais no trabalho.

Para Paulo César Carbonari[90]:

> O núcleo dos Direitos Humanos se radica na construção de reconhecimento que é um processo de criação de condições de interação e de formação de relações multidimensionais do humano, do meio e

---

(90) CARBONARI, Paulo César. A construção dos direitos humanos. *Revista Eletrônica Portas*, n. 0, p. 5-14, jun. 2007. Disponível em: <http://www.acicate.com.br/portas/artigo1.pdf> Acesso em: 10.set.2010.

das utopias. Afirma-se através da luta permanente contra a exploração, o domínio, a vitimização, a exclusão e todas as formas de apequenamento do humano. É luta permanente pela emancipação e pela construção de relações solidárias e justas. O processo de afirmação dos Direitos Humanos sempre esteve, e continua, profundamente imbricado às lutas libertárias construídas ao longo dos séculos pelos/as oprimidos/as e vitimados/as para abrir caminhos e construir pontes de maior humanidade. Isto porque, a realização dos Direitos Humanos é um processo histórico, assim como é histórico seu conteúdo.

Segundo preleciona Enoque Ribeiro dos Santos[91]:

> Não há dúvida que os direitos do homem constituem uma classe variável, e estão em franca mutação, suscetíveis de transformação e de ampliação, dependendo do momento histórico em que se situam. O elenco desses direitos continuará a se modificar permanentemente de acordo com a própria evolução da sociedade, em face de novas invenções, novas tecnologias, novas formas de produção e de gestão da força de trabalho.

Os direitos fundamentais no trabalho não nascem de uma vez, ou de uma vez por todas. É uma história de avanços e recuos. Como resultante de um processo de consolidação de espaço de lutas e reivindicações pelo direito ao desenvolvimento pleno das potencialidades humanas, corresponde à permanente perseguição da valorização e da proteção da dignidade humana.

3.5. As principais declarações internacionais de direitos e a proteção ao trabalho

A proteção do trabalho e a afirmação da dignidade humana do trabalhador obtiveram, ao longo do tempo, amplo e expresso reconhecimento como valores universais consagrados. As principais declarações de direitos confirmam a assertiva lançada, principalmente no que respeita às previsões contidas na aclamada Carta Internacional dos Direitos Humanos[92].

Em assinalado sentido, a Declaração Universal dos Direitos Humanos[93] contém dispositivos sociotrabalhistas de singular importância, a saber:

---

(91) SANTOS, Enoque Ribeiro dos. Internacionalização dos direitos humanos trabalhistas: o advento da dimensão objetiva e subjetiva dos direitos fundamentais. *Revista LTr*, São Paulo, v. 72, n. 3, p. 277, mar. 2008.
(92) Constituída pelo conjunto de diplomas formado pela Declaração Universal dos Direitos Humanos, pelo Pacto Internacional sobre os Direitos Civis e Políticos, pelo seu Protocolo Facultativo e pelo Pacto Internacional sobre Direitos Econômicos, Sociais e Culturais.
(93) Disponível em: <http://www.dhnet.org.br> Acesso em: 10.set.2010.

Art. 22.

Toda a pessoa, como membro da sociedade, tem direito à segurança social; e pode legitimamente exigir a satisfação dos direitos econômicos, sociais e culturais indispensáveis, graças ao esforço nacional e à cooperação internacional, de harmonia com a organização e os recursos de cada país.

Art. 23.

1. Toda a pessoa tem direito ao trabalho, à livre escolha do trabalho, a condições equitativas e satisfatórias de trabalho e à proteção contra o desemprego.

2. Todos têm direito, sem discriminação alguma, a salário igual por trabalho igual.

3. Quem trabalha tem direito a uma remuneração equitativa e satisfatória, que lhe permita e à sua família uma existência conforme com a dignidade humana, e completada, se possível, por todos os outros meios de proteção social.

4. Toda a pessoa tem o direito de fundar com outras pessoas sindicatos e de se filiar em sindicatos para defesa dos seus interesses.

Art. 24.

Toda a pessoa tem direito ao repouso e aos lazeres e, especialmente, a uma limitação razoável da duração do trabalho e a férias periódicas pagas.

Art. 25.

1. Toda a pessoa tem direito a um nível de vida suficiente para lhe assegurar e à sua família a saúde e o bem-estar, principalmente quanto à alimentação, ao vestuário, ao alojamento, à assistência médica e ainda quanto aos serviços sociais necessários, e tem direito à segurança no desemprego, na doença, na invalidez, na viuvez, na velhice ou noutros casos de perda de meios de subsistência por circunstâncias independentes da sua vontade.

2. A maternidade e a infância têm direito a ajuda e a assistência especiais.Todas as crianças, nascidas dentro ou fora do matrimônio, gozam da mesma proteção social.

De igual forma, o Pacto Interamericano de Direitos Econômicos, Sociais e Culturais[94] traz, em seu bojo, mandamentos sociotrabalhistas de relevância incontestável, quais sejam:

Art. 6º

1. Os Estados Parte no presente Pacto reconhecem o direito ao trabalho, que compreende o direito que têm todas as pessoas de assegurar a possibilidade de ganhar a sua vida por meio de um trabalho livremente escolhido ou aceite, e tomarão medidas apropriadas para salvaguardar esse direito.

2. As medidas que cada um dos Estados Partes no presente Pacto tomará com vista a assegurar o pleno exercício deste direito devem incluir programas de orientação técnica e profissional, a elaboração de políticas e de técnicas capazes de garantir um desenvolvimento econômico, social e cultural constante e um pleno emprego produtivo em condições que garantam o gozo das liberdades políticas e econômicas fundamentais de cada indivíduo.

---

(94) Disponível em: <http://www.dhnet.org.br> Acesso em: 10.set.2010.

Art. 7º

Os Estados Parte no presente Pacto reconhecem o direito de todas as pessoas de gozar de condições de trabalho justas e favoráveis, que assegurem em especial:

a. Uma remuneração que proporcione, no mínimo, a todos os trabalhadores:

I. Um salário equitativo e uma remuneração igual para um trabalho de valor igual, sem nenhuma distinção, devendo, em particular, às mulheres ser garantidas condições de trabalho não inferiores àquelas de que beneficiam os homens, com remuneração igual para trabalho igual;

II. Uma existência decente para eles próprios e para as suas famílias, em conformidade com as disposições do presente Pacto;

b. Condições de trabalho seguras e higiênicas;

c. Iguais oportunidades para todos de promoção no seu trabalho à categoria superior apropriada, sujeito a nenhuma outra consideração além da antiguidade de serviço e da aptidão individual;

d. Repouso, lazer e limitação razoável das horas de trabalho e férias periódicas pagas, bem como remuneração nos dias de feriados públicos.

Art. 8º

1. Os Estados Parte no presente Pacto comprometem-se a assegurar:

a. O direito de todas as pessoas de formarem sindicados e de se filiarem no sindicato da sua escolha, sujeito somente ao regulamento da organização interessada, com vista a favorecer e proteger os seus interesses econômicos e sociais. O exercício deste direito não pode ser objeto de restrições, a não ser daquelas previstas na lei e que sejam necessárias numa sociedade democrática, no interesse da segurança nacional ou da ordem pública, ou para proteger os direitos e as liberdades de outrem;

b. O direito dos sindicatos de formar federações ou confederações nacionais e o direito destas de formarem ou de se filiarem às organizações sindicais internacionais;

c. O direito dos sindicatos de exercer livremente a sua atividade, sem outras limitações além das previstas na lei e que sejam necessárias numa sociedade democrática, no interesse da segurança social ou da ordem pública ou para proteger os direitos e as liberdades de outrem;

d. O direito de greve, sempre que exercido em conformidade com as leis de cada país.

2. O presente artigo não impede que o exercício desses direitos seja submetido a restrições legais pelos membros das forças armadas, da polícia ou pelas autoridades da administração pública.

3. Nenhuma disposição do presente artigo autoriza os Estados Partes na Convenção de 1948 da Organização Internacional do Trabalho, relativa à liberdade sindical e à proteção do direito sindical, a adotar medidas legislativas, que prejudiquem — ou a aplicar a lei de modo a prejudicar — as garantias previstas na dita Convenção.

Art. 9º

Os Estados Parte no presente Pacto reconhecem o direito de todas as pessoas à segurança social, incluindo os seguros sociais.

Art. 10.

Os Estados Parte no presente Pacto reconhecem que:

1. Uma proteção e uma assistência mais amplas possíveis serão proporcionadas à família, que é o núcleo elementar natural e fundamental da sociedade, particularmente com vista à

sua formação e no tempo durante o qual ela tem a responsabilidade de criar e educar os filhos. O casamento deve ser livremente consentido pelos futuros esposos.

2. Uma proteção especial deve ser dada às mães durante um período de tempo razoável antes e depois do nascimento das crianças. Durante este mesmo período, as mães trabalhadoras devem beneficiar de licença paga ou de licença acompanhada de serviços de segurança social adequados.

3. Medidas especiais de proteção e de assistência devem ser tomadas em benefício de todas as crianças e adolescentes, sem discriminação alguma derivada de razões de paternidade ou outras. Crianças e adolescentes devem ser protegidos contra a exploração econômica e social. O seu emprego em trabalhos de natureza a comprometer a sua moral ou a sua saúde, capazes de pôr em perigo a sua vida, ou de prejudicar o seu desenvolvimento normal deve ser sujeito à sanção da lei. Os Estados devem também fixar os limites de idade abaixo dos quais o emprego de mão de obra infantil será interdito e sujeito às sanções da lei.

Conforme se denota, a consagração universal dos Direitos Humanos no trabalho é incontroversa e incontestável. A própria OIT, em seu arcabouço legal, ao editar as normas internacionais de proteção ao trabalho, preserva o que, para muitos, se revela como patrimônio jurídico da humanidade. Suas valiosas deliberações, algumas das quais serão estudadas detidamente, enaltecem, pela via das declarações internacionais de direitos, a proteção do trabalho.

Em dimensão mais específica, elucidando a adesão dos direitos sociais às Cartas Constitucionais das democracias mais desenvolvidas, o jurista português José Joaquim Gomes Canotilho[95] ensina:

> O reconhecimento e garantia de direitos econômicos, sociais e culturais, a nível constitucional, é, pois, uma resposta à tese da impossibilidade de codificação de valores sociais fundamentais (*Soziale Grundrechte*) na Constituição e à tese do princípio da democracia social como simples linha da actividade do Estado.

3.5.1. A Declaração de Princípios e Direitos Fundamentais no Trabalho da OIT

A 86ª Conferência Internacional do Trabalho, realizada em junho de 1998, aprovou a edição da Declaração sobre Princípios e Direitos Fundamentais no Trabalho. Trata-se da afirmação das convenções fundamentais da OIT como normas internacionais do trabalho tidas como principais.

O relevante documento produzido é a reafirmação universal do compromisso dos Estados-Membros e de toda a comunidade internacional de respeitar, promover e aplicar os direitos fundamentais no trabalho. Na declaração, destaca-se que todos os membros se obrigam a respeitar as convenções correspondentes, mesmo que não as tenham ratificado.

---

(95) CANOTILHO, José Joaquim Gomes. *Direito constitucional*. 6. ed. Coimbra: Livraria Almedina, 1995. p. 544.

Na Declaração da OIT aparecem quatro princípios fundamentais, que estabelecem direitos apoiados em oito convenções internacionais do trabalho, a saber: a) a liberdade sindical e o reconhecimento efetivo do direito de negociação coletiva — Convenção n. 87, de 1948, sobre a liberdade sindical e a proteção do direito sindical e Convenção n. 98, de 1949, sobre direito de sindicalização e de negociação coletiva; b) a eliminação de todas as formas de trabalho forçado ou obrigatório — Convenção n. 29, de 1930, sobre o trabalho forçado ou obrigatório e Convenção n. 105, de 1957, relativa à abolição do trabalho forçado; c) a abolição efetiva do trabalho infantil — Convenção n. 138, de 1973, sobre a idade mínima de admissão a emprego e Convenção n. 182, de 1999, sobre a proibição das piores formas de trabalho infantil e a ação imediata para sua eliminação; e d) a eliminação da discriminação em matéria de emprego e ocupação — Convenção n. 100, de 1951, sobre a igualdade de remuneração de homens e mulheres trabalhadores por trabalho de igual valor e Convenção n. 111, de 1958, sobre a discriminação em matéria de emprego e profissão.

A OIT[96] propõe as seguintes ementas a respeito das convenções assinaladas:

Convenção n. 29 — Trabalho forçado: dispõe sobre a eliminação do trabalho forçado ou obrigatório em todas as suas formas. Admitem-se algumas exceções, tais como o serviço militar, o trabalho penitenciário adequadamente supervisionado e o trabalho obrigatório em situações de emergência, como guerras, incêndios, terremotos, etc.;

Convenção n. 87 — Liberdade sindical e proteção do direito de sindicalização: estabelece o direito de todos os trabalhadores e empregadores de constituir organizações que considerem convenientes e de a elas se afiliarem, sem prévia autorização, e dispõe sobre uma série de garantias para o livre funcionamento dessas organizações, sem ingerência das autoridades públicas;

Convenção n. 98 – Direito de sindicalização e de negociação coletiva: estipula proteção contra todo ato de discriminação que reduza a liberdade sindical, proteção das organizações de trabalhadores e de empregadores contra atos de ingerência de umas nas outras, e medidas de promoção da negociação coletiva;

Convenção n. 100 — Igualdade de remuneração: preconiza a igualdade de remuneração e de benefícios entre homens e mulheres por trabalho de igual valor;

Convenção n. 105 — Abolição do trabalho forçado: proíbe o uso de toda forma de trabalho forçado ou obrigatório como meio de coerção ou de educação política; como castigo por expressão de opiniões políticas ou ideológicas; a mobilização de mão de obra; como medida disciplinar no trabalho, punição por participação em greves, ou como medida de discriminação;

Convenção n. 111 — Discriminação (emprego e ocupação): preconiza a formulação de uma política nacional que elimine toda discriminação em matéria de emprego, formação profissional e condições de trabalho por motivos de raça, cor, sexo, religião, opinião política, ascendência nacional ou origem social, e promoção da igualdade de oportunidades e de tratamento;

Convenção n. 138 — Idade mínima: objetiva a abolição do trabalho infantil, ao estipular que a idade mínima de admissão ao emprego não deverá ser inferior à idade de conclusão do ensino obrigatório; e

Convenção n. 182 — Piores formas de trabalho infantil: defende a adoção de medidas imediatas e eficazes que garantam a proibição e a eliminação das piores formas de trabalho infantil.

---

(96) OIT. *Convenções fundamentais*. Disponível em: <http://www.ilo.org/public/portugue/region/ampro/brasilia/rules/organiza.htm> Acesso em: 10.set.2010.

Todos os Estados-Membros da OIT, ainda que não tenham ratificado as convenções que integram a declaração, têm um compromisso, derivado do fato de pertencer à organização, de respeitar, promover e tornar realidade, de boa-fé e de conformidade com a constituição, os princípios relativos aos direitos fundamentais que são objeto dessas convenções.

3.5.2. Direito ao trabalho decente e os postulados da OIT

A OIT, ciosa de seu papel no cenário mundial, adotou novo posicionamento frente aos desafios que se apresentaram em razão do novo cenário do trabalho na economia globalizada. Firme postura em face da exclusão social produzida mostrava-se premente. Em decorrência, decidiu lançar ações efetivas para a proteção de Direitos Humanos dos trabalhadores, ora questionados.

Propondo o reordenamento estratégico da organização em torno das questões suscitadas e, notadamente, a reafirmação de sua função de referência internacional para os assuntos ligados ao trabalho, a OIT lança, como tema central da 87ª reunião da Conferência Internacional do Trabalho, realizada em Genebra em 1999, o trabalho decente.

O Diretor Geral da OIT, Juan Somavía[97], assim se expressou a respeito da fundamental importância da questão enunciada:

> Trabalho decente é uma reivindicação mundial com a qual estão confrontados os dirigentes políticos e empresários de todo o mundo. Nosso futuro comum depende em grande parte de como será enfrentado esse desafio.

A OIT, recebendo renovado influxo, assumia firme postura para a proteção efetiva de Direitos Humanos dos trabalhadores destacando, expressamente, que "em toda parte — e para todos — o trabalho decente é um instrumento para proteger a dignidade humana"[98].

Nasciam, conforme será detalhado adiante, as feições objetivas do trabalho decente: um trabalho produtivo e apropriadamente remunerado, executado em condições de liberdade, equidade e segurança, sem discriminação e apto para assegurar uma vida digna aos indivíduos que dele dependam.

---

(97) Memoria del Director General. In: *Trabajo decente*. Disponível em: <http://www.ilo.org/public/spanish/standards/relm/ilc/ilc87/rep-i.htm> Acesso em: 20 mar. 2009. Tradução livre de: *El trabajo decente es una reivindicación mundial con la que están confrontados los dirigentes políticos y de empresa de todo el mundo. Nuestro futuro común depende en gran parte de cómo hagamos frente a ese desafío.*

(98) *Reducir el déficit de trabajo decente: un desafío global*. Genebra: Oficina Internacional do Trabalho, 2001. p. 9. Tradução livre de: *Y em todas partes, y para todos, el trabajo decente es um médio para garantizar la dignidad humana.*

3.5.2.1. Conceito de trabalho decente

A conceituação doutrinária da expressão "trabalho decente", ou "trabalho digno", conjuga diversos elementos necessários a reunir seus múltiplos qualificativos. Trata-se de conceito multidimensional, conforme se demonstrará.

Para Ericson Crivelli,[99] a definição de trabalho decente revela-se singular, representando conteúdo normativo que porta um conjunto de conceitos e princípios jurídicos articulados.

De acordo com as publicações mais recentes, divulgadas pela OIT[100]:

> Trabalho decente é um trabalho produtivo e adequadamente remunerado, exercido em condições de liberdade, equidade e segurança, e que garanta uma vida digna a todas as pessoas que vivem do trabalho e a suas famílias. Permite satisfazer às necessidades pessoais e familiares de alimentação, educação, moradia, saúde e segurança. Também pode ser entendido como emprego de qualidade, seguro e saudável, que respeite os direitos fundamentais do trabalho, garanta proteção social quando não pode ser exercido (desemprego, doença, acidentes, entre outros) e assegure uma renda para a aposentadoria. Por seu caráter multidimensional, também engloba o direito à representação e à participação no diálogo social. Em todos os lugares, e para todas as pessoas, o trabalho decente diz respeito à dignidade humana. Este conceito está embasado em quatro pilares: a) respeito às normas internacionais do trabalho, em especial aos princípios e direitos fundamentais do trabalho (liberdade sindical e reconhecimento efetivo do direito de negociação coletiva; eliminação de todas as formas de trabalho forçado; abolição efetiva do trabalho infantil e eliminação de todas as formas de discriminação); b) promoção do emprego de qualidade; c) extensão da proteção social; e d) diálogo social. Um elemento central e transversal do conceito de trabalho decente é a igualdade de oportunidades e de tratamento e o combate a todas as formas de discriminação — de gênero, raça/cor, etnia, idade, orientação sexual, contra pessoas com deficiência, vivendo com HIV e Aids etc.

Para o doutrinador José Cláudio Monteiro de Brito Filho[101]:

> Trabalho decente é um conjunto mínimo de direitos do trabalhador que corresponde: à existência de trabalho; à liberdade de trabalho;

---

(99) CRIVELLI, Ericson. *Op. cit.*, p. 193.
(100) *Emprego, desenvolvimento humano e trabalho decente:* a experiência brasileira recente. Brasília: CEPAL/ PNUD/OIT, 2008. p. 12.
(101) BRITO FILHO, José Cláudio Monteiro de. *Trabalho decente*. São Paulo: LTr, 2004. p. 61.

à igualdade no trabalho; ao trabalho com condições justas, incluindo a remuneração, e que preservem sua saúde e segurança; à proibição do trabalho infantil; à liberdade sindical; e à proteção contra os riscos sociais.

E prossegue o mesmo autor[102]:

> Negar o trabalho nessas condições, dessa feita, é negar os Direitos Humanos do trabalhador e, portanto, atuar em oposição aos princípios básicos que os regem, principalmente o maior deles, a dignidade da pessoa humana.

Segundo propõe Ericson Crivelli[103], trabalho decente

> É uma ideia-chave que articula, ao mesmo tempo, a noção de direito ao trabalho, a proteção de direitos básicos, a equidade no trabalho, segurança social, uma representação de interesses dos trabalhadores e, ainda, que o trabalho esteja envolto num meio ambiente social e político adequado à noção de liberdade e dignidade humana.

O diretor geral da OIT, Juan Somavía[104], define trabalho decente como aquele realizado em condições de liberdade, equidade, seguridade e dignidade humana ou, ainda, aquele trabalho produtivo em que são respeitados os direitos com segurança e proteção, com a possibilidade de participação nas decisões que afetam os trabalhadores.

A definição de trabalho decente está relacionada, em sua essência, com a afirmação da dignidade da pessoa humana do trabalhador.

Nesse sentido, relevante destacar que o conceito de trabalho decente, seus requisitos e mandamentos aplicam-se a toda e qualquer forma de trabalho, em benefício de todo tipo de trabalhador, não apenas o empregado típico.

3.5.2.2. Dimensões do trabalho decente

O trabalho decente apresenta quatro distintas dimensões, pertinentes a diferentes enfoques de valorização e tutela, quais sejam: a) a proteção e aplicação dos princípios e direitos fundamentais no trabalho e normas internacionais do trabalho; b) a geração de oportunidades de trabalho, emprego e renda; c) a proteção e a segurança social e d) o diálogo social e o diálogo tripartite.

---

(102) *Ibidem*, p. 62.
(103) CRIVELLI, Ericson. *Op. cit.*, p. 194.
(104) SOMAVÍA, Juan. *Reducir el déficit de trabajo decente:* un desafío global. Disponível em: <http://www.oit.org/public/spanish/region/ampro/cinterfor/publ/boletin/151/pdf/oit.pdf> Acesso em: 10.set.2010.

Dos quatro eixos centrais que conformam o trabalho decente, o tópico dos princípios e direitos fundamentais no trabalho foi abordado no item anterior.

No tocante à geração de oportunidades adequadas de trabalho, emprego e renda como instrumento de afirmação do trabalho decente, é imperioso ressaltar a necessidade da criação de ocupações laborais de qualidade para homens e mulheres. Trata-se, conforme se denota, do direito fundamental ao trabalho, de acesso ao trabalho, sem o qual não há de se falar em outros preceptivos e garantias juslaborais.

O objetivo da geração de empregos é dos mais importantes para o conceito de trabalho decente, pois se trata do meio, por excelência, para evitar a pobreza e permitir a aplicação dos demais direitos inerentes à proteção do trabalho humano. A incorporação das pessoas às atividades produtivas permite, efetivamente, a criação de riqueza e o desenvolvimento social.

Importante destacar que não se trata, apenas, de garantir ocupação produtiva e sua manutenção. É fundamental o acesso a condições dignas de trabalho.

A proteção social, como postulado exigido para a constituição do trabalho decente, manifesta-se por meio de sistemas de seguros sociais que deem suporte a eventualidades como desemprego, doença, velhice, além da adoção de políticas dirigidas à capacitação profissional e à proteção em face da flutuação do emprego no mercado de trabalho. Relaciona-se com o atendimento das necessidades humanas, elidindo a exclusão social, notadamente, em momentos de crise.

O diálogo social e o diálogo tripartite constituem outra dimensão do trabalho decente. Trata-se de vertente estratégica fundamental para o fortalecimento dos demais aspectos da configuração do trabalho decente. Nesse sentido, evidenciam-se a proteção e o respeito à liberdade sindical e de associação dos trabalhadores, além da promoção das negociações coletivas. A organização e a união dos trabalhadores para a defesa de seus interesses revelam-se elementos fundamentais, fora de dúvida.

Para o doutrinador José Cláudio Monteiro de Brito Filho[105], o trabalho decente é objetivo a ser perseguido com tenacidade:

> Não há trabalho decente sem condições adequadas à preservação da vida e da saúde do trabalhador. Não há trabalho decente sem justas condições para o trabalho, principalmente no que toca às horas de trabalho e aos períodos de repouso. Não há trabalho decente sem justa remuneração pelo esforço despendido. Não há trabalho decente se o Estado não toma todas as medidas necessárias para a criação e

---

(105) BRITO FILHO, José Cláudio Monteiro de. *Op. cit.*, p. 61.

para a manutenção dos postos de trabalho. Não há, por fim, trabalho decente se o trabalhador não está protegido dos riscos sociais, parte deles originada do próprio trabalho humano.

José Cláudio Monteiro de Brito Filho[106] propõe, na referida linha de pensamento, os contornos que considera mais completos para a plena conformação do trabalho decente. Para o autor mencionado, o trabalho decente deve ser assegurado em três planos distintos, quais sejam, no individual, no coletivo e no da seguridade.

No plano individual, para a conformação do trabalho decente mostra-se imprescindível assegurar: a) direito ao trabalho; b) liberdade de escolha do trabalho; c) igualdade de oportunidades para e no exercício do trabalho; d) direito de exercer o trabalho em condições que preservem a saúde do trabalhador; e) direito a uma remuneração justa; f) direito a justas condições de trabalho, mormente quanto à limitação da jornada de trabalho e à preservação de períodos de descanso e g) proibição de trabalho infantil.

No plano coletivo, o autor aponta a necessidade de se garantir a plena liberdade sindical, com a união dos trabalhadores para a defesa de seus interesses.

No plano da seguridade, preconiza a proteção contra o desemprego e outros riscos sociais, pois a força de trabalho é o patrimônio essencial do trabalhador.

Ressalte-se, novamente, que os citados objetivos são válidos para todos os trabalhadores, homens e mulheres, tanto na economia formal como na informal; na relação de emprego ou no trabalho por conta própria, nos campos, fábricas e escritórios; em sua casa ou na comunidade.

3.5.3. O trabalho seguro e saudável

Concordamos com José Cláudio Monteiro de Brito Filho, que afirma, como um dos atributos do trabalho digno, o direito de ser exercido em condições que preservem a saúde e a segurança do trabalhador. Trata-se, verdadeiramente, de condição mínima e imprescindível, embora as Declarações da OIT supracitadas não se expressem especificamente a tal respeito.

Para José Cláudio Monteiro de Brito Filho[107], "não há trabalho decente sem condições adequadas à preservação da vida e da saúde do trabalhador".

O trabalho que não preserva a saúde física e psíquica do trabalhador ofende a dignidade da pessoa humana, viola o próprio direito à vida.

---

(106) *Ibidem*, p. 55-60.
(107) BRITO FILHO, José Cláudio Monteiro de. *Op. cit.*, p. 61.

Em tal direção, relevante destacar as principais Convenções da OIT sobre saúde e segurança, a saber: Convenção n. 42 — indenização por enfermidade profissional; Convenção n. 115 — proteção contra radiações; Convenção n. 119 — proteção das máquinas; Convenção n. 120 — higiene no comércio e escritórios; Convenção n. 127 — peso máximo das cargas; Convenção n. 136 — proteção contra riscos de intoxicação por benzeno; Convenção n. 139 — prevenção e controle de riscos profissionais em substâncias cancerígenas; Convenção n. 148 — contaminação do ar, ruído e vibrações; Convenção n. 152 — segurança e higiene nos trabalhos portuários; Convenção n. 159 — reabilitação profissional e emprego de pessoas deficientes; Convenção n. 161 — serviços de saúde do trabalho; Convenção n. 162 — utilização de amianto; Convenção n. 167 — saúde e segurança na construção; Convenção n. 170 — segurança com produtos químicos e Convenção n. 174 — prevenção de acidentes industriais maiores.

O objetivo da menção feita às convenções supracitadas não se destina a apresentá-las em estudo detalhado, mas, e de modo pungente, explicitar a amplitude da preocupação com a segurança e com a saúde do trabalhador, a ponto de legitimar a edição de numerosas normas internacionais de índole protetiva neste campo.

A segurança e a saúde no trabalho, com o desenvolvimento de novas tecnologias, revelaram novas e danosas facetas, como é o caso da LER — lesão por esforço repetitivo, da depressão no trabalho e da *burnout*, a síndrome do esgotamento profissional.

O direito ao trabalho saudável e seguro, fora de dúvida, está intimamente ligado ao direito à vida e à dignidade. É, pois, direito fundamental.

3.6. Panorama brasileiro: afirmação dos direitos fundamentais no trabalho e a responsabilidade social empresarial

O compromisso da sociedade e do direito brasileiro com a valorização do trabalho está expresso em seu diploma maior, a Constituição Federal, promulgada em 1988. Ao definir seus princípios fundamentais, estabelece no art. 1º, inciso IV:

> Art. 1º A República Federativa do Brasil, formada pela união indissolúvel dos Estados e Municípios e do Distrito Federal, constitui-se em Estado Democrático de Direito e tem como fundamentos:
>
> IV — os *valores sociais do trabalho* e da livre-iniciativa. (destacamos)

Em idêntico sentido, a reafirmar a importância do bem jurídico protegido, a Constituição brasileira, ao delinear as ordens econômica e financeira nacionais, dispõe, no art. 170, *caput*, quando trata dos princípios gerais da atividade econômica:

> Art. 170. A ordem econômica, fundada na *valorização do trabalho humano* e na livre iniciativa, tem por fim assegurar a todos existência digna, conforme os ditames da justiça social, observados os seguintes princípios. (destacamos)

De igual modo, em aspecto mais amplo, o comprometimento com a sustentabilidade também está expresso na mais importante das normas brasileiras, a Constituição Federal. E se transpõe para o ordenamento infraconstitucional, notadamente na conjugação entre a sustentabilidade, a tutela socioambiental e a função social da empresa.

Notadamente, a função social é tratada em diversos momentos na Constituição Federal, como nos arts. 5º, XXIII[108]; 170, III[109]; 173, § 1º, I[110]; 182, § 2º[111]; 184, *caput*[112]; 185, parágrafo único[113]. A expressão também está contida em numerosas passagens da legislação infraconstitucional, como no Código Civil, art. 421[114], e no Direito Empresarial como no art. 116, parágrafo único da Lei n. 6.404/76[115] e art. 47 da Lei n. 11.101/2005[116].

Conforme já se destacou no presente estudo, os conceitos de função social das figuras jurídicas e de responsabilidade social empresarial são distintos, embora se notem, nas fundamentações respectivas, discursos análogos. O que se ressalta, conforme já manifesto, é a assertiva pela qual a responsabilidade social empresarial contribui para a efetividade dos mandamentos legais, como os que estabelecem a função social, e, em particular, para a concretização dos direitos fundamentais no trabalho.

---

(108) Art. 5º Todos são iguais perante a lei, sem distinção de qualquer natureza, garantindo-se aos brasileiros e aos estrangeiros residentes no país a inviolabilidade do direito à vida, à liberdade, à igualdade, à segurança e à propriedade, nos termos seguintes: (...) XXIII — a propriedade atenderá a sua função social.
(109) Art. 170. A ordem econômica, fundada na valorização do trabalho humano e na livre iniciativa, tem por fim assegurar a todos existência digna, conforme os ditames da justiça social, observados os seguintes princípios: (...) III — função social da propriedade.
(110) Art. 173. § 1º A lei estabelecerá o estatuto jurídico da empresa pública, da sociedade de economia mista e de suas subsidiárias que explorem atividade econômica de produção ou comercialização de bens ou de prestação de serviços, dispondo sobre: (...) I — sua função social e formas de fiscalização pelo Estado e pela sociedade.
(111) Art. 182, § 2º A propriedade urbana cumpre sua função social quando atende às exigências fundamentais de ordenamento da cidade expressa no plano diretor.
(112) Art. 184. Compete à União desapropriar por interesse social, para fins de reforma agrária, o imóvel rural que não esteja cumprindo sua função social, mediante prévia e justa indenização em títulos da dívida agrária, com cláusula de preservação do valor real, resgatáveis no prazo de até vinte anos, a partir do segundo ano de sua emissão, e cuja utilização será definida em lei.
(113) Art. 185, parágrafo único. A lei garantirá tratamento especial à propriedade produtiva e fixará normas para o cumprimento dos requisitos relativos a sua função social.
(114) Art. 421. A liberdade de contratar será exercida em razão e nos limites da função social do contrato.
(115) Art. 116, parágrafo único. O acionista controlador deve usar o poder com o fim de fazer a companhia realizar o seu objeto e cumprir sua função social, e tem deveres e responsabilidades para com os demais acionistas da empresa, os que nela trabalham e para com a comunidade em que atua, cujos direitos e interesses deve lealmente respeitar e atender.
(116) Art. 47. A recuperação judicial tem por objetivo viabilizar a superação da situação de crise econômico-financeira do devedor, a fim de permitir a manutenção da fonte produtora, do emprego dos trabalhadores e dos interesses dos credores, promovendo, assim, a preservação da empresa, sua função social e o estímulo à atividade econômica.

No campo da afirmação dos direitos fundamentais no trabalho, o Brasil reconhece a OIT como o fórum mais legítimo e adequado no que se refere à regulamentação de padrões trabalhistas globais e à proteção do trabalho. O Brasil foi um de seus fundadores e é um dos membros permanentes de seu Conselho de Administração — instância executiva da OIT.

O comprometimento do país com a adoção de padrões de trabalho definidos internacionalmente reflete-se no fato de que o Brasil é um dos membros que mais ratificaram normas criadas pela OIT. Das 188 convenções aprovadas, 80 foram ratificadas pelo país. No que tange às convenções fundamentais, no entanto, o país ainda não atingiu o objetivo de ratificar todos os instrumentos definidores de direitos fundamentais no trabalho no plano internacional.

3.6.1. Convenções fundamentais da OIT ratificadas pelo Brasil

A Declaração de Princípios e Direitos Fundamentais no Trabalho da OIT consagra, conforme referido, oito convenções internacionais do trabalho como fundamentais, cuja ratificação pelos Países-Membros se mostra essencial ao estabelecimento dos padrões mínimos de direitos no plano internacional.

O Brasil não atingiu o objetivo de ratificar todos os instrumentos definidores de direitos fundamentais no trabalho tidos como universais. Destacam-se, a seguir, as particularidades inerentes a cada um dos diplomas pertinentes:

• Ratificada em 25.04.1957 pelo Brasil, a Convenção n. 29 de 1930 dispõe sobre o trabalho forçado ou obrigatório, estabelecendo sua eliminação. Admitem-se algumas exceções, tais como o serviço militar, o trabalho penitenciário adequadamente supervisionado e o trabalho obrigatório em situações de emergência, como guerras, incêndios, terremotos. Os mandamentos contidos no art. 5º, incisos II e XIII[117], da Constituição brasileira consagram a liberdade do trabalho.

• Não foi ratificada pelo Brasil a Convenção n. 87 de 1948 sobre a liberdade sindical e a proteção do direito sindical, a qual estabelece o direito de todos os trabalhadores e empregadores constituírem organizações que considerem convenientes e de a elas se afiliarem, sem prévia autorização. Contempla, ainda, uma série de garantias para o livre funcionamento dessas organizações, sem ingerência das autoridades públicas. O mandamento contido no art. 8º da Constituição Federal brasileira, ao estabelecer a unicidade sindical, obsta a

---

(117) Art. 5º Todos são iguais perante a lei, sem distinção de qualquer natureza, garantindo-se aos brasileiros e aos estrangeiros residentes no País a inviolabilidade do direito à vida, à liberdade, à igualdade, à segurança e à propriedade, nos termos seguintes: (...) II — ninguém será obrigado a fazer ou deixar de fazer alguma coisa senão em virtude de lei; XIII — é livre o exercício de qualquer trabalho, ofício ou profissão, atendidas as qualificações profissionais que a lei estabelecer.

incorporação do instrumento fundamental em questão. A Convenção n. 87, aliás, apresenta-se como a menos ratificada das convenções fundamentais da OIT pelos Países-Membros. Importante destacar que a liberdade sindical e a liberdade de associação são consideradas como direito humano fundamental. Os ditames do instrumento em questão constituem um valor central da OIT, pois os direitos de sindicalização e de negociação coletiva permitem a promoção da democracia, uma boa governança do mercado de trabalho e condições decentes de trabalho.

• Ratificada em 18.11.1952 pelo Brasil, a Convenção n. 98 de 1949 sobre o direito de sindicalização e de negociação coletiva, estabelece a proteção contra todo ato de discriminação que reduza a liberdade sindical, a proteção das organizações de trabalhadores e de empregadores contra atos de ingerência de umas nas outras, e medidas de promoção da negociação coletiva. No mandamento contido nos arts. 7º, inciso XXVI[118], e 8º, *caput*[119] da Constituição brasileira, o texto da referida convenção encontra expressão, assim como na legislação infraconstitucional (Consolidação das Leis do Trabalho — CLT, arts. 611[120] a 625).

• A Convenção n. 100 de 1951, ratificada em 25.04.1957 pelo Brasil, preconiza a igualdade de remuneração de trabalhadores homens e mulheres por trabalho de igual valor. A Constituição Federal, em seu art. 7º, incisos XX[121] e XXX[122], consagra os direitos fundamentais em apreço, que também estão amparados pela legislação infraconstitucional.

• Ratificada em 18.06.1965 pelo Brasil, a Convenção n. 105 de 1957, relativa à abolição do trabalho forçado, proíbe o uso de toda forma de trabalho obrigatório. Os mandamentos contidos nos arts. 5º, inciso XLVII, alínea "c"[123], da Constituição Federal, além do art. 149[124] do Código Penal brasileiro abordam o tema, reiterando valores expressos na Convenção.

---

(118) Art. 7º São direitos dos trabalhadores urbanos e rurais, além de outros que visem à melhoria de sua condição social (...) XXVI — reconhecimento das convenções e acordos coletivos de trabalho.
(119) Art. 8º É livre a associação profissional ou sindical, observado o seguinte:
(120) Art. 611. Convenção coletiva de trabalho é o acordo de caráter normativo, pelo qual dois ou mais Sindicatos representativos de categorias econômicas e profissionais estipulam condições de trabalho aplicáveis, no âmbito das respectivas representações, às relações individuais do trabalho.
(121) XX — proteção do mercado de trabalho da mulher, mediante incentivos específicos, nos termos da lei.
(122) XXX — proibição de diferença de salários, de exercício de funções e de critério de admissão por motivo de sexo, idade, cor ou estado civil.
(123) Art. 5º Todos são iguais perante a lei, sem distinção de qualquer natureza, garantindo-se aos brasileiros e aos estrangeiros residentes no País a inviolabilidade do direito à vida, à liberdade, à igualdade, à segurança e à propriedade, nos termos seguintes: (...) XLVII — não haverá penas: (...) c) de trabalhos forçados.
(124) Art. 149. Reduzir alguém a condição análoga à de escravo, quer submetendo-o a trabalhos forçados ou a jornada exaustiva, quer sujeitando-o a condições degradantes de trabalho, quer restringindo, por qualquer meio, sua locomoção em razão de dívida contraída com o empregador ou preposto.

- Ratificada em 26.11.1965 pelo Brasil, a Convenção n. 111 de 1958, sobre a discriminação em matéria de emprego e profissão, indica a formulação de uma política efetiva que elimine toda distinção ilegal no âmbito laboral por motivos de raça, cor, sexo, religião, opinião política, ascendência nacional ou origem social, além de promover a igualdade de oportunidades e de tratamento. Referida convenção encontra firme sustentação no art. 7º, incisos XXX[125], XXXI[126] e XXXII[127], da Constituição brasileira.

- Ratificada em 28.06.2001 pelo Brasil, a Convenção n. 138 de 1973 sobre a idade mínima de admissão a emprego, estabelece a abolição do trabalho infantil, ao estipular que a idade mínima de admissão ao emprego não deverá ser inferior à idade de conclusão do ensino obrigatório. O art. 7º, inciso XXXIII[128], da Constituição Federal prevê a proibição do trabalho de menor de dezesseis anos, salvo na condição de aprendiz, a partir de quatorze anos.

- A Convenção n. 182 de 1999, ratificada em 02.02.2000 pelo Brasil, estabelece a adoção de medidas imediatas e eficazes que garantam a proibição e a eliminação das piores formas de trabalho infantil. Seus mandamentos são percebidos em preceitos contidos na Constituição Federal (art. 7º, inciso XXXIII[129]), na CLT (arts. 403[130] a 441) e no próprio Estatuto da Criança e do Adolescente — ECA (Lei n. 8.069/1990, arts. 60 a 69).

Importante ressaltar que, fora do âmbito das Convenções Fundamentais, não foram ratificadas pelo Brasil importantes normas propostas pela OIT, como

---

Pena — reclusão, de dois a oito anos, e multa, além da pena correspondente à violência.
§ 1º Nas mesmas penas incorre quem:
I — cerceia o uso de qualquer meio de transporte por parte do trabalhador, com o fim de retê-lo no local de trabalho;
II — mantém vigilância ostensiva no local de trabalho ou se apodera de documentos ou objetos pessoais do trabalhador, com o fim de retê-lo no local de trabalho.
§ 2º A pena é aumentada de metade, se o crime é cometido:
I — contra criança ou adolescente;
II — por motivo de preconceito de raça, cor, etnia, religião ou origem.
(125) XXX — proibição de diferença de salários, de exercício de funções e de critério de admissão por motivo de sexo, idade, cor ou estado civil;
(126) XXXI — proibição de qualquer discriminação no tocante a salário e critérios de admissão do trabalhador portador de deficiência;
(127) XXXII — proibição de distinção entre trabalho manual, técnico e intelectual ou entre os profissionais respectivos;
(128) XXXIII — proibição de trabalho noturno, perigoso ou insalubre a menores de dezoito e de qualquer trabalho a menores de dezesseis anos, salvo na condição de aprendiz, a partir de quatorze anos;
(129) XXXIII — proibição de trabalho noturno, perigoso ou insalubre a menores de dezoito e de qualquer trabalho a menores de dezesseis anos, salvo na condição de aprendiz, a partir de quatorze anos;
(130) Art. 403. É proibido qualquer trabalho a menores de dezesseis anos de idade, salvo na condição de aprendiz, a partir dos quatorze anos.
Parágrafo único. O trabalho do menor não poderá ser realizado em locais prejudiciais à sua formação, a seu desenvolvimento físico, psíquico, moral e social e em horários e locais que não permitam a frequência à escola.

a Convenção n. 90, que versa sobre o trabalho noturno dos menores na indústria; a Convenção n. 128, que trata das prestações de invalidez, velhice e sobreviventes; a Convenção n. 143, sobre imigrações efetuadas em condições abusivas e sobre a promoção da igualdade de oportunidades e de tratamento dos trabalhadores migrantes; a Convenção n. 151, que trata do direito de organização e aos processos de fixação das condições de trabalho na função pública; a Convenção n. 157, que versa sobre a preservação de direitos em matéria de seguridade social; a Convenção n. 173, sobre a proteção dos créditos trabalhistas na insolvência do empregador. A polêmica Convenção n. 158, que trata sobre o término da relação de trabalho por iniciativa do empregador, foi ratificada pelo Brasil e, logo após, denunciada, sendo objeto de questionamento perante o Supremo Tribunal Federal.

3.6.2. Leis brasileiras que ressaltam a responsabilidade social empresarial nas relações de trabalho

Os direitos de proteção ao trabalho humano constituem um sistema legal, que, no Brasil, suplanta, no mais das vezes, os ditames propostos pela Declaração de Princípios e Direitos Fundamentais no Trabalho da OIT.

A evidenciar enunciada realidade, podem ser destacadas normas brasileiras que ressaltam a responsabilidade social empresarial nas relações de trabalho, como as seguintes:

• Lei Federal n. 10.101, de 19.12.2000: A norma em menção dispõe sobre a participação dos trabalhadores nos lucros ou resultados da empresa e dá outras providências. A proposta da participação nos lucros e resultados das empresas pelos funcionários é parte integrante de um modelo de gestão conhecido por administração participativa. Ele busca integrar os objetivos dos funcionários da empresa com a sua administração, otimizando a organização do processo produtivo. Como recompensa, ao trabalhador é franqueado participar financeiramente dos lucros e resultados corporativos. Enunciado regime possibilita a manutenção da força de trabalho motivada e produtiva, contribuindo para estabelecer um clima organizacional adequado. A participação enunciada varia conforme o acordo firmado e pode se dar apenas com relação aos resultados, aos lucros ou tanto nos lucros como nos resultados;

• Lei Federal n. 11.770, de 09.09.2008: A mencionada lei criou o programa empresa cidadã, destinado à prorrogação da licença-maternidade mediante concessão de incentivo fiscal às corporações. Estabeleceu, assim, a ampliação do período de afastamento do trabalho das mulheres, com remuneração plena, de 120 para 180 dias ao ensejo da maternidade. De acordo com a Organização Mundial de Saúde (OMS), a mãe deve amamentar o bebê por, no mínimo, seis meses e, preferencialmente, até dois anos. A extensão da licença atendeu às recomendações médicas e a uma reivindicação recorrente de diversas entidades de classe e movimentos sociais;

• Lei Federal n. 10.421, de 15.04.2002: A regra em questão estendeu, à mãe adotiva o direito à licença-maternidade e ao salário-maternidade. Desse modo, equiparou-a à gestante e reconheceu a necessidade da licença à adotante, no interesse do adotado. A adoção obedece a processo judicial e somente é admitida se constituir efetivo benefício para o adotando. A adotante deverá ser maior de dezoito anos e pelo menos dezesseis anos mais velha que o adotado;

• Lei Federal n. 8.213, de 24.07.1991: A norma em referência estabeleceu a criação das denominadas "cotas para inserção de deficientes no mercado de trabalho". As empresas com cem ou mais empregados estão obrigadas a preencher de dois por cento a cinco por cento dos seus cargos com beneficiários reabilitados ou pessoas portadoras de deficiência, habilitadas, nas proporções que prevê. A lei exposta representa autêntica ação afirmativa destinada à implementação ou incremento de políticas de discriminação positiva, com esteio na afirmação do princípio da igualdade. Ação afirmativa é um gênero da qual a política de cotas faz parte. O constitucionalista José Joaquim Gomes Canotilho[131] demonstra, com habitual percuciência, a importância da discriminação positiva:

> Uma das funções dos direitos fundamentais ultimamente mais acentuada pela doutrina (sobretudo a doutrina norte-americana) é a que se pode chamar de função de não discriminação. A partir do princípio da igualdade e dos direitos de igualdade específicos consagrados na constituição, a doutrina deriva esta função primária e básica dos direitos fundamentais: assegurar que o Estado trate seus cidadãos como cidadãos fundamentalmente iguais. (...) Alarga-se [tal função] de igual modo aos direitos a prestações (prestações de saúde, habitação). É com base nesta função que se discute o problema das quotas (ex.: parlamento paritário de homens e mulheres) e o problema das *affirmative actions* tendentes a compensar a desigualdade de oportunidades (ex.: quotas de deficientes).

• Lei Federal n. 10.097, de 19.12.2000: A norma apontada, também conhecida como a "lei do aprendiz", ao estabelecer que as empresas de médio e grande porte admitam jovens de 14 a 24 anos por meio de contrato especial de trabalho, preconiza ação afirmativa destinada à inclusão de jovens no mercado de trabalho, assim como a adequada profissionalização e preparação. Assim, os jovens beneficiários são contratados como aprendizes e passam a frequentar cursos de aprendizagem profissional, associados à oportunidade profissional. A cota de aprendizes está fixada entre cinco por cento e quinze por cento,

---

(131) CANOTILHO, José Joaquim Gomes. *Direito constitucional e teoria da Constituição*. 3. ed. Coimbra: Almedina, 1999. p. 385.

calculada sobre o total de empregados cujas funções demandem formação profissional. A inserção de trabalhadores deficientes no quadro de aprendizes também contribui para o cumprimento da meta.

• Circular n. 120, de 11-12-2009,[132] do Banco Nacional de Desenvolvimento Econômico e Social: Embora não se trate de uma lei em sentido estrito, a circular

---

(132) CIRCULAR N. 120/2009 do BNDES — Rio de Janeiro, 11 de dezembro de 2009
Ref.: Produtos BNDES Finame, BNDES Finame *Leasing* e BNDES Finame Agrícola (Circulares n. 195, de 28.07.2006; n. 196, de 04.08.2006 e n. 197, de 18.08.2006, respectivamente)
Assunto: Condições para operações e cláusula contratual relativas à prática de atos, pela Beneficiária ou por seus dirigentes, que importem em discriminação de raça ou gênero, trabalho infantil ou trabalho escravo, e/ou de sentença condenatória transitada em julgado, proferida em decorrência dos referidos atos, ou ainda de outros que caracterizem assédio moral ou sexual, ou importem em crime contra o meio-ambiente.
O Superintendente da Área de Operações Indiretas, consoante Resolução da Diretoria do BNDES e no uso de suas atribuições, COMUNICA aos AGENTES FINANCEIROS/ARRENDADORAS as seguintes normas a serem observadas nos financiamentos no âmbito dos Produtos BNDES Finame, BNDES Finame *Leasing* e BNDES Finame Agrícola, e dos Programas que seguem a sistemática operacional desses Produtos, relativas à prática de atos, pelas Beneficiárias ou por seus dirigentes, que importem em discriminação de raça ou gênero, trabalho infantil ou trabalho escravo, e/ou de sentença condenatória transitada em julgado, proferida em decorrência dos referidos atos, ou ainda, de outros que caracterizem assédio moral ou sexual, ou importem em crime contra o meio ambiente.
1. Condição Prévia à Contratação — Na análise das operações no âmbito dos financiamentos suprarreferidos, o Agente Financeiro deverá exigir da Postulante da colaboração financeira Declaração na qual ateste a inexistência de decisão administrativa final, exarada por autoridade ou órgão competente, em razão da prática de atos, por ela ou por seus dirigentes, que importem em infração à legislação que trata do combate à discriminação de raça ou de gênero, trabalho infantil ou trabalho escravo, e/ou sentença condenatória transitada em julgado, proferida em decorrência dos referidos atos, ou ainda, de outros que caracterizem assédio moral ou sexual, ou importem em crime contra o meio ambiente. A Declaração ora mencionada deverá ser arquivada no dossiê da operação.
2. Condição de Vencimento Antecipado do Contrato — Além das hipóteses previstas nas Circulares em referência ocorrerá, também, o vencimento antecipado do contrato, com exigibilidade da dívida e imediata sustação de qualquer desembolso, quando for comprovada a existência de sentença condenatória transitada em julgado, em razão da prática de atos, pela Beneficiária ou por seus dirigentes, que importem em discriminação de raça ou de gênero, trabalho infantil, trabalho escravo, assédio moral ou sexual, ou crime contra o meio ambiente.
Desta forma, ficam alterados o item 12 da Circular n. 195, de 28.07.2006, e os itens 3 e 14.2 de seu Anexo I; bem como seus Anexos X, XI e XII; com a inclusão das referidas hipóteses de vencimento antecipado dos contratos.
Outrossim, ficam alterados o item 12 da Circular n. 196, de 04.08.2006, e os itens 3 e 14.2 de seu Anexo I; bem como seus Anexos XI e XII; com a inclusão das referidas hipóteses de vencimento antecipado dos contratos.
Por fim, ficam alterados o item 11, da Circular n. 197, de 18.08.2006, e os itens 3 e 14.2 de seu Anexo I; bem como seus Anexos IX, X e XI; com a inclusão das referidas hipóteses de vencimento antecipado dos contratos.
Ficam mantidos os demais critérios, condições e procedimentos operacionais fixados nas citadas Circulares e seus Anexos, os quais encontram-se disponíveis, na íntegra, devidamente atualizados, no endereço eletrônico do BNDES: http://www.bndes.gov.br.
Esta Circular entra em vigor na presente data.
Rodrigo Matos Huet de Bacellar — Superintendente Substituto — Área de Operações Indiretas — BNDES
Disponível em: <http://www.bndes.gov.br/SiteBNDES/export/sites/default/bndes_pt/Galerias/Arquivos/produtos/download/Circ120_09.pdf> Acesso em: 10.set.2010.

em referência, editada pelo Banco Nacional de Desenvolvimento Econômico e Social (BNDES) — órgão do Governo Federal do Brasil que atua como principal instrumento de financiamento de longo prazo para a realização de investimentos em todos os segmentos da economia —, adota formalmente a cláusula social nos contratos de financiamento. Em seu conteúdo, explicita o combate à discriminação de raça ou de gênero, ao trabalho infantil e ao trabalho escravo no Brasil, explicitando uma postura nítida quanto ao repúdio à violação dos Direitos Fundamentais no Trabalho. A violação dos mandamentos contidos na Circular poderá resultar em suspensão ou vencimento antecipado de contrato de financiamento, impondo o pagamento imediato dos desembolsos efetuados. Entre as exigências prévias à contratação de operações de crédito no BNDES, destacam-se:

- inexistência de inscrição no Cadastro do Ministério do Trabalho e Emprego, que lista empresas que tenham mantido trabalhadores em condições análogas à de escravo;
- comprovação de quitação das obrigações relativas ao INSS, ao FGTS e ao pagamento de tributos e contribuições federais;
- entrega da Relação Anual de Informações Sociais — RAIS;
- cumprimento de programa de treinamento de mão de obra voltado para a recolocação de trabalhadores demitidos.

Além disso, o tomador de crédito junto ao BNDES também se obriga a cumprir a legislação que trata de manutenção de creches para os trabalhadores e da proteção de pessoas portadoras de deficiência ou com mobilidade reduzida.

3.6.3. Práticas empresariais em destaque

O aprofundamento das práticas em responsabilidade empresarial nas relações de trabalho por corporações brasileiras evidencia condutas que, para além do cumprimento das normas jurídicas postas, dilatam a proteção ao trabalho e ampliam a afirmação da dignidade humana do trabalhador.

A ilustrar o quanto afirmado, é possível destacar práticas como:

- comportamento responsável em situações de despedimento de empregados: afirmando princípios éticos e de respeito aos trabalhadores, tal prática consiste na identificação, pela empresa, de oportunidades de recolocação profissional com os parceiros e concorrentes antes de comunicar o empregado de seu desligamento. O empregado demitido é recolocado imediatamente após sua rescisão, gerando um clima de harmonia e respeito entre as partes e principalmente entre os empregados que permanecem na empresa. A demissão deixa de ser vista pelo empregado como incapacidade pessoal e passa a ser compreendida como uma necessidade da empresa. Sobretudo, tal prática responsável resguarda a dignidade e a sobrevivência do obreiro e de sua família;

• programas de preparação para a aposentadoria: em sintonia com os interesses do público interno e com a percepção da empresa quanto à necessidade de preparar os funcionários para essa fase da vida, a finalidade da prática em comento é apoiar o trabalhador no desenvolvimento de um projeto pessoal pós-aposentadoria. Referido projeto pessoal pode apresentar cunho profissional, filantrópico, educativo, entre outros. A opção pela aposentadoria passa a ocorrer de forma menos traumática, tanto para o funcionário, quanto para as equipes em que tais trabalhadores estão insertos. Paulatinamente, abre-se espaço para que a empresa promova a renovação de seus quadros. Por meio de um programa de palestras e orientações, são fornecidas informações que ampliam o escopo de reflexão para o processo de aposentadoria, lidando emocionalmente com esta fase de vida. Evidencia fortemente os valores da organização, como integridade, respeito, trabalho em equipe e profissionalismo;

• projetos de concessão de bolsa de estudos: visando promover a formação educacional e o aperfeiçoamento profissional dos trabalhadores, as empresas que adotam e custeiam projetos de concessão de bolsas de estudos a funcionários estimulam a participação ativa e o desempenho dos empregados na busca de soluções para o crescimento corporativo. Ao patrocinarem a continuidade dos estudos, propiciam, também, a adaptação dos profissionais que compõem seus quadros às mudanças tecnológicas e econômicas. Os cursos, em regra, devem ser compatíveis com a função do empregado na empresa, e o bolsista deve comprovar o aproveitamento e o desempenho acadêmicos. Ao aumentar o nível educacional e a capacitação técnica dos funcionários, proporcionam, simultaneamente, a oportunidade de realizar suas expectativas profissionais;

• desenvolvimento de clima organizacional e de valorização de funcionários: promover um ambiente de trabalho responsável, com ótimo clima organizacional, promove a integração dos trabalhadores da empresa, resultando em maior respeito, identificação e orgulho. O ambiente da empresa deve permitir a qualquer funcionário se manifestar diretamente aos diretores. Além de favorecer a interação, tal prática permite valoroso intercâmbio de informações e de ideias, elidindo o distanciamento entre os departamentos. A voz ativa dos funcionários nos rumos da empresa precisa ser garantida. Todos devem ser incentivados a dar sugestões. Boas ideias, só assim, são reconhecidas publicamente e premiadas. Além da comunicação aberta e acessível, contribui para o desenvolvimento de clima organizacional o pleno respeito pelo indivíduo, a criação de oportunidades para desenvolvimento, o reconhecimento pelo trabalho bem feito. Também são fatores importantes o equilíbrio entre remuneração e trabalho, a ausência de favoritismo, a existência de mecanismos de apelação em caso de decisões questionáveis. É fundamental, de modo geral, a construção de condições capazes de alimentar o sentimento autêntico de pertencer a uma comunidade.

CAPÍTULO IV

Interseção entre os direitos fundamentais no trabalho e a responsabilidade social empresarial

As ações reivindicatórias e as lutas pelo respeito aos direitos fundamentais no trabalho têm, nas declarações internacionais, seu registro. A aplicação e a efetivação da proteção a tão valiosos bens da humanidade, no entanto, demandam a conjugação de novos e vigorosos instrumentos.

Para Jean-Claude Javillier[133]:

> No que concerne às relações de trabalho todo o mundo deve estar em condições de obter o máximo benefício político, social e também econômico desse *patrimônio normativo da humanidade* que constituem os convênios e as recomendações internacionais do trabalho. (destacamos)

Afeta decisivamente a proteção do trabalho, neste sentido, a insuficiência dos instrumentos normativos tradicionais para, isoladamente, assegurar a concretização dos preceitos das declarações de direitos destinadas e à afirmação da dignidade da pessoa humana nas relações de trabalho, fator que se faz sentir com expressiva dimensão diante da complexidade da economia global contemporânea.

Em referido cenário, exsurge a responsabilidade social empresarial, por meio da qual valiosas contribuições, com diferenciada e contundente abordagem, podem ser prestadas para fomentar e otimizar a aplicação de direitos fundamentais no trabalho.

A responsabilidade social empresarial, ao preconizar a concretização dos direitos fundamentais no trabalho definidos internacionalmente, exige, das corporações, o comprometimento ético com o respeito à dignidade humana do trabalhador. Tal comportamento empresarial passa a ser demandado por todos os que interagem com a corporação, mormente os consumidores.

---

(133) JAVILLIER, Jean-Claude. Pragmatismo e inovação no Direito Internacional do Trabalho. Resumo do artigo publicado em *Revista Internacional del Trabajo*, v. 113/94. São Paulo: Revista Synthesis, Tribunal Regional do Trabalho da 2ª Região, n. 22/96, p. 16.

Embora a responsabilidade social empresarial, por meio dos elementos de normalização que a caracterizam, não possa substituir o Direito positivado, o fato é que seus parâmetros definem uma autêntica interseção com os direitos fundamentais do trabalho, destinada à afirmação da dignidade humana do trabalhador.

Ao se apropriarem dos mandamentos definidores do trabalho em condições dignas como exigência ética, a responsabilidade social empresarial e seus instrumentos de normalização desempenham a função de alicerce essencial para a aplicação prática do Direito Internacional do Trabalho, contribuindo notadamente para a afirmação dos direitos humanos nas diversas nações. No contexto da globalização, corporações multinacionais, as quais adotam a responsabilidade social empresarial, produzem virtuosos efeitos aos trabalhadores dos países em que atuam.

4.1. A necessária complementação da ação da OIT

O acelerado processo de competição presenciado no mundo capitalista nas últimas décadas do século XX, de alcance global, ressalte-se, determinou a eclosão de significativas transformações no âmbito econômico, político e, mais sensivelmente, no social.

O novo cenário formado caracteriza-se, sobremodo, pela exigida redução dos instrumentos limitadores de liberdade comercial, com impacto na autonomia normativa dos países.

A busca por competitividade exigiu, de maneira acentuada, a revisão dos custos inerentes ao processo produtivo. Os direitos trabalhistas, com isso, passaram a impactar diretamente as condições de concorrência, deflagrando, entre outros movimentos, o rompimento de barreiras territoriais, com a ascensão progressiva das cadeias produtivas transnacionais, focadas na busca por nações com padrões trabalhistas menos rígidos.

A OIT, em sua atividade de produção normativa dos tratados internacionais referentes ao trabalho, passa a ser atingida por crise significativa de centralidade e efetividade.

Segundo preleciona Ericson Crivelli[134]:

> Os Estados-nação, que, ao fim e ao cabo, devem ser os executores das normas internacionais do trabalho, se veem, no presente processo de globalização, com sua autonomia política e jurídica reduzida, ao

---

(134) CRIVELLI, Ericson. *A OIT e o futuro das normas internacionais do trabalho na era da globalização*. Tese (Doutorado em Direito Internacional) — Faculdade de Direito, Universidade de São Paulo, 2004. p. 228.

mesmo tempo em que parte dos fatos sociais, objeto da ação regulatória dessas normas internacionais, se desterritorializam, tornando as possibilidades de eficácia da ação normativa dos Estados-nação ainda mais tíbias para fazer frente à nova realidade econômica. A tibiez dos Estados-nação para normatizar ou coibir práticas trabalhistas inaceitáveis para os padrões internacionais — que retroalimenta a alegação de concorrência desleal —, por sua vez, não foi consequência e tampouco compensada por uma transferência das soberanias nacionais para a OIT, como ocorre, por exemplo, na experiência de integração europeia e na implantação das regras de comércio do GATT-1994. Em consequência, a Organização teria que pensar mecanismos normativos que exijam a coordenação da ação normativa, simultânea, de um conjunto de Estados por onde se estendem as cadeias produtivas desterritorializadas.

As normas internacionais de proteção ao trabalho, para alcançarem patamares representativos de concretização, passam a exigir uma necessária complementação da ação da OIT. Tal deflui, notadamente, da questionada densidade normativa dos direitos fundamentais no trabalho, um dos fatores de comprometimento de sua efetividade nas diferentes nações do mundo.

4.1.1. Densidade normativa dos direitos fundamentais no trabalho

Imprescindível reiterar que a definição e o reconhecimento de um conjunto de padrões mínimos de trabalho no âmbito global correspondem à verdadeira e necessária valorização do trabalho humano enquanto referência fundamental da sociedade contemporânea. Aos sistemas jurídico, político, econômico e social incumbe sua plena efetivação.

A densidade normativa dos direitos fundamentais no trabalho, no entanto, é considerada restrita por parte da doutrina. Alguns autores indicam que o seguimento e a aplicação dos direitos e princípios fundamentais no trabalho merecem consideração crítica.

Segundo Christhophe de Bezou[135], a Declaração de Direitos e Princípios Fundamentais no Trabalho, também incorporada pelos postulados do trabalho decente propostos pela OIT, não se constitui como uma obrigação jurídica, mas deontológica.

Nesse sentido, seria uma orientação de comportamento, não um dever a ser seguido. Tal fato explicaria os seguidos relatórios da OIT que evidenciam o

---

(135) *Apud* CRIVELLI, Ericson. *Op. cit.*, p. 185.

descumprimento de seus mandamentos pela maioria dos países, além do próprio déficit mundial de trabalho decente.

As dimensões do trabalho decente, assim como a Declaração dos Direitos e Princípios Fundamentais no Trabalho, são instrumentos que, por sua natureza, revelam-se universais, beneficiando todos os indivíduos. Seus princípios-normas aplicam-se a todas as nações signatárias, independentemente da ratificação formal, ou não, de cada uma das Convenções. Trata-se de elementos que constituem um compromisso solene assumido por todo Estado-Membro perante o mundo. Deveriam, portanto, ser implementados e concretizados. Mas, na verificação fática, a demandada efetivação não tem sido sentida.

Enunciada crise de efetividade social, fora de dúvida, corresponde à questionada densidade de seus mandamentos. Em tal direção, consoante entendimento antes demonstrado, as orientações emanadas da OIT representariam exemplo típico de *soft law*, destinadas a solenizar a integralidade substantiva dos compromissos das partes envolvidas.

Por ser destituída de certeza jurídica, pode, no mais das vezes, não atingir suas finalidades.

O antes enunciado panorama laboral, produzido, sobretudo, pelo fenômeno da globalização, ressaltou a necessidade do estabelecimento de padrões universais de proteção do trabalho. Simultaneamente, conforme aduzido, o acelerado processo de competição presenciado no capitalismo determinou a conformação de um cenário que se caracteriza, sobremodo, pela exigida redução dos instrumentos limitadores do neoliberalismo econômico, a cercear a autonomia normativa dos países.

Considerando-se que a principal tarefa da OIT, desde os seus primórdios, tem sido a de melhorar as condições de vida e de trabalho, estabelecendo as normas internacionais no âmbito laboral, é preciso compreender que os documentos e declarações aprovados pela maioria dos Estados-Membros deveriam ser, de fato, instrumentos jurídicos hábeis a regulamentar condições de trabalho, do bem-estar social ou de Direitos Humanos, os quais, ademais, servem como modelo e estímulo para a legislação e a prática dos seus integrantes.

Despojados de certeza jurídica, conforme se asseverou, os direitos fundamentais no trabalho não atingem plenamente suas finalidades. A responsabilidade social empresarial, em tal sentido, quando adota os mandamentos e compromissos da *soft law*, exerce influência decisiva sobre os comportamentos das corporações, viabilizando a eficácia jurídica necessária.

4.1.2. Mecanismos de promoção, supervisão, aplicação e seguimento da Declaração de Princípios e Direitos Fundamentais no Trabalho da OIT e dos postulados do trabalho decente

No que respeita, propriamente, aos mecanismos de seguimento das dimensões do trabalho decente, assim como da Declaração dos Direitos e Princípios Fundamentais no Trabalho, é possível notar determinadas insuficiências quanto à exigência compulsória de sua aplicação.

Segundo propugna Alessandra Almeida Brayn[136]:

> A tarefa de buscar um método prático de promoção e transformação do trabalho decente em uma política culminou com a adoção do Programa Piloto de Trabalho Decente (PPTD), instituído em outubro de 2000.

E prossegue[137]:

> Os PPTDs desenvolvidos pela organização têm cinco principais objetivos, quais sejam: (i) dar suporte às iniciativas locais, na tentativa de reduzir o déficit de trabalho decente, (ii) fortalecer a capacidade das políticas nacionais para integrar o trabalho decente dentro das agendas de trabalho, (iii) demonstrar a utilidade de um enfoque integrado, ou seja, capaz de cobrir os quatro objetivos do trabalho decente ao mesmo tempo, em cenários socioeconômicos distintos (iv) desenvolver métodos para efetivação dos programas nacionais e desenvolvimento de políticas e, por fim, (v) partilhar as lições aprendidas com os demais países.

No que respeita à Declaração de Princípios e Direitos Fundamentais no Trabalho, incorporado pelos postulados do trabalho decente propostos pela OIT, afirma Crivelli[138]:

> Uma leitura atenta do anexo da Declaração, que cuida do seu seguimento, deixa claro que são dois os objetivos centrais: a promoção dos direitos e princípios fundamentais e o desenvolvimento da cooperação técnica para auxiliar a sua efetivação. Atendendo a esses objetivos, o seguimento da Declaração tem, portanto, três elementos principais: seguimento anual relativo às convenções não ratificadas; um relatório global; identificação das prioridades de cooperação técnica de planos de ação.

---

(136) BRAYN, Alessandra S. Almeida. *Trabalho decente:* uma avaliação das possibilidades de aplicação do conceito. Dissertação (Mestrado em Economia Política) — Faculdade de Economia. Pontifícia Universidade Católica de São Paulo. 2006. p. 83.
(137) *Ibidem*, p. 84.
(138) CRIVELLI, Ericson. *Op. cit.*, p. 183.

A exigência compulsória da aplicação dos direitos fundamentais no trabalho e das dimensões do trabalho decente depende da cooperação e do comprometimento de cada Estado-Membro. Não há, pois, vinculação reta, revelando as insuficiências quanto à certeza jurídica de sua concretização.

Em distinto aspecto, quanto às convenções internacionais que foram objeto de ratificação, a OIT[139] propõe o seguinte sistema de controle e supervisão de normas:

> Cada Estado-Membro é obrigado a apresentar periodicamente (a cada 2 anos) um relatório sobre as medidas adotadas para aplicar, na legislação e na prática, as convenções ratificadas. Esses relatórios também devem ser encaminhados para as organizações de empregadores e trabalhadores, para que tenham a possibilidade de comentá-los.
>
> Os relatórios são examinados por um Comitê de Especialistas na Aplicação de Convenções e Recomendações, composto por 20 personalidades jurídicas e sociais independentes. Cabe ao Comitê apresentar relatório anual à Conferência Internacional do Trabalho, que o utilizará no acompanhamento da aplicação das normas.
>
> Em paralelo, poderão as organizações de empregadores e trabalhadores iniciar processos de "reclamação", denunciando o Estado-Membro pelo descumprimento de uma Convenção. Estas denúncias são analisadas pelo Conselho de Administração, que pode nomear uma comissão tripartite para investigar a questão.
>
> Por outro lado, todos os Estados-Membros podem apresentar denúncias ao Secretariado da Organização Internacional do Trabalho contra outro membro que não esteja cumprindo corretamente uma Convenção. Estas queixas são analisadas pelo Conselho de Administração, que pode criar uma Comissão de Investigação para o caso.
>
> Em última instância, os governos podem submeter um desacordo quanto ao cumprimento das normas internacionais ao Tribunal Internacional de Justiça.

Também o referido sistema não tem demonstrado plena efetividade. Ao tratar da concretização da Declaração dos Direitos e Princípios Fundamentais no Trabalho, afirma Maria Cristina Mattioli[140]:

---

(139) Disponível em: <http://www.oit.org/public/portugue/region/ampro/brasilia/rules/control_super.htm> Acesso em: 10.set.2010.
(140) *As Políticas Públicas para Promover e Implementar os Direitos Fundamentais no Trabalho e a Integração Econômica Internacional.* p. 145. Disponível em: <http://www.usp.br/prolam/cadernos2003/2003b/06m_c_mattioli.pdf> Acesso em: 10.set.2010.

Tradicionalmente, a OIT tem tido papel fundamental na elaboração destas convenções, porém, sua atuação tem sido menos efetiva na sua execução. Na prática, a adoção da Declaração não assegura, automaticamente, que todos os Estados-Membros vão respeitar suas disposições. A OIT, na verdade, carece de mecanismo efetivo para exigir o cumprimento, pelos seus membros, das suas convenções ou da Declaração. Neste sentido, embora o conceito de direitos ou padrões fundamentais no trabalho tenha obtido um consenso, ainda existe um considerável debate em relação à aplicação e execução destes direitos e quais os mecanismos mais apropriados para tanto. A OIT, como visto, através da Declaração de 1998 estabeleceu um mecanismo de *promoção ou seguimento* e, basicamente, sua atividade está ligada à orientação, assistência técnica e programas para implementação da Declaração. O cumprimento é, no fundo, voluntário, inexistindo sanções em caso de violações. Logo, há necessidade de se discutir qual o melhor caminho e qual o órgão apropriado para que tais direitos fundamentais, quando implementados através de políticas nacionais, sejam, efetivamente, cumpridos.

A compulsoriedade da aplicação dos direitos fundamentais no trabalho, portanto, demanda esforços múltiplos, sendo certo que o sistema de aplicação propugnado no plano jurídico internacional evidencia claras debilidades, prejudicando a proteção efetiva à dignidade humana dos trabalhadores nos diversos países.

4.2. O desafio da implementação dos direitos fundamentais no trabalho e o ideal da concretização dos direitos sociais

Consoante foi elucidado, os direitos fundamentais no trabalho correspondem ao núcleo essencial dos direitos sociais, o que amplia a relevância de sua tutela. Trata-se de direitos contidos no mínimo existencial englobado no conteúdo jurídico do princípio da dignidade da pessoa humana. Decorrem da articulação popular que postula a consagração de direitos sociais e sua materialização.

No tocante à força jurídica obrigatória dos direitos sociais reconhecidos internacionalmente, assevera Flávia Piovesan[141]:

> A efetivação dos direitos econômicos, sociais e culturais não é apenas uma obrigação moral dos Estados, mas uma obrigação jurídica, que tem por fundamento os tratados internacionais de proteção dos Direitos Humanos, em especial o Pacto Internacional dos Direitos Econômicos, Sociais e Culturais.

---

[141] PIOVESAN, Flávia. Direitos humanos e o trabalho: principiologia dos direitos humanos aplicada ao direito do trabalho. *Revista do Advogado — AASP*, São Paulo, n. 97, p. 73, 2008.

Como reação às condições injustas, indignas e degradantes de muitos trabalhadores em todo o mundo, os ditames de proteção do trabalho que correspondem, efetivamente, a modelos ideais de conduta social, os quais considerados paradigmáticos para todos os comportamentos, devem ser cumpridos por todas as nações do mundo. Ponto fulcral a ser considerado, daí, refere-se ao fato de que os direitos sociais são explicitados como Direitos Humanos fundamentais.

As mudanças no campo do trabalho, de ordem regional, global ou internacional, fazem parte de um quadro evolutivo. No entanto, a doutrina dos Direitos Humanos, indeclinável e essencial na concretização dos ditames da Justiça Social, preconiza a vedação ao retrocesso social. A afirmação da dignidade da pessoa humana exige, fora de dúvida, a proteção dos direitos fundamentais no trabalho.

Conforme preleciona Dalmo de Abreu Dallari[142], "o direito positivo, nacional e internacional, vai caminhando no sentido da construção de um sistema universal".

Mostra-se importante ressaltar que todas as Convenções abrangidas pela Declaração sobre Princípios e Direitos Fundamentais no Trabalho têm status de tratado internacional de Direitos Humanos, evidenciando, ainda mais, sua obrigatoriedade e a necessidade de sua plena efetivação.

Como afirma a professora Flávia Piovesan[143]:

> Na esfera trabalhista, o Pacto Internacional dos Direitos Econômicos, Sociais e Culturais, em seus arts. 6º, 7º e 8º, estabelece em detalhe o direito a condições de trabalho justas e favoráveis, compreendendo: a) remuneração que permita uma vida digna; b) condições de trabalho justa e higiênicas; c) igual oportunidade no trabalho; e d) descanso, lazer e férias, bem como direitos sindicais.

O desafio da implementação dos direitos fundamentais no trabalho conjumina-se com o ideal da concretização dos direitos sociais.

4.3. O valor social do trabalho e a proteção da dignidade do trabalhador como princípios éticos

A irrecusável valorização do trabalho humano, como referência fundamental da sociedade contemporânea, exige a plena efetivação dos padrões básicos de proteção ao trabalhador no âmbito global.

---

(142) DALLARI, Dalmo de Abreu. Prefácio. In: PIOVESAN, Flávia (Coord.). *Código de direito internacional de direitos humanos anotado*. São Paulo: 2008. p. XI.
(143) PIOVESAN, Flávia. *Op. cit.*, p. 72.

Desde o despontar da civilização, o trabalho humano tem sido o grande fator de estabilidade e progresso da sociedade. É, pois, fator determinante da perspectiva civilizatória e da evolução social.

Dessarte, a valorização do trabalho emerge como uma forma de proteção humanista ao trabalhador, depreciado que foi em razão dos resultados econômicos de sua exploração.

Demanda profundo aperfeiçoamento o pensamento social sobre o papel do trabalho no mundo contemporâneo, eivando esforços correspondentes à necessidade de reconduzir o homem à condição de elemento mais importante na relação capital-trabalho, notadamente diante do novo cenário imposto pelo fenômeno da globalização.

Para Rodrigo Deon[144],

> a globalização da economia, por meio de seus instrumentos, como a revolução tecnológica, inferiorizou o homem à condição de mero instrumento de trabalho, substituindo-o pela máquina e priorizando o capital sobre o valor da dignidade humana. É claro que se deve buscar o progresso econômico do país, no entanto o desenvolvimento político, o econômico e o social devem estar harmonizados com o ordenamento jurídico, para que os direitos fundamentais não sejam ignorados na relação de trabalho.

Luiz Otávio Linhares Renault[145], em enunciada direção, enfatiza:

> Note-se, acima de tudo, que ainda é necessária a erradicação por completo da mentalidade de que o trabalho, qualquer que seja o sistema de produção, é um simples bem material, que só interessa ao indivíduo e não a toda a sociedade; é indispensável o convencimento por parte de alguns setores produtivos de que a organização do trabalho alheio "deslizou" definitiva e irremediavelmente, há mais de um século, do plano puramente contratual para uma necessária e indispensável dimensão de tutela, pouco importando se o sistema da produção é rígido ou flexível, fordista ou toyotista.

---

(144) DEON, Rodrigo. Os impactos sociais diante do ressurgimento das ideias liberais, e a dignidade da pessoa humana, como limite à flexibilização do direito do trabalho. *DireitoNet*, São Paulo, 4 fev. 2004. Disponível em: <http://www.direitonet.com.br/artigos/x/14/52/1452/> Acesso em: 10.set.2010.
(145) RENAULT, Luiz Otávio Linhares. Que é isto — o direito do trabalho. In: PIMENTA, José Roberto Freire Pimenta & outros (Coords.). *Direito do trabalho:* evolução, crise e perspectivas. São Paulo: LTr, 2004. p. 75.

Ingo Wolfgang Sarlet[146] afirma que:

> É o Estado que existe em função da pessoa humana, e não o contrário, já que o ser humano constitui a finalidade precípua, e não meio da atividade estatal.

Em tal linha de raciocínio, é possível acrescer que o ser humano é a razão de ser do Estado e das empresas, sendo incontrastável que para ele — indivíduo — é que devem se voltar todas as garantias e proteções.

Portanto, a valorização do trabalho está direta e intrinsecamente relacionada ao princípio da dignidade humana, podendo ser concebida a perspectiva autêntica do binômio dignidade-trabalho.

O valor social do trabalho e a proteção da dignidade do trabalhador são, para além de qualquer conjectura, verdadeiros princípios éticos a influenciar e envolver as ações de governos e empresas, costumes, convivência, consciência, Justiça. Onde há vida humana, impõe-se o valor social do trabalho. A Ética, em tal sentido, denuncia e condena toda realidade em que a pessoa é coisificada, ou seja, na qual o ser humano concreto é desrespeitado na sua condição humana.

4.4. Globalização justa e a sua dimensão sociotrabalhista

O fenômeno presente da globalização evidenciou realidade inexpugnável, por força da qual os benefícios advindos do processo de mundialização não atingiram os indivíduos de modo uniforme e justo. Demonstrou que as vantagens advindas do acontecimento mencionado cingiram-se a poucos privilegiados. O particular modo como a riqueza criada é distribuída é de fundamental importância para se determinar a construção de uma sociedade justa.

As consequências sociais da globalização, fora de dúvida, demandam a afirmação de atitudes e ações efetivas, capazes de conter retrocessos.

Elimar Pinheiro do Nascimento[147], de modo expressivo, afirma:

> Enquanto a modernidade ganha novas qualificações e novas dimensões, com a crescente mundialização da economia, agudizando tendências que se encontravam em seu interior, desde os seus primórdios, a exclusão constitui uma ameaça real e direta à modernidade, destruindo um de seus espaços essenciais, o da igualdade. Na superação das tendências de exclusão reside, portanto, a possibilidade de redefinição de modernidade, o que demanda, paradoxalmente, uma maior

---

(146) SARLET, Ingo Wolfgang. *Dignidade da pessoa humana e direitos fundamentais*. 6. ed. Porto Alegre: Livraria do Advogado, 2008. p. 68.
(147) NASCIMENTO, Elimar Pinheiro do. Globalização e exclusão social: fenômenos de uma nova crise da modernidade? In: ARRUDA JÚNIOR, Edmundo Lima de (Org.). *Globalização, neoliberalismo e o mundo do trabalho*. Curitiba: Edibej, 1998. p. 241.

efetivação do Estado-nação. Sem ética nacional e sem Estado de Direito, intervindo nos processos econômicos, a modernidade tende a desaparecer. E aí é que se revela a influência indireta do processo de mundialização sobre o esgotamento da modernidade, pois ele retira poderes do Estado, esgarça-o simultaneamente para fora (internacionalização da produção) e para baixo (controle do crescimento da desigualdade).

Ressalta-se, em tal panorama, a necessidade vital, no universo laboral, da afirmação dos direitos fundamentais no trabalho, a serem seguidos e observados por todas as nações do mundo.

A preocupação com a dimensão sociotrabalhista da globalização é sentida de distintos modos. Durante a 14ª Conferência Interamericana de Ministros do Trabalho, em 26 e 27 de setembro de 2005 na Cidade do México, o instrumento formal resultante, intitulado Declaração do México[148], adotou o tema "a pessoa e seu trabalho no centro da globalização", assim se pronunciando:

> 3. Recordamos a Carta Democrática Interamericana, aprovada pela OEA em Lima, Peru, em setembro de 2001, em particular seu art. 10 que reconhece que a promoção e o fortalecimento da democracia requerem o exercício pleno e eficaz dos direitos dos trabalhadores e a aplicação de normas trabalhistas básicas, tal como estão consagradas na Declaração da Organização Internacional do Trabalho (OIT) sobre Princípios e Direitos Fundamentais no Trabalho e Seu Seguimento. A democracia se fortalece com a melhoria das condições trabalhistas e a qualidade de vida dos trabalhadores do Hemisfério.
>
> 4. Reafirmamos nosso compromisso de respeitar, promover e tornar realidade os princípios da Declaração da OIT (1998). Consideramos que o cumprimento deste compromisso oferece as bases para um crescimento econômico sustentado com Justiça Social. Comprometemo-nos, além disso, a continuar fortalecendo a aplicação da legislação trabalhista nacional e a promover seu cumprimento eficiente e eficaz, conscientes de que o trabalho é um direito e um dever social, e consideraremos a ratificação dos oito convênios fundamentais da OIT.

Ao mesmo tempo em que a importância dos direitos fundamentais no trabalho é reafirmada, as dificuldades inerentes à exigida concretização dos seus conteúdos são admitidas.

Em fevereiro de 2004, a Comissão Mundial sobre a Dimensão Social da Globalização, criada pela OIT num contexto de descontentamento persistente —

---

(148) Disponível em: <http://www.mte.gov.br/rel_internacionais/DeclaracionFINALXIVCimt.pdf> Acesso em: 10.set.2010.

provocado pelo impacto desigual que a globalização gerava nas pessoas, excluindo muitas delas dos seus benefícios, e pelo fracasso de concretizar adequadamente o seu potencial positivo —, publicou as conclusões do trabalho desenvolvido[149].

Ao preconizar um processo de globalização dotado de uma forte dimensão social, baseada em valores universais compartilhados e com respeito aos Direitos Humanos e à dignidade da pessoa, o relatório da Comissão apelava à reforma da governança da globalização, para torná-la justa e inclusiva, destacando as questões seguintes:

- Enfoque centralizado nas pessoas. A pedra angular de uma globalização mais justa é a satisfação das demandas de todas as pessoas no que diz respeito a seus direitos, sua identidade cultural e autonomia; trabalho decente e plena capacitação das comunidades locais em que vivem. A igualdade de gênero é indispensável.

- Estado democrático e eficaz. O Estado deve ser capaz de administrar sua integração na economia global, bem como de proporcionar oportunidades sociais e econômicas, e segurança.

- Desenvolvimento sustentável. A busca de uma globalização justa deve sustentar-se nos pilares, interdependentes e que se reforçam mutuamente, dos desenvolvimentos econômico e social e da proteção do meio ambiente em escalas local, nacional, regional e mundial.

- Mercados produtivos e equitativos. Para isso, é necessário dispor de instituições coerentes, que promovam oportunidades e impulsionem empresas numa economia de mercado que funcione devidamente.

- Regras justas. As regras da economia global devem oferecer a todos os países igualdade de oportunidades e de acesso, bem como reconhecer as diferenças em relação às capacidades e necessidades de desenvolvimento de cada país.

- Globalização solidária. Há responsabilidade compartilhada quanto à prestação de assistência a países e indivíduos excluídos ou desfavorecidos pela globalização. A globalização deve contribuir para corrigir as desigualdades que existem entre os países e dentro deles, e, também, para erradicar a pobreza.

- Maior responsabilidade perante as pessoas. Interlocutores públicos e privados de todas as categorias que dispõem de capacidade para influir nos resultados da globalização devem ser democraticamente responsáveis

---

(149) Disponível em: <http://www.oitbrasil.org.br/info/downloadfile.php?fileId=297> Acesso em: 10.set.2010.

por políticas que aplicam e medidas que adotam. Além disso, têm de cumprir seus compromissos e usar seu poder respeitando os demais.

- Associações mais comprometidas. São numerosos os interlocutores que intervêm na realização dos objetivos sociais e econômicos globais, por exemplo, organizações internacionais, governos e parlamentos, empresas, sindicatos, sociedade civil, entre muitos outros. O diálogo e a associação entre eles representam um instrumento democrático fundamental para se criar um mundo melhor.

- Nações Unidas eficazes. Um sistema multilateral mais sólido e eficaz é um instrumento indispensável para se estabelecer um marco democrático, legítimo e coerente para a globalização.

Entretanto, os louváveis objetivos propostos não se concretizaram e a globalização continua a constituir um sólido processo. Em muitos países, as desigualdades aumentaram ainda mais.

Para o advento da globalização justa, é imprescindível a afirmação dos direitos fundamentais no trabalho, a serem seguidos e observados universalmente.

4.5. A responsabilidade social empresarial na afirmação dos direitos fundamentais no trabalho

Os direitos fundamentais são, efetivamente, o manto de proteção da dignidade da pessoa humana. No campo juslaboral, o resguardo das condições de trabalho mostra-se essencial para atender aos preceptivos da dignidade e do próprio direito à vida.

De modo crescente, os direitos fundamentais no trabalho consagrados reclamam efetivação. Não se admite a inviabilização ou a anulação de garantias das necessidades vitais do indivíduo, ou a afronta ao princípio da dignidade humana prevalecerá, com nefastos efeitos.

A responsabilidade social empresarial assume, então, diante da insuficiência demonstrada pelos instrumentos normativos tradicionais para, isoladamente, assegurar a afirmação dos preceitos das declarações de direitos destinadas à afirmação da dignidade da pessoa humana nas relações de trabalho, o papel de fomentar e otimizar, com diferenciada e poderosa abordagem, a aplicação de direitos fundamentais no trabalho.

Ao preconizar a concretização dos direitos fundamentais no trabalho definidos internacionalmente, a responsabilidade social empresarial demanda das corporações o comprometimento ético com o respeito à dignidade humana do trabalhador.

Ao assumir uma postura verdadeiramente ética, uma empresa deve reconhecer, em primeiro plano, as normas legais aplicáveis, sujeitando-se ao pleno cumprimento delas. Trata-se, em princípio, de uma decisão voluntária da corporação, a qual ensejará reflexos positivos os mais diversos.

A autêntica responsabilidade social, que se situa no foco do estudo vertente, prestigia, com ênfase, a formatação de padrões de emprego e de ocupação laboral que respeitam os Direitos Humanos no trabalho.

O comprometimento ético, com base em enunciada resolução, passa a ser cobrado, objetivamente verificado, exigido. Tal comportamento empresarial passa a ser demandado por todos os que interagem com a corporação, mormente os consumidores.

Gideon Carvalho de Benedicto[150] discorre sobre a verdadeira função da empresa hoje:

> Toda empresa tem uma responsabilidade social. É seu dever pensar no bem-estar da sociedade, e não apenas no lucro. A preocupação com o social passou a ser até uma questão de sobrevivência. É uma forma de "marketing". (...) A responsabilidade social pode ser definida como o dever da empresa de ajudar a sociedade a atingir seus objetivos. É uma maneira de a empresa mostrar que não existe apenas para explorar recursos econômicos e humanos, mas também para contribuir com o desenvolvimento social. É, em síntese, uma espécie de prestação de contas.

A empresa socialmente responsável é aquela que possui a capacidade de considerar os interesses das diferentes partes (acionistas, funcionários, prestadores de serviço, fornecedores, consumidores, comunidade, governo e meio ambiente) e conseguir incorporá-los no planejamento de suas atividades, buscando atender às demandas de todos e não apenas dos acionistas ou proprietários. Investir em responsabilidade social é, inquestionavelmente, condição de crescimento e perpetuação da empresa no cenário da modernidade.

Na atualidade, variados fatores determinam a incorporação da responsabilidade social pelas corporações, como a pressão da sociedade, a sensibilidade dos resultados alcançados pelos produtos da empresa a tal pressão e, até mesmo, a possibilidade de obter vantagem competitiva por incorporar de forma proativa as novas expectativas da sociedade.

A OIT, como organismo legitimado para definir os padrões de direitos trabalhistas no plano internacional, a qual, inicialmente, optou por se manter neutra

---

(150) BENEDICTO, Gideon Carvalho de. A responsabilidade social da empresa: exigências dos novos tempos. *Cadernos da FCECA*, Campinas, v. 6, p. 76-84, 1997.

a respeito da responsabilidade social empresarial, pois a reconhecia como prática voluntária, passou a distinguir e estimular a proficuidade da disciplina como instrumento capaz de ampliar a adesão aos *standards* ou padrões laborais estabelecidos e a progressiva defesa e concretização dos direitos fundamentais no trabalho.

Por meio de sua ação internacional estruturada e de seus instrumentos estratégicos, a OIT passa a assumir postura promotora da dimensão trabalhista da responsabilidade social empresarial. Desenvolvendo pesquisas, treinamentos, materiais de disseminação e, sobretudo, participando dos grandes fóruns de discussões sobre o tema, a OIT incorporou efetivamente a responsabilidade social empresarial em sua agenda de trabalho. Assim agindo, reconheceu a carência dos instrumentos normativos tradicionais para, solitariamente, assegurarem a materialização de Direitos Humanos no trabalho, ao mesmo tempo em que vislumbrou os preciosos resultados produzidos pelas corporações socialmente responsáveis em suas práticas laborais.

A responsabilidade social empresarial induz ao comportamento ético das empresas e à aplicação de direitos fundamentais no trabalho de modo distinto do que se percebe com a utilização dos instrumentos normativos tradicionais.

Na norma positiva de Direito, a coercibilidade é um dos caracteres essenciais. A lei deve ser obrigatória e, sobremodo, deve ser respaldada pela força de uma autoridade que defenda sua aplicação.

Na responsabilidade social, a violação dos parâmetros de conduta definidos leva a reações das demais partes interessadas (*stakeholders*) que interagem com a empresa. A mais notória, como se apontou, é a do consumidor, que pode simplesmente deixar de comprar, condenando à ruína a empresa. Mas, ao mesmo tempo, fornecedores podem deixar de contratar. A comunidade local pode se mobilizar no intuito de abalar a atuação empresarial. Os trabalhadores, em similar sentido, perdem a motivação, o orgulho do pertencimento. Sob distinto enfoque, a adoção da responsabilidade social empresarial impacta a reputação da corporação, que passa a deter prestígio e valoriza sua imagem, sua marca, com reflexos positivos para os negócios.

A eclosão do denominado consumo consciente, em tal sentido, pode ser considerada a mais visível para proporcionar a efetivação de direitos pela implementação da responsabilidade social empresarial.

O impacto das escolhas de consumo determina as características do mundo em que vivemos. Ao decidirem sobre consumo, as pessoas estão delineando o mundo em que querem viver. Ao consumir, as pessoas podem usar seu poder de escolha para maximizar os impactos positivos e minimizar os negativos.

A ideia básica do consumo consciente é a de transformar o ato de consumo numa prática permanente de cidadania. O objetivo de consumo, quando consciente, extrapola o atendimento de necessidades individuais. Leva em conta também seus reflexos na sociedade, na economia e no meio ambiente.

E os reflexos, como se afirmou, podem ser positivos ou negativos. Estão relacionados com a esfera de influência dos consumidores e com a questão da cumplicidade. Ao comprar produtos de uma empresa que utiliza trabalho escravo, por exemplo, o consumidor financia essa prática abominável, tornando-se, indiretamente, partícipe ou cúmplice. Se, entretanto, comprar produtos de uma empresa que respeita os direitos fundamentais no trabalho, contribuirá para o desenvolvimento social e para a afirmação da dignidade da pessoa humana dos trabalhadores.

Os direitos fundamentais no trabalho foram concebidos para atingir determinados objetivos. São o conjunto de um texto normativo fundamental dotado de elevadas finalidades relacionadas com a valorização do trabalho humano, com as garantias das necessidades vitais do indivíduo, com a preservação da dignidade humana.

Com isso, alcança-se o campo da eficácia social quando os objetivos buscados pela norma estão sendo realizados no plano das relações sociais. Os direitos fundamentais no trabalho consagrados reclamam efetivação. Transformar tais direitos em meras expectativas de direitos acarreta, necessariamente, nefastos efeitos.

Despojados de certeza jurídica, conforme se asseverou, os direitos fundamentais no trabalho não atingem plenamente suas finalidades. A responsabilidade social empresarial, em tal sentido, exerce influência decisiva sobre os comportamentos das corporações, contribuindo para a eficácia jurídica necessária.

4.6. A permeabilidade das diretivas da responsabilidade social empresarial aos direitos fundamentais no trabalho

Os direitos de proteção ao trabalho humano constituem um sistema ético e legal, baseado no ideal da Justiça Social. Embora a responsabilidade social empresarial, por meio dos instrumentos de normalização que a caracterizam, não possa substituir o Direito positivado, o fato é que seus parâmetros definem um desejável encontro com os direitos fundamentais no trabalho destinado à afirmação da dignidade humana do trabalhador.

Ao se apropriarem dos mandamentos definidores dos direitos fundamentais no trabalho, do trabalho em condições dignas como exigência ética, a responsabilidade social empresarial e seus instrumentos de normalização desempenham um papel de alicerce essencial para a aplicação prática do Direito Internacional do Trabalho. Com enfoque especial, destina-se a tutelar, entre outros valores, os seguintes:

- liberdade de associação e de organização sindical e reconhecimento efetivo do direito de negociação coletiva;
- eliminação de todas as formas de trabalho forçado ou obrigatório;
- abolição efetiva do trabalho infantil;
- eliminação da discriminação em matéria de emprego e ocupação;
- geração de oportunidades de trabalho, emprego e renda;
- proteção e segurança social;
- diálogo social;
- trabalho seguro.

Conforme já se elucidou, a dimensão legal é um dos componentes da responsabilidade social empresarial. Exigida pela sociedade como pressuposto ético, ela abrange a obediência às leis, a aderência aos regulamentos, o cumprimento dos contratos. Notadamente, demanda a concretização das obrigações relativas à preservação das condições de trabalho.

Ao considerar, como paradigma, as normas jurídicas legítimas e válidas, valorizando sua incorporação, a normalização da responsabilidade social corporativa descerra caminhos e fornece meios para a concretização da lei. Potencializa, em decorrência, a produção de efeitos concretos ambicionados pela regra de Direito.

Com isso, a norma jurídica incorporada passa a refletir uma renovada força executiva, uma reanimada eficácia no plano social. As empresas estabelecem, com a incorporação dos preceitos da responsabilidade social, uma diferenciada relação com as obrigações legais. A exigibilidade do comportamento normatizado percebe notória intensificação na direção de seu cumprimento.

A adoção de uma norma jurídica pelos instrumentos definidores da responsabilidade social empresarial é, fora de dúvida, meio consistente e provável para sua efetividade.

A Justiça é um ideal desejável para todas as pessoas, para o convívio social, para o bem-estar coletivo. A conjugação do Direito e da responsabilidade social, fora de dúvida, demonstra-se primordial para exercer decisivo impacto no elevado propósito da implementação dos direitos fundamentais no trabalho. Em decorrência, a identificação do papel da empresa como agente fundamental de promoção da Justiça nas relações trabalhistas possibilita a preciosa sinergia entre a proteção jurídica de direitos fundamentais e do investimento produtivo.

CAPÍTULO V

Normalização da responsabilidade social empresarial

A exigência da sociedade por práticas éticas no âmbito das corporações, atinentes ao comprometimento com temas relativos à inclusão social, ao cumprimento de direitos, à sustentabilidade social, ao compromisso com o futuro das novas gerações, é um dos movimentos de mudança contemporâneos mais significativos.

Em tal sentido, surge o desafio de se estabelecerem as características e especificações a serem demandadas, com uniformidade, para a configuração autêntica da responsabilidade social, contemplando seus diferentes aspectos (*triple bottom line*).

Os parâmetros definidores das condutas exigidas para a conformação da responsabilidade social empresarial, atividade denominada normalização, são formalmente definidos por instrumentos construídos como base para verificações de conformidade de práticas adotadas. Tais documentos assumem formatos e conteúdos distintos. Perceberá detida investigação, nesse contexto, a Norma SA 8000 da Social Accountability International, pois se relaciona com o principal objetivo deste estudo, qual seja, a afirmação dos direitos fundamentais no trabalho no plano internacional.

No particular cenário imposto pela globalização, a normalização corresponde à definição de padrões internacionais, destinados ao cumprimento de requisitos de conduta e atuação.

A formulação das diretrizes definidoras da responsabilidade social empresarial corresponde, necessariamente, ao estabelecimento de padrões éticos, afeitos ao comportamento das corporações.

5.1. Conceito e noções gerais

Normalização, no âmbito da pesquisa proposta, corresponde à atividade desempenhada para a criação dos parâmetros definidores das condutas exigidas para a conformação da responsabilidade social empresarial. Aprovado, mormente, por um organismo reconhecido, refere-se a documento que estabelece regras, diretrizes ou características para atividades ou seus resultados, fornecidos para uso comum e repetitivo, definindo sua ordenação. São instrumentos constituídos como conjunto de dados necessários para a análise de adequação de práticas adotadas.

A normalização em responsabilidade social empresarial visa a estabelecer um sistema de gestão para introduzir valores, princípios, sustentabilidade, responsabilidade social corporativa nas organizações. É, efetivamente, atividade que institui, em relação a problemas existentes ou potenciais, prescrições destinadas à utilização comum e repetitiva, com vistas à apreciação do comportamento ético das empresas.

Em particular, a atividade consiste nos processos de elaboração, difusão e implementação de normas. A normalização proporciona importantes benefícios, possibilitando a adequação das ações empresariais às finalidades para as quais foram concebidos os preceitos estatuídos, contribuindo para que sejam aferidos comportamentos.

As normas são os documentos estabelecidos por consenso e aprovados por organismo reconhecido, que fornecem, para uso comum e repetitivo, regras, diretrizes ou características para atividades ou seus resultados, no caso vertente, o comprometimento social das empresas.

5.2. Princípios e diretivas

O processo de elaboração de normas técnicas está apoiado em princípios, fundamentais, orientados para que todos os objetivos da normalização sejam atendidos e para que seja eficaz na sua aplicação e no seu reconhecimento por todos. São eles a a voluntariedade, a representatividade, a paridade, a atualização, a transparência, a simplificação e o consenso, como compromisso de interesse mútuo.

A normalização direciona-se ao cumprimento dos objetivos de comunicação, simplificação, proteção às partes envolvidas, segurança, economia, padronização e eliminação de barreiras. A adequação às normas definidas, em regra, conduzem à obtenção de uma certificação, ou título, que atesta o feito.

A certificação apresenta-se como um mecanismo eficiente e eficaz para que as organizações comprovem, objetivamente, seus compromissos, *verbi gratia*, com uma conduta ética e socialmente responsável. As contribuições, nesse sentido, podem prover a confiança e a credibilidade requeridas ao Sistema da Gestão da Responsabilidade Social (SGRS).

Uma das mais notórias entidades de normalização é a *International Organization for Standardization* (ISO), organização não governamental fundada em 1947, em Genebra, hoje presente em cerca de 157 países. A sua função é a de promover a normalização de produtos e serviços, para que a qualidade deles seja permanentemente melhorada.

Reconhecidamente, a normalização auxilia a melhoria dos processos internos, a maior capacitação dos colaboradores, o monitoramento do ambiente de trabalho, a verificação da satisfação dos clientes, colaboradores e fornecedores, num processo contínuo de melhoria do sistema de gestão da qualidade. A definição de *standards* internacionais pela ISO fornece regras, linhas de orientação ou características para atividades ou para os seus resultados.

5.3. Normalização da responsabilidade social empresarial na afirmação dos direitos fundamentais no trabalho

A compreensão da normalização da responsabilidade social na afirmação dos direitos fundamentais no trabalho corresponde ao atendimento, quanto aos comportamentos verificados nas corporações, das regras, diretrizes ou características para a efetivação de padrões de emprego e ocupação laboral que respeitam os direitos humanos no trabalho.

A normalização em responsabilidade social empresarial visa a instaurar um sistema de gestão para introduzir valores, princípios, sustentabilidade, responsabilidade social e corporativa nas organizações. No tocante à Norma SA 8000 da *Social Accountability International*, institui, em relação a problemas existentes ou potenciais, prescrições destinadas à utilização comum e repetitiva, com vistas à aplicação de direitos fundamentais no trabalho.

O desenvolvimento e a implantação de um Sistema de Gestão da Responsabilidade Social, baseado na norma SA 8000, corresponde, efetivamente, ao diagnóstico das condições do ambiente de trabalho, à criação de uma política de responsabilidade social, à elaboração de ferramentas de gestão da Responsabilidade Social da cadeia de fornecedores da empresa, além da capacitação das equipes gerenciais e operacionais e realização de auditorias para avaliação dos resultados e correção de desvios.

Nesse momento, concretiza-se a interseção entre responsabilidade social empresarial e a afirmação dos direitos fundamentais no trabalho. Referido entrelaçamento permite o enfrentamento do desafio de se encontrarem os meios de efetivação das declarações de direitos que se referem aos padrões essenciais no trabalho estabelecidos no plano internacional.

5.4. *Norma SA 8000 da* Social Accountability International

Lançada em outubro de 1997 pela organização não governamental norte--americana *Council on Economics Priorities Accreditation Agency* (CEPAA), atualmente denominada Social Accountability International (SAI), a Norma SA 8000, ou Social Accountability 8000[151], é considerada o primeiro padrão global de certificação relacionado com os aspectos da responsabilidade social de empresas.

A norma foi lançada com base nos resultados positivos obtidos com a implantação de certificações da qualidade por empresas, como a ISO 9000.

Segundo Marcos Antonio de Oliveira[152], o modelo de certificar empresas por meio da realização de auditorias por renomadas entidades independentes está sendo reconhecido pelo mercado como eficaz. Mais de 410.000 empresas em todo o mundo (dados de dezembro/2000) tiveram seus sistemas de qualidade auditados e reconhecidos, provando para seus clientes que essas empresas dão prioridade ao aspecto da qualidade.

A Norma SA 8000 destina-se, objetivamente, a estabelecer padrões de relações de trabalho, garantindo os direitos fundamentais dos trabalhadores envolvidos em processos produtivos, além de promover a padronização, passível de auditoria e certificação, em todos os setores de negócios e em diferentes países. Seu escopo encontra-se, exatamente, na conformidade da responsabilidade social das empresas nas relações laborais, com os postulados de Direitos Humanos propostos, essencialmente, pela OIT.

Desenvolvida por um conselho internacional composto por empresários, organizações não governamentais e organizações sindicais, a SA 8000 apresenta o elevado desígnio de encorajar a participação de todos os setores da sociedade na melhoria das condições de trabalho e de vida no ambiente corporativo.

Relevante destacar que, embora a Norma SA 8000 tenha, nas convenções fundamentais da OIT, seu conteúdo precípuo, ela também contempla e se apropria de preceptivos contidos na Declaração Universal dos Direitos Humanos e na Declaração Universal dos Direitos da Criança da ONU. Interessante, ainda, dizer que a sua elaboração foi iniciada por ocasião do 50º aniversário da Declaração dos Direitos Humanos da ONU.

Segundo os ditames preconizados pela Norma SA 8000, as empresas devem respeitar e concretizar os preceptivos contidos nos seguintes instrumentos internacionais:

- Convenção n. 1 da OIT (Horários de Trabalho — Indústria) e Recomendação n. 116 da OIT (Redução de Horários de Trabalho);

- Convenções n. 29 da OIT (Trabalho Forçado) e n. 105 da OIT (Abolição do Trabalho Forçado);

---

(151) Disponível em: <www.sa-intl.org/>. Acesso em: 10.set.2010.
(152) OLIVEIRA, Marcos Antonio de. *SA 8000* — o modelo ISO 9000 aplicado à responsabilidade social. Rio de Janeiro: Qualitymark, 2003. p. 5-15.

- Convenção n. 87 da OIT (Liberdade de Associação);
- Convenção n. 98 da OIT (Direito de Organizar e Negociar Coletivamente);
- Convenções n. 100 da OIT (Remuneração equivalente para trabalhadores masculinos e femininos por trabalho equivalente) e n. 111 da OIT (Discriminação — Emprego e Ocupação);
- Convenção n. 102 da OIT (Previdência Social — Padrões Mínimos);
- Convenção n. 131 da OIT (Fixação do Salário Mínimo);
- Convenção n. 135 da OIT (Representantes dos Trabalhadores);
- Convenção n. 138 da OIT e Recomendação n. 146 da OIT (Idade Mínima);
- Convenção n. 155 da OIT e Recomendação n. 164 da OIT (Saúde e Segurança Ocupacional);
- Convenção n. 159 da OIT (Reabilitação Vocacional e Emprego — Pessoas com Deficiência);
- Convenção n. 169 da OIT (Povos Indígenas e Tribais);
- Convenção n. 177 da OIT (Trabalho em Domicílio) Convenção n. 182 da OIT (As Piores Formas de Trabalho Infantil);
- Convenção n. 183 da OIT (Proteção da Maternidade);
- Código de Práticas da OIT sobre HIV/AIDS e o Mundo do Trabalho;
- Declaração Universal dos Direitos Humanos;
- Pacto Internacional sobre Direitos Econômicos, Sociais e Culturais;
- Pacto Internacional sobre Direitos Civis e Políticos;
- Convenção das Nações Unidas sobre os Direitos da Criança;
- Convenção das Nações Unidas para a Eliminação de Todas as Formas de Discriminação Contra as Mulheres;
- Convenção das Nações Unidas sobre a Eliminação de Todas as Formas de Discriminação Racial.

No referido contexto, a Norma SA 8000 apresenta, como dimensões da missão por ela preconizada:

- melhorar as condições do trabalho no mundo, promovendo o respeito aos direitos dos trabalhadores;
- proporcionar a padronização em todos os setores de negócios e em todos os países;

- trabalhar em parceria com organizações trabalhistas e de Direitos Humanos do mundo todo;
- proporcionar incentivo que beneficie a comunidade empresarial e de consumidores por meio de uma abordagem em que ambas as partes saiam ganhando;
- prover uma base única para realização de auditorias.

A Norma SA 8000 é única em muitos aspectos. É o primeiro padrão global que pode ser implementado em qualquer país. Também é multissetorial, diferentemente de alguns outros padrões desenhados para aplicação somente num setor. O que realmente distingue a SA 8000 de outros padrões relacionados com a RSE é o fato de ser um padrão auditável. A SA 8000 combina os sistemas de gestão ISO com as convenções da OIT, efetivando, ao ser adotada por diversas empresas, a conciliação entre a qualidade de produtos ou serviços com a responsabilidade social empresarial nas relações laborais.

São considerados requisitos fundamentais para a implantação do Sistema de Gestão da Responsabilidade Social baseado na norma SA 8000:

- ser conduzida pela alta direção da empresa;
- ter o enfoque da melhoria contínua;
- ter o enfoque na prevenção e não na reação;
- promover os direitos dos trabalhadores e sua participação;
- estar em conformidade com leis e códigos locais;
- atuar de maneira proativa na promoção da busca de fontes éticas;
- agir sistematicamente para tratar os problemas por meio de ação corretiva.

A primeira empresa a ser certificada no âmbito da Norma SA 8000 foi a multinacional Avon. Os requisitos[153] da norma envolvem nove aspectos principais[154], a saber:

- saúde e segurança — devem ser asseguradas. Manutenção de um ambiente de trabalho saudável, foco na prevenção de acidentes, manutenção de máquinas, utilização de equipamentos de segurança e treinamentos regulares devem constar em um sistema de gerenciamento de saúde e segurança da empresa;

---

[153] Relatório da BSD *Business and Social Development*. Disponível em: <http://www.crescer.org/glossario/doc/108.pdf> Acesso em: 10.set.2010.
[154] A Norma SA 8000 privilegia a regra mais favorável ao obreiro contida na legislação trabalhista nacional ou nas convenções da OIT.

- liberdade de associação e negociação coletiva — devem ser garantidas. Os trabalhadores não precisam necessariamente associar-se, mas devem ter direito ao diálogo com a empresa. A comunicação direta deve ser estimulada;

- discriminação — não é permitida. Especialmente em caso de contratação, remuneração, acesso a treinamento, promoção ou encerramento de contrato baseados em critérios como raça, classe social, etnia, sexo, orientação sexual, religião, deficiência, associação a sindicato ou afiliação política;

- práticas disciplinares — não são permitidas. Punições físicas ou mentais, coerção física e abuso verbal, pagamento de multas por não cumprimento de metas são todas práticas não permitidas;

- horário de trabalho — não deve ultrapassar 48 horas semanais, além de 12 horas extras semanais. Pelo menos um dia de descanso deve ser providenciado num período de sete dias;

- remuneração — deve ser suficiente para cobrir custos de moradia, vestuário, alimentação, além de uma renda extra. A empresa deve ainda assegurar que não sejam realizados contratos por trabalho executado ou esquemas de falsa aprendizagem para evitar o cumprimento de obrigações impostas por lei;

- trabalho infantil — não é permitido. Trabalho infantil é aquele executado por pessoa menor de 15 anos (ou a idade mínima estabelecida pelas leis locais, o que for mais restrito). Caso a empresa que estiver buscando a certificação tenha em seus quadros menores de 15 anos, ela não deve demiti-las. Deve nesse caso desenvolver e apresentar um plano de trabalho em que esteja assegurado que a criança não se submeta a trabalhos danosos à sua saúde e deve ainda ser garantida a sua educação. Isso evita que as crianças despedidas se submetam a trabalhos ainda mais penosos (já que geralmente estão inseridas num ciclo de pobreza e o trabalho é a única forma de sobrevivência);

- trabalho forçado — não é permitido. É caracterizado trabalho forçado aquele em que o trabalhador não recebe remuneração em troca de seu esforço. Não é permitida a retenção de documentos pela empresa nem a realização de depósitos por parte dos empregados;

- sistemas de gestão — deve existir um sistema de gestão que garanta a efetividade do cumprimento de todos os requisitos da norma, por meio de documentação, implementação, manutenção, comunicação e monitoramento da empresa em relação às questões abordadas na norma, num processo de melhoria contínua.

Os dois principais desafios enfrentados pela Norma SA 8000 têm sido o cumprimento dos requisitos relativos à jornada de trabalho e à remuneração. A SA 8000 limita a jornada de trabalho à estipulada pelas convenções da OIT. As empresas devem cumprir as leis aplicáveis e os acordos coletivos sobre a jornada de trabalho, e não devem exceder 8 horas de trabalho semanais numa base regular, acrescida de um máximo de 12 horas extras por semana. Na questão da compensação financeira, também é um desafio para muitas empresas pagar um salário mínimo padronizado internacionalmente.

Dois grupos de interesse (*stakeholders*) estão especialmente contemplados pela expressão da responsabilidade social empresarial proposta pela SA 8000, a saber, o público interno e os fornecedores. Quanto aos últimos, o foco se concentrará nas práticas trabalhistas que adotam.

A certificação relativa à Norma SA 8000 atende, sobremodo, às necessidades de consumidores mais esclarecidos, os quais se preocupam com a forma como os produtos são fabricados, e não apenas com a sua qualidade. Constitui, assim, um instrumento de informação extremamente importante para o consumidor globalizado, cujos fatores determinantes da escolha de compra vão além de preço e qualidade. As pessoas necessitam saber como o produto ou serviço que estão adquirindo foi produzido, repudiando imediatamente aqueles que agregam procedimentos como o trabalho infantil.

A SA 8000 possibilita às companhias de todo o mundo externarem seus valores éticos e seu grau de envolvimento social, aspectos fundamentais frente a um consumidor-cidadão cada vez mais participante e vigilante, além de proteger a reputação e a integridade da marca empresarial.

Importante notar, ademais, o avanço, em todo o mundo, da exigência de certificações de responsabilidade para viabilizar pedidos de financiamento público ou privado, investimentos de fundos de pensão, verbas de agências de fomento. De acordo com o sistema referido, o financiamento passa a ser utilizado como ferramenta de indução e promoção da sustentabilidade social, aplicando critérios éticos, com notáveis proveitos para todos.

A implantação da norma segue, no geral, o modelo das normas ISO 9000 e 14000, o que facilita a adesão de empresas que já conhecem tais sistemas (normalmente as maiores e melhores corporações do mundo). Além disso, exige-se, para aumentar a credibilidade do programa, que os funcionários da empresa elejam um representante para acompanhar a sua implantação, condição, aliás, que não é exigida nas normas ISO 9000 e 14000.

Ademais, as organizações interessadas em comprovar o atendimento aos requisitos da norma são submetidas a auditorias por técnicos especializados de renomadas entidades independentes. O certificado só é concedido àquelas organizações que cumprem total e completamente os requisitos da norma.

Segundo Marcos Antonio de Oliveira[155], os benefícios gerados pela implantação da SA 8000 são múltiplos:

- para a corporação — melhoria no moral dos empregados; melhoria na qualidade e produtividade; comprovação da prática da responsabilidade social com os empregados; redução na rotatividade; melhoria na reputação da empresa; facilidade no recrutamento e na retenção de bons profissionais; melhores relações com o governo, sindicatos, ONGs e empregados;

- para os empregados — melhor ambiente de trabalho; redução no número de acidentes; treinamento em saúde e segurança no trabalho; salários adequados às necessidades;

- para os investidores e consumidores — identificação de produtos feitos sob condições humanas; informações claras, com credibilidade, para decisões de compra e de investimento, baseadas em condições éticas; identificação de empresas preocupadas com a condição humana dos empregados;

- para a sociedade — redução do trabalho infantil; mais crianças na escola; trabalhadores saudáveis; cooperação entre empresas, ONGs e sindicatos.

Além da certificação baseada na Norma SA 8000, o sistema prevê programas de envolvimento corporativo, pelos quais as empresas que vendem mercadorias, ou têm etapas de produção e venda desses produtos são estimuladas e orientadas a implementar e a avaliar os padrões da SA 8000.

Assegurar condições dignas de trabalho, além de corresponder a padrões éticos essenciais, contribui decisivamente para a conquista dos consumidores e o fortalecimento da reputação, fatores cruciais para o sucesso num mercado cada vez mais competitivo e globalizado. Ao mesmo tempo, tem a vocação de integrar aos objetivos empresariais a contribuição orientada para a construção de uma sociedade mais justa e fraterna para todos.

Ao assumir a característica de verdadeiro sistema de gestão, a SA 8000 diferencia-se da maior parte dos códigos de conduta e instrumentos de normalização, pois compele as empresas a inserir um conjunto de ações sociais integradas à política estratégica de gestão, ocasionando, valorosamente, a melhoria contínua das relações de trabalho.

A efetivação dos direitos fundamentais no trabalho, na forma propugnada pela Norma SA 8000, fora de questionamento, corresponde à afirmação da dignidade da pessoa humana do trabalhador nas relações laborais. Ilustra, ainda mais, o fato de que a postura corporativa que se restrinja a almejar lucro não é mais sustentável na sociedade contemporânea.

---

(155) OLIVEIRA, Marcos Antonio de. *SA 8000* — o modelo ISO 9000 aplicado à responsabilidade social. Rio de Janeiro: Qualitymark, 2003. p. 5-15.

Evidentemente, é preciso atentar para a realidade pela qual a obtenção da certificação SA 8000 não representa uma espécie de "imunidade absoluta" para a empresa. As relações de trabalho são cada vez mais intrincadas no mundo globalizado e mesmo empresas devidamente certificadas podem violar os direitos fundamentais no trabalho. Ainda assim, por terem assumido um compromisso com a responsabilidade social nas relações de trabalho, as corporações certificadas são mais fiscalizadas, cobradas e, até mesmo, punidas com maior rigor, fato que evidencia, com força renovada, a utilidade da Norma SA 8000.

5.5. Acordos globais, códigos de conduta empresarial, preceitos de governança corporativa e diretivas de responsabilidade social diversas

A afirmação dos direitos fundamentais no trabalho por meio da responsabilidade social empresarial decorre, ainda, de outros instrumentos de normalização e de diretrizes autônomas para a proteção da dignidade do trabalhador.

Dentre eles, destacam-se os acordos globais, os códigos de conduta empresarial, os preceitos de governança corporativa e as diretivas de responsabilidade social diversas. A conjugação da responsabilidade social empresarial com o conteúdo jurídico das declarações de Direitos Humanos representa, incontestavelmente, conspícuo lineamento voltado à construção do paradigma da relação de trabalho responsável.

Os denominados acordos globais são compromissos entabulados entre empresa multinacional e sindicatos nacionais e transnacionais para a adoção de condutas éticas definidas nos diversos países em que atua.

Os códigos de conduta, por sua vez, correspondem aos pronunciamentos públicos das empresas acerca dos comportamentos que pretendem adotar em sua atuação na sociedade. Os códigos de conduta, por representarem instrumentos de uso mais frequente, demandam maior atenção.

Os códigos de conduta empresarial definem o modo como a corporação, suas empresas controladas e seus profissionais agem em relação à sociedade. Todas as pessoas devem atuar de forma correta, íntegra e eficiente na busca de resultados, incorporando os valores éticos e obedecendo aos regulamentos internos e normas aprovadas. Referidos códigos são instrumentos inovadores e importantes para a promoção dos Direitos Humanos, das normas laborais e ambientais fundamentais e de práticas contra a corrupção, em especial em países onde os poderes públicos não observam padrões internacionais de direitos.

Sua aplicação mostra-se particularmente expressiva em relação às empresas multinacionais, que exercem aguda influência para a imposição de uma cultura global.

Os códigos de conduta, nas empresas que os adotam, afetam os trabalhadores de modo direto, podendo despertar uma nova cultura da responsabilidade social, capaz de incentivar padrões de emprego e de direitos humanos no trabalho nos países mais remotos.

Notadamente, os códigos de conduta devem ser entendidos como um regulamento de normas morais, de cumprimento compulsório em seu âmbito de alcance. Devem, em princípio, adotar, como normas mínimas, as convenções fundamentais da OIT (abrangendo trabalhadores do setor informal, terceirizados e subempreiteiros) e as Diretrizes para Empresas Multinacionais da OCDE. Devem incluir mecanismos adequados de avaliação e acompanhamento da sua aplicação, bem como um sistema de verificação de conformidade. O desafio de maior envergadura associado aos códigos de conduta reside em assegurar eficazmente a sua aplicação, fiscalização e verificação.

Os preceitos de governança corporativa também facilitam a implantação da responsabilidade social empresarial. A governança corporativa corresponde ao conjunto de processos, costumes, políticas, leis, regulamentos e instituições que regulam a maneira como uma empresa é dirigida, administrada ou controlada. Por princípio, considera o estudo sobre as relações entre as diversas partes interessadas (*stakeholders*) e os objetivos pelos quais a empresa se orienta.

Assim, são considerados participantes da governança corporativa os acionistas, a alta administração, o conselho de administração, os trabalhadores, os fornecedores, os clientes, os bancos e outros credores, as instituições reguladoras, o meio ambiente e a comunidade em geral. Suas características preconizam a participação, o Estado de direito, a transparência, a responsabilidade, a orientação por consenso, a igualdade e a inclusão, a efetividade e a eficiência, além da prestação de contas. Ao valorizarem os direitos fundamentais no trabalho, contribuem para sua efetividade.

Os direitos fundamentais no trabalho, além disso, podem ser percebidos no texto de vários documentos internacionais, os quais compartilham a ideia de que as empresas devem respeitar e agir para proteger a dignidade humana do trabalhador, ainda que os direitos pertinentes não estejam assegurados pelas leis, pelas normas ou pelos costumes internos. Alguns desses documentos são:

- Declaração Tripartite sobre Empresas Multinacionais e Política Social, da OIT, que exprime e traduz o conteúdo de suas principais convenções para o plano prático de aplicação pelas corporações multinacionais;
- Diretrizes para Empresas Multinacionais, da OCDE, as quais estimulam as empresas multinacionais a respeitar os direitos de seus empregados;

- *Global Compact*, da ONU, que constitui documento proposto pelo Secretário Geral da organização em 1999, no qual as empresas são convidadas a respeitar e promover os seguintes princípios no trabalho[156]:

    1. Apoiar a liberdade de associação no trabalho;

    2. Abolir o trabalho forçado;

    3. Abolir o trabalho infantil;

    4. Eliminar a discriminação no ambiente de trabalho.

- Metas do Milênio, da ONU, as quais, partindo do pressuposto de que o mundo compartilha um destino comum, consolidou várias metas estabelecidas nas conferências mundiais ocorridas ao longo dos anos 1990, estabelecendo um conjunto de objetivos para o desenvolvimento e a erradicação da pobreza no mundo — os chamados Objetivos de Desenvolvimento do Milênio — que devem ser adotados pelos Estados-Membros das Nações Unidas até 2015. São eles:[157]

    1. Erradicar a extrema pobreza e a fome;

    2. Atingir o ensino básico universal;

    3. Promover a igualdade de gênero e a autonomia das mulheres;

    4. Reduzir a mortalidade infantil;

    5. Melhorar a saúde materna;

    6. Combater o HIV/AIDS, a malária e outras doenças;

    7. Garantir a sustentabilidade ambiental;

    8. Estabelecer uma parceria mundial para o desenvolvimento.

- Carta da Terra, projeto que começou como uma iniciativa da ONU, mas que se desenvolveu e foi apresentado no ano 2000 como uma iniciativa global da sociedade civil, a qual é uma declaração de princípios éticos fundamentais para a construção, no século 21, de uma sociedade global justa, sustentável e pacífica. Busca inspirar todos os povos a um novo sentido de interdependência global e responsabilidade compartilhada voltado para o bem-estar de toda a família humana, da grande comunidade da vida e das futuras gerações. É uma visão de esperança e um chamado à ação. No âmbito do trabalho humano, em seu conteúdo, destaca-se[158]:

---

(156) Disponível em: <http://www.pactoglobal.org.br/> Acesso em: 10.set.2010.
(157) Disponível em: <http://www.objetivosdomilenio.org.br/> Acesso em: 10.set.2010.
(158) Disponível em: <http://www.cartadaterrabrasil.org/prt/text.html>. Acesso em: 10.set.2010.

III. JUSTIÇA SOCIAL E ECONÔMICA

10. Garantir que as atividades e instituições econômicas em todos os níveis promovam o desenvolvimento humano de forma equitativa e sustentável.

a. Promover a distribuição equitativa da riqueza dentro das e entre as nações.

c. Assegurar que todas as transações comerciais apoiem o uso de recursos sustentáveis, a proteção ambiental e as normas trabalhistas progressistas.

d. Exigir que corporações multinacionais e organizações financeiras internacionais atuem com transparência em benefício do bem comum e responsabilizá-las pelas consequências de suas atividades.

12. Defender, sem discriminação, os direitos de todas as pessoas a um ambiente natural e social capaz de assegurar a dignidade humana, a saúde corporal e o bem-estar espiritual, com especial atenção aos direitos dos povos indígenas e minorias.

a. Eliminar a discriminação em todas as suas formas, como as baseadas em raça, cor, gênero, orientação sexual, religião, idioma e origem nacional, étnica ou social.

Além disso, no âmbito da implementação e monitoramento de normas e certificações, é possível mencionar:

- na área de comércio justo e ético: *Fair Trade Labelling Organizations International* (FLO)[159], organização que reúne diferentes iniciativas nacionais de comércio justo que trabalham com produtos sob critérios de monitoramento e certificação por ela determinados e gerenciados. Também a Ethical Trade Initiative (ETI)[160], aliança de empresas, ONGs e sindicatos comprometidos em trabalharem juntos para identificar e promover o comércio ético;

- na área de responsabilidade social empresarial: *AccountAbility* 1000 (AA1000)[161], que se refere ao padrão para gestão interna da responsabilidade social de empresas a qual engloba o processo de levantamento de informações, auditoria e relatos social e ético, com enfoque no diálogo com partes interessadas. Também a *Global Reporting Initiative* (GRI)[162], iniciativa de padronização global de relatórios de

---

(159) Mais informações: <www.fairtrade.net>.
(160) Mais informações: <www.eti.org.uk>.
(161) Mais informações: <www.accountability.org.uk>.
(162) Mais informações: <www.globalreporting.org>.

sustentabilidade social, ambiental e econômica. Mais recentemente, a elaboração da norma ISO 26000[163] como padrão internacional para gestão de empresas com foco em responsabilidade social e sustentabilidade, incluindo temas como relações de trabalho, Direitos Humanos, meio ambiente, governança e relacionamento com comunidades. Trata-se de trabalho voltado à consolidação de uma norma de diretrizes, sem propósito de certificação e que não terá caráter de sistema de gestão, a qual prescreverá maneiras de se implementar a RSE nas organizações, promovendo a sensibilização para a conduta empresarial socialmente responsável.

A maioria dos acordos globais, códigos de conduta empresarial, preceitos de governança corporativa e das diretivas de responsabilidade social diversas, pesarosamente, mostram-se insuficientes, pois não apresentam necessário arcabouço, indispensável — em termos de sistema de gestão — para permitir, objetiva e completamente, efetiva implementação e auditoria.

De qualquer modo, os diversos instrumentos de normalização da responsabilidade empresarial, ao incorporarem as normas legais pertinentes, estimulam a adoção de uma postura empresarial verdadeiramente ética, contribuindo para a afirmação dos direitos fundamentais no trabalho.

Uma corporação deve reconhecer, quanto à dimensão legal da responsabilidade social empresarial, as normas jurídicas aplicáveis, sujeitando-se ao pleno cumprimento delas. Trata-se, em princípio, de uma decisão voluntária da corporação, a qual conduz ao comprometimento ético solene, que passa a ser cobrado, verificado objetivamente, exigido por todos os grupos de interesse que integram a sociedade.

---

(163) Mais informações: <http://www.inmetro.gov.br/qualidade/responsabilidade_social/iso26000.asp>.

CAPÍTULO VI

A afirmação dos direitos fundamentais do trabalho como pressuposto primeiro da responsabilidade social empresarial

Importa, neste ponto, reafirmar que o trabalho é o meio fundamental dado à pessoa humana para efetivar sua existência com dignidade. Ao mesmo tempo, é por meio da produção do trabalho que a sociedade tem atendidas suas necessidades. Sua proteção, em decorrência, assume diferenciado plano, superior importância.

A sociedade demanda das empresas atitudes e comportamentos que suplantem as práticas formais entre clientes, ou entre as empresas e seu corpo interno. A ação social dessas corporações, no conjunto do ambiente humano, passa a ser exigida. As empresas começam a se conscientizar de que é necessário ampliar o espectro de sua ação institucional. Não importa apenas cumprir os preceitos liberais da atividade produtiva.

A responsabilidade social empresarial pode se dar em diferentes áreas, como em questões ambientais, comunitárias, práticas ao consumidor, mas é nas relações de trabalho que ela deve manifestar-se de modo precípuo.

As interações no ambiente de trabalho devem respeitar, absolutamente, a dignidade da pessoa do trabalhador. O primado da dignidade da pessoa humana exige, de modo basilar, a concepção da proteção do trabalho. Do trabalho digno.

A autêntica responsabilidade social empresarial deve prestigiar, com ênfase maior, a formatação de padrões de emprego e ocupação laboral que respeitam os Direitos Humanos no trabalho. Nessa direção, a interseção entre responsabilidade social empresarial e a afirmação dos direitos fundamentais no trabalho.

Para Paulo Rogério dos Santos Lima[164]:

> Pode-se dizer que a verdadeira responsabilidade social começa em casa, ou seja, por meio da valorização profissional e da melhoria da

---

(164) LIMA, Paulo Rogério dos Santos. *Responsabilidade social* — a experiência do selo empresa cidadã na cidade de São Paulo. São Paulo: Educ, 2005. p. 51.

qualidade de vida dos funcionários e, em uma perspectiva mais ampla, de suas famílias. É compreensível essa afirmação. Para muitos teóricos da administração, e para muitos práticos também, o principal diferencial de uma empresa moderna, principalmente na Era do Conhecimento e das novas tecnologias, de comunicação e informação, é possuir, em todos os setores operacionais e administrativos, um capital humano da melhor qualidade.

Valorizar as pessoas corresponde à verdadeira humanização da atuação empresarial.

Para Pedro Washington de Almeida[165]:

> Na construção de uma imagem que seja politicamente correta junto a clientes, fornecedores e sociedade em geral, as empresas não podem se esquecer do "de dentro" — funcionários, suas famílias, franqueados, *trainees*, entre outros — sob pena de criar políticas e práticas esquizofrênicas e excludentes. Assim, a decisão de construir uma creche-modelo no meio da vila Cachorro Louco ou uma fantástica Escola Profissionalizante em que o critério de ingresso é não ser filho de funcionário, certamente será mal compreendida por operários cujos salários impedem o sonho de uma vida melhor para seus filhos.

Se fosse estabelecida uma hierarquia entre os instrumentos e manifestações da responsabilidade social empresarial, o respeito aos direitos fundamentais no trabalho, fora de dúvida, estaria no plano sobrejacente.

De nada adianta promover uma ação de responsabilidade social voltada à preservação ambiental numa área longínqua, se as condições de trabalho no interior da corporação não são adequadas, ou são indignas.

Trata-se, como se percebe, da valorização da responsabilidade social empresarial interna (RSEI). A implantação dos requisitos da norma SA 8000 é uma das formas de efetivá-la, pois preconiza a concretização dos direitos fundamentais no trabalho.

Com a implantação da SA 8000, a empresa demonstra que está preocupada com a responsabilidade social com relação a seus empregados. Antes de se lançarem medidas de responsabilidade social voltadas ao público externo, deve-se assegurar que, de modo consistente, princípios éticos eficazes estão sendo observados "dentro de casa".

Por seu turno, a imagem das empresas não é simplesmente um fator de aparência. A marca corporativa conjuga, como elementos de valorização, o com-

---

(165) ALMEIDA, Pedro Washington de. *1º Anuário de responsabilidade Social* — Paraná: iniciativas que apontam soluções para o futuro. Curitiba: Paranapress, 2003. p. 18-19.

prometimento social, o engajamento em questões públicas, a preocupação com o meio ambiente. O interesse em demonstrar o compromisso social da empresa relaciona-se com o conceito da expressão "marketing social"[166]. Mas, antes de qualquer iniciativa em tal direção, as empresas devem, inicialmente, realizar uma auditoria baseada nos requisitos da SA 8000 para verificar se a corporação aplica esses princípios em relação a seus empregados e se contrata fornecedores que, igualmente, conjugam tais valores. A certificação do sistema de responsabilidade social baseado na norma SA 8000 é uma forma efetiva de afiançar que a empresa observa os direitos fundamentais no trabalho.

As práticas de responsabilidade social direcionadas ao público interno são as que podem ser implantadas com maior facilidade. E seus benefícios não se dirigem apenas à sociedade ou aos trabalhadores. Elas se revertem, com notável intensidade, em prol da própria empresa. E de diferentes modos, como:

- um bom lugar para se trabalhar torna os produtos e serviços melhores, com melhor qualidade;

- os trabalhadores mostram-se mais criativos e inovadores, além de assumirem mais responsabilidades;

- eles, trabalhadores, são mais flexíveis, capazes de responder rapidamente às mudanças;

- as empresas envolvidas na prestação de um bom ambiente de trabalho a seus trabalhadores têm menores taxas de rotatividade do pessoal;

- aumento da produtividade da empresa, pois reduz absenteísmo no trabalho e o *stress*. Melhora, sensivelmente, a satisfação com o trabalho;

- a promoção da responsabilidade social das empresas otimiza o empenho e a lealdade de empregados;

- a existência de um ambiente de trabalho que se escora na confiança e no respeito ajuda a atrair e reter talentos;

- a responsabilidade social no ambiente de trabalho contribui decisivamente para valorizar a imagem da marca e melhorar a sua reputação.

---

(166) Segundo Kotler e Armstrong, "o conceito de marketing social sustenta que a organização deve determinar as necessidades, desejos e interesses dos mercados-alvo, e então proporcionar aos clientes um valor superior, de forma a manter ou melhorar o bem-estar da sociedade. (...) Segundo este conceito de marketing social, o conceito tradicional de marketing não percebe os possíveis conflitos entre os desejos a curto prazo dos consumidores e seu bem-estar a longo prazo. (...) O conceito de marketing social exige que os profissionais de marketing equilibrem três fatores ao definirem sua política de mercado: os lucros da organização, os desejos dos consumidores e os interesses da sociedade". (*Apud* ZENONE, Luiz Cláudio. *Marketing social*. São Paulo: Thompson Learning, 2006. p. 67.)

É claramente perceptível a relação de dependência e proveito mútuo a estimular a adoção da responsabilidade social empresarial nas relações de trabalho. No tocante ao compromisso com a geração de trabalho e renda, cumpre destacar a afirmação de Geraldo Feix[167]:

> O mercado pode prescindir do trabalhador substituindo-o por capital, tecnologia, informação e escala, mas não pode sobreviver sem consumidores e sem ideologia. Sem trabalho, os homens perdem o referencial enquanto homens modernos e não sabem o que fazer para o sustento próprio e de suas famílias. O descarte do trabalho enquanto finalidade econômica e até mesmo enquanto fator de produção em setores genéricos da economia, se a curto prazo representa ganho na redução de custos e diminuição de preços, a médio e longo prazo gera o rompimento da precária homeostase do sistema, acirrando a competição entre grupos, nações e etnias. Por outro lado, a redução de pessoas empregadas faz reduzir, na mesma proporção, o potencial de consumo, desestabilizando social e economicamente todo o sistema.

A responsabilidade social empresarial contribui decisivamente para a efetivação das declarações internacionais de direitos no que se refere aos padrões essenciais no trabalho.

Uma verdadeira responsabilidade social empresarial precisa primar pelo irrestrito respeito aos direitos sociais trabalhistas, sob pena de produzirmos inconformismos.

O comprometimento empresarial com a responsabilidade social, por sua vez, poderá contribuir para que o trabalhador, além de ser beneficiado com as práticas assumidas por parte da corporação, também se sensibilize e comece a agir de forma responsável e efetiva na sociedade em que está inserto.

O elemento que enaltece com maior amplitude a relação entre responsabilidade social empresarial e os direitos fundamentais no trabalho é a afirmação da dignidade do ser humano no trabalho.

6.1. A crise da proteção ao trabalho e a sua reafirmação por meio da vertente dos direitos fundamentais e da responsabilidade social empresarial

O advento da globalização econômica vivenciada na atualidade, a par de carrear avanços tecnológicos e aumento da escala mundial de produção de riquezas, produziu notórias iniquidades. Mudanças profundas decorrentes da

---
(167) *Apud* PETTER, Josué Lafayete. *Op. cit.*, p. 153.

competição sem precedentes no comércio internacional associada às pressões pela liberalização de restrições e de obstáculos às eficiências das corporações, circunscreveram forças, cada vez mais invencíveis, em prol do funcionamento incólume do mercado, o que ameaça permanentemente as regras de proteção ao trabalho.

Segundo preleciona Pedro Paulo Teixeira Manus[168]:

> Os interesses econômicos internacionais determinam a ação empresarial no mundo todo, suplantando a política desses grandes grupos às fronteiras nacionais, e até submetendo os Estados a seus interesses. Eis por que não tem cabimento afirmar que o fenômeno chamado de globalização, que não é recente, mas apenas mais incisivo nos dias de hoje, possa ser benéfico às relações de trabalho nos países do Terceiro Mundo, pois o capitalismo impõe sempre medidas que preservem e aumentem o lucro, o que importa, sempre, em diminuir os custos da mão de obra e, por consequência, agravar as condições de trabalho. É importante lembrar que a riqueza do mundo é uma só e que o acúmulo em alguns setores ou países só se dá em detrimento de uma grande massa da população mundial. O bem-estar e o alto poder aquisitivo das populações dos países desenvolvidos dão-se também graças à miséria em que vive a imensa maioria da população do planeta.

Com o advento de uma nova morfologia do trabalho imposta pelos preceptivos da globalização e da liberalização da economia, em que os vínculos tradicionais estão sendo substituídos por relações efêmeras e, no mais das vezes, desregulamentadas, os direitos fundamentais no trabalho são colocados em risco iminente. O processo de desconstrução dos direitos sociais precisa ser refreado de modo contumaz e efetivo.

Para Maria Celina Bodin de Moraes[169]:

> No mundo social existem duas categorias de valores: o preço (*preis*) e a dignidade (*Würden*). Enquanto o preço representa um valor exterior (de mercado) e manifesta interesses particulares, a dignidade representa um valor interior (moral) e é de interesse geral. As coisas têm preço; as pessoas, dignidade. O valor moral se encontra infinitamente acima do valor de mercadoria, porque, ao contrário deste, não admite ser substituído por equivalente. Daí a exigência de jamais transformar o homem em meio para alcançar quaisquer fins.

---

(168) MANUS, Pedro Paulo Teixeira. *Direito do trabalho*. 6. ed. São Paulo: Atlas, 2001. p. 123.
(169) MORAES, Maria Celina Bodin. O conceito de dignidade humana: substrato axiológico e conteúdo normativo. In: SARLET, Ingo Wolfgang (Org.). *Constituição, direitos fundamentais e direito privado*. Porto Alegre: Livraria do Advogado, 2001. p. 115-116.

Em consequência, a legislação elaborada pela razão prática, a vigorar no mundo social, deve levar em conta, como sua finalidade máxima, a realização de valor intrínseco da dignidade humana.

A ideia, fundamental para este estudo, de que o homem, por ser dotado de dignidade, é um fim em si mesmo e, por isso, não pode ser coisificado (tratado como mero objeto) nem ser — muito menos — instrumentalizado (tratado como meio para atingir um determinado fim) por seus semelhantes, advém do sistema filosófico proposto por Immanuel Kant, conforme se explicitou.

Diante da complexidade socioeconômica da sociedade globalizada, a crise de efetividade do sistema jurídico de proteção ao trabalho parece manifesta. A realização da Justiça demanda, para além do Direito positivado, outros instrumentos adequados para ajudar a recuperação dos equilíbrios social e moral da sociedade.

Ana Amélia Mascarenhas Camargos[170] preleciona:

> O setor empresarial, por deter os recursos financeiros e tecnológicos, tem grande poder político e econômico. Decerto, quem exerce tamanho papel diretivo tem a obrigação de ter responsabilidade, uma vez que a sociedade analisa o comportamento dessas pessoas para tirar conclusões sobre valor, ética e moral. Esse grupo social sinaliza formas de comportamento para a sociedade. Os empresários têm oportunidade de interferir positivamente no processo de mudança social a partir das suas atividades cotidianas, mostrando para a sociedade outros valores e referências. A responsabilidade social é um importante fator de mudança nas empresas e consequentemente em toda a sociedade. Atualmente, pois, as empresas têm muita influência na vida da comunidade não apenas quando modificam o espaço urbano com construções, como o meio ambiente, podendo gerar mais empregos e pagando mais impostos que revertam em benefícios sociais. A publicidade de seus produtos ou serviços influencia as pessoas porque são condutores de valores e de padrões de consumo. Toda essa influência tem sido direcionada para um campo mais amplo que o mero lucro, pois pretende abranger o seu público, ou seja, os clientes, fornecedores, governos, funcionários, comunidades onde estão inseridas, pois as empresas são corresponsáveis pelo desenvolvimento da sociedade.

Não há dúvida de que a responsabilidade social empresarial é um fenômeno que tem demonstrado impactos sensíveis no âmbito dos comportamentos das corporações.

---

(170) CAMARGOS, Ana Amélia Mascarenhas. *Institutos de direito do trabalho aplicados na sustentabilidade do terceiro setor*. Tese (Doutorado em Direito das Relações Sociais) — Faculdade de Direito, Pontifícia Universidade Católica de São Paulo, 2005. p. 64.

A sociedade moderna não mais admite que os objetivos empresariais se restrinjam à busca pura e simples do lucro. Exige-se das empresas, com crescente intensidade, uma nova postura, hábil a prestigiar, com ênfase, a formatação de padrões de emprego e de ocupação laboral que respeitam os Direitos Humanos no trabalho.

6.2. Direitos fundamentais no trabalho, responsabilidade social das empresas e Justiça Social

Assumindo, de modo renovado, seu papel central no que respeita à proteção do trabalho no âmbito internacional como fator de promoção da equidade e da dignidade dos trabalhadores, em 10 de junho de 2008, a Conferência Internacional da OIT adotou a Declaração sobre a Justiça Social para uma Globalização Equitativa[171].

Na referida declaração, foram destacados seus princípios e alcance, a saber:

A. Num contexto marcado por mudanças aceleradas, os compromissos e esforços dos Membros e da Organização visando a colocar em prática o mandato constitucional da OIT, particularmente pelas normas internacionais do trabalho, para situar o pleno emprego produtivo e o trabalho decente como elemento central das políticas econômicas e sociais, deveriam basear-se nos quatro igualmente importantes objetivos estratégicos da OIT, sobre os quais se articula a Agenda do Trabalho Decente e que podem resumir-se da seguinte forma:

i) promover o emprego criando um entorno institucional e econômico sustentável de forma que:

— os indivíduos possam adquirir e atualizar as capacidades e competências necessárias que permitam trabalhar de maneira produtiva para sua própria realização pessoal e bem-estar coletivo;

— o conjunto de empresas, tanto públicas como privadas, sejam sustentáveis com o fim de favorecer o crescimento e a criação de maiores possibilidades e perspectivas de emprego e renda para todos, e

— as sociedades possam alcançar seus objetivos de desenvolvimento econômico e de progresso social, bem como alcançar um bom nível de vida;

ii) adotar e ampliar medidas de proteção social — seguridade social e proteção dos trabalhadores — que sejam sustentáveis e estejam adaptadas às circunstâncias nacionais, e particularmente:

— a extensão da seguridade social a todos os indivíduos, incluindo medidas para proporcionar ingressos básicos àqueles que precisem dessa proteção e a adaptação de seu alcance e cobertura para responder às novas necessidades e incertezas geradas pela rapidez dos avanços tecnológicos, sociais, demográficos e econômicos;

— condições de trabalho que preservem a saúde e segurança dos trabalhadores, e

— as possibilidades para todos de uma participação equitativa em matéria de salários e benefícios, de jornada e outras condições de trabalho, e um salário mínimo vital para todos aqueles que têm um emprego e precisam desse tipo de proteção;

---

(171) Disponível em: <www.cnts.org.br> Acesso em: 15 abr. 2009.

iii) promover o diálogo social e tripartismo como os métodos mais apropriados para:

— adaptar a aplicação dos objetivos estratégicos às necessidades e circunstâncias de cada país;

— transformar o desenvolvimento econômico em progresso social e o progresso social em desenvolvimento econômico;

— facilitar a formação de consenso sobre as políticas nacionais e internacionais pertinentes que incidem nas estratégias e programas de emprego e trabalho decente, e

— fomentar a efetividade da legislação e as instituições de trabalho, em particular o reconhecimento da relação de trabalho, a promoção de boas relações profissionais e o estabelecimento de sistemas eficazes de inspeção do trabalho, e

iv) respeitar, promover e aplicar os princípios e direitos fundamentais no trabalho, que são de particular importância, tanto como direitos como condições necessárias para a plena realização dos objetivos estratégicos, tendo em vista que:

— que a liberdade de associação e liberdade sindical e o reconhecimento efetivo do direito de negociação coletiva são particularmente importantes para alcançar esses quatro objetivos estratégicos, e

— que a violação dos princípios e direitos fundamentais no trabalho não pode ser invocada nem utilizada como legítima vantagem comparativa e que as normas do trabalho não devem servir aos fins comerciais protecionistas.

B. Os quatro objetivos estratégicos são indissociáveis, interdependentes e se reforçam mutuamente. A falta de promoção de qualquer um deles prejudicaria a realização dos demais. Para obter maior impacto, os esforços destinados a promovê-los deveriam compor uma estratégia global e integrada da OIT em benefício do Trabalho Decente. A igualdade entre homens e mulheres e a não discriminação devem ser consideradas questões transversais no marco dos objetivos estratégicos mencionados anteriormente.

C. Corresponde determinar a cada Membro o alcance os objetivos estratégicos, sob observância das obrigações internacionais que tenha assumido e de acordo com os princípios e deveres fundamentais do trabalho, considerando entre outras coisas:

— as condições e circunstâncias nacionais, assim como necessidades e prioridades expressadas pelas organizações representativas de empregadores e trabalhadores;

— a interdependência, solidariedade e cooperação entre todos os Membros da OIT que são mais pertinentes que nunca, no contexto de uma economia globalizada, e

— os princípios e disposições das normas internacionais do trabalho.

O documento considera as transformações profundas que atingem o mundo do trabalho no contexto atual da globalização, caracterizado pela difusão de novas tecnologias, a circulação das ideias, o intercâmbio de bens e serviços, o crescimento da movimentação de capital e fluxos financeiros, a internacionalização do mundo dos negócios e seus processos, do diálogo e da circulação de pessoas, especialmente trabalhadoras e trabalhadores.

Também reconhece que, num contexto mundial marcado por uma interdependência e complexidade crescentes, demarcado pela internacionalização da produção, para concretizar a louvável aspiração universal por Justiça Social, é premente que os resultados da globalização sejam equitativamente distribuídos entre todos com o fim de assegurar a sustentabilidade.

A relevante declaração, na busca pela efetivação de tais objetivos, reafirma o reconhecimento da importância nevrálgica dos direitos fundamentais no trabalho para alcançar o ideal de Justiça Social, a saber: a liberdade de associação e o reconhecimento efetivo do direito da negociação coletiva, a eliminação de toda forma de trabalho forçado ou obrigatório, a abolição efetiva do trabalho infantil e a eliminação da discriminação em matéria de emprego e ocupação.

As desigualdades globais são inaceitáveis do ponto de vista moral. Os mercados globais têm crescido rapidamente e sem desenvolvimento paralelo das instituições econômicas e sociais necessárias para que funcionem de forma equitativa. Os atores não estatais possuem, nesse sentido, funções primordiais diante das incapacidades demonstradas pelos governos.

A responsabilidade social empresarial assume, em tais circunstâncias, importância inegável como instrumento de afirmação dos direitos fundamentais no trabalho. No ambiente econômico globalizado, as empresas necessitam assumir seu necessário papel na proteção efetiva dos Direitos Humanos. Esse é, necessariamente, o caminho a ser percorrido para se alcançar o ideal da responsabilidade global. A valorização da dignidade inerente ao trabalho humano é um componente essencial para a Justiça Social.

6.3. A relação de trabalho responsável e a afirmação da dignidade da pessoa humana

A responsabilidade social empresarial é um fenômeno que tem demonstrado célere e consistente desenvolvimento, com impactos no âmbito dos procedimentos e das práticas das corporações.

A aplicação irrestrita dos direitos fundamentais no trabalho e do trabalho decente é pressuposto primeiro para o verdadeiro reconhecimento da responsabilidade social empresarial, correspondendo, conforme ora se propõe, ao paradigma da relação de trabalho responsável. O próprio comportamento social da empresa, na relação entre capital e trabalho, apenas se configura com o cumprimento e a efetivação dos direitos trabalhistas.

A promoção do desenvolvimento humano demanda, necessariamente, emprego de qualidade, proteção social e respeito aos direitos dos trabalhadores. A relação de trabalho responsável deve ser preconizada e difundida pelas empresas, defendida pelos trabalhadores, por seus sindicatos e pelos órgãos e agências governamentais. Deve, além disso, ser exigida pelo consumidor, em suas decisões de compra. Quanto ao consumidor, em particular, é possível notar a questão da cumplicidade. Ao comprar produtos de uma empresa que utiliza trabalho escravo, por exemplo, o consumidor financia essa prática abominável, tornando-se, indiretamente, partícipe ou cúmplice.

No ambiente econômico globalizado, as empresas necessitam assumir seu necessário papel na proteção efetiva dos Direitos Humanos, agregando crescimento econômico e desenvolvimento social com sustentabilidade.

6.4. O paradigma da relação de trabalho responsável

O aperfeiçoamento do trabalho de investigação desenvolvido ao longo do presente estudo possibilitou a cooptação, na concepção inicial, de perspectivas contemporâneas, definidoras de novos contornos incorporados às inquietações que motivaram sua formulação.

A conjugação da responsabilidade social empresarial com o conteúdo jurídico das declarações de direitos humanos no trabalho representa conspícuo arcabouço para a construção do paradigma da relação de trabalho responsável.

Os direitos de proteção ao trabalho constituem um sistema ético e legal, baseado no ideal da Justiça Social. A responsabilidade social empresarial orientada para a afirmação dos direitos fundamentais no trabalho, neste diapasão, deve ser fortalecida.

O desenvolvimento de contribuições para a formulação de um conceito objetivo de relação de trabalho responsável, fora de dúvida, corresponde ao mencionado propósito.

6.4.1. Proposta para a formulação de um conceito novo

A ambiciosa motivação destinada a oferecer elementos para a formulação de um conceito do que pode ser considerado uma relação de trabalho responsável, sem dúvida, depara com inúmeros óbices. Conceituar, como manifestação da compreensão que se tem de uma ideia, é atividade que compele à conjugação de diferentes elementos e conhecimentos, para conduzir à extração da essência dos diversos aspectos de uma realidade.

A conceituação de relação de trabalho responsável demanda, em tal passo, a consideração dos elementos definidores da responsabilidade social empresarial e as dimensões propostas pelos direitos fundamentais no trabalho, admitindo e reconhecendo, com especial ênfase, a centralidade da proteção da dignidade da pessoa humana do trabalhador como valor ético.

Em referido empenho, é possível afirmar que relação de trabalho responsável é o vínculo ético-jurídico mantido entre a empresa socialmente responsável e o trabalhador, destinado a assegurar a dignidade humana do obreiro por meio da concretização dos direitos fundamentais no trabalho, resguardando, sempre, a humanização dos vínculos laborais e o comprometimento da corporação e de seus gestores com o desenvolvimento e a sustentabilidade da sociedade.

Demanda, pois, a plena efetivação da liberdade de associação e de organização sindical, o reconhecimento efetivo do direito de negociação coletiva, a eliminação de todas as formas de trabalho forçado ou obrigatório, a abolição efetiva do trabalho infantil, a eliminação da discriminação em matéria de emprego e ocupação, a geração de oportunidades de trabalho emprego e renda, o diálogo social e a equidade, a proteção social dos trabalhadores, a afirmação do trabalho seguro e saudável. Tutela e promove, assim, um trabalho produtivo e apropriadamente remunerado, executado em condições de liberdade, equidade e segurança, sem discriminação e apto para assegurar uma vida digna aos indivíduos que dele dependam.

A responsabilidade social empresarial focada na correção das práticas trabalhistas em relação ao público interno e aos profissionais que atuam em fornecedores abrangidos pela cadeia produtiva e distributiva, ao enaltecer o respeito aos direitos fundamentais no trabalho, fora de dúvida, torna-se instrumento precioso para a concretização da proteção da dignidade do trabalhador.

O conceito de relação de trabalho responsável corresponde à melhoria da vida das pessoas no exercício laboral, em que direitos fundamentais dos trabalhadores necessitam ser respeitados, concretizados. Todo trabalhador tem direito ao trabalho, respeitando-se sua dignidade e seus direitos fundamentais declarados. Ante a progressividade exigida, enunciada sistemática deve se dar, sempre, em direção aos mais altos padrões de direitos humanos e trabalhistas.

Não se trata, pois, de paradigma estático, mas de um padrão dinâmico, evolutivo, que preconiza o avanço aos mais elevados níveis de proteção ao trabalho.

6.4.2. Elementos básicos

Os elementos básicos para a configuração da relação de trabalho responsável relacionam-se, diretamente, com a afirmação dos preceptivos definidos na Declaração de Princípios e Direitos Fundamentais no Trabalho da OIT.

Notadamente, conforme é o propósito do vertente estudo, traslada os critérios e requisitos mandatórios de responsabilidade social nas relações de trabalho para as empresas ressaltados pela Norma SA 8000[172]. São eles:

1 — TRABALHO INFANTIL:

1.1 — A empresa não deve se envolver com ou apoiar a utilização de trabalho infantil (qualquer trabalho realizado por uma pessoa com menos de 15 anos de idade, a menos que a idade mínima para trabalho ou educação compulsória seja estipulada como sendo mais alta pela lei local, caso em que a idade mais alta estipulada se aplica naquela localidade, exceção feita ao que está previsto na Recomendação 146 da OIT);

1.2 — A empresa deve estabelecer, documentar, manter e efetivamente comunicar aos funcionários e a outras partes interessadas as políticas e procedimentos escritos para reparação de crianças que forem encontradas trabalhando em situações que se enquadrem na definição de trabalho infantil, e deve fornecer apoio financeiro adequado e outros meios para possibilitar que tais crianças frequentem e permaneçam na escola até passar a idade de criança (qualquer pessoa com menos de 15 anos de idade, a menos que a idade mínima para trabalho ou educação compulsória seja estipulada como sendo mais alta pela lei local, caso em que a idade mais alta estipulada se aplica naquela localidade);

1.3 — A empresa pode empregar trabalhadores jovens (qualquer trabalhador com idade acima da idade de criança conforme definido acima e abaixo de 18 anos de idade), mas quando tais trabalhadores jovens estiverem sujeitos a leis de educação compulsória, eles somente podem trabalhar fora dos horários escolares. Em nenhuma circunstância, o tempo somado de aula, trabalho e transporte desses trabalhadores jovens deve exceder 10 horas por dia, e em caso nenhum os trabalhadores jovens devem trabalhar mais do que 8 horas por dia. Os jovens trabalhadores não podem trabalhar durante horário noturno.

1.4 — A empresa não deve expor crianças ou trabalhadores jovens a quaisquer situações dentro ou fora do local de trabalho que sejam perigosas ou inseguras para sua saúde e desenvolvimento físico e mental.

2 — TRABALHO FORÇADO E COMPULSÓRIO:

2.1 — A empresa não deve se envolver com ou apoiar a utilização de trabalho forçado ou compulsório (todo trabalho ou serviço que uma

---

(172) Disponível em: <http://www.sa-intl.org/_data/n_0001/resources/live/2008StdPortugese.pdf> Acesso em: 10.set.2010.

pessoa não tenha se oferecido para fazer voluntariamente e seja obrigada a fazer, sob ameaça de punição ou retaliação, ou seja obrigada como forma de ressarcimento de débito), conforme definido na Convenção 29 da OIT, nem se deve solicitar das pessoas que façam "depósitos" ou deixem documentos de identificação com a empresa quando do início do emprego.

2.2 — Nem a empresa nem qualquer entidade que forneça mão de obra à empresa devem reter qualquer parte do salário, benefícios, propriedade ou documentos de qualquer pessoa, a fim de forçar tal pessoa a continuar trabalhando para a empresa.

2.3 — O pessoal deve ter o direito de deixar o local de trabalho após concluir um dia de trabalho padrão e deve ter liberdade para encerrar o contrato de emprego, desde que seja feita uma notificação ao empregador com prazo razoável.

2.4 — Nem a empresa ou qualquer entidade fornecedora de mão de obra deve se envolver ou apoiar o tráfico de seres humanos.

3 — SAÚDE E SEGURANÇA:

3.1 — A empresa deve proporcionar um ambiente de trabalho seguro e saudável e deve tomar medidas eficazes para prevenir acidentes e danos potenciais à saúde dos trabalhadores que surjam do, estejam associados com ou que ocorram no curso do trabalho, minimizando, tanto quanto seja razoavelmente praticável, as causas de perigos inerentes ao ambiente do local de trabalho e, tendo-se em mente o conhecimento prevalente da indústria e de quaisquer perigos específicos.

3.2 — A empresa deve nomear um representante da alta administração para ser responsável por assegurar um ambiente seguro e saudável do local de trabalho para todo o pessoal e por implementar os elementos de Saúde e Segurança deste padrão.

3.3 — A empresa deve fornecer ao pessoal, de forma regular, instruções eficazes de saúde e segurança, inclusive instruções no próprio local de trabalho e, quando necessário, instruções específicas da tarefa. Tais instruções devem ser repetidas para o pessoal novo e realocado e nos casos em que ocorreram acidentes.

3.4 — A empresa deve estabelecer sistemas para detectar, evitar ou reagir às ameaças à saúde e segurança do pessoal. A empresa deve manter registros escritos de todos os acidentes que ocorrem no local de trabalho e nas residências e propriedades controladas pela empresa.

3.5 — A empresa deve fornecer ao pessoal, assumindo esses custos, equipamentos de proteção individual. Caso ocorra uma lesão relacionada com o trabalho, a empresa deve fornecer primeiros socorros e assistir ao trabalhador na obtenção de tratamento e acompanhamento médicos.

3.6 — A empresa deve se comprometer a avaliar todos os riscos em relação a mães recentes e grávidas, que surjam de suas atividades no trabalho, e assegurar que todas as medidas possíveis sejam tomadas para remover ou reduzir quaisquer riscos à sua saúde e segurança.

3.7 — A empresa deve proporcionar, para uso por todo o pessoal, acesso a banheiros limpos, acesso à água potável e, quando aplicável, acesso a instalações sanitárias para armazenamento de alimentos.

3.8 — A empresa deve assegurar que quaisquer instalações de dormitório fornecidas ao pessoal sejam limpas, seguras e atendam às necessidades básicas do pessoal.

3.9 — Todo o pessoal deve ter o direito de se retirar de local com perigo grave iminente, sem ter que buscar autorização da empresa.

4 — LIBERDADE DE ASSOCIAÇÃO E DIREITO À NEGOCIAÇÃO COLETIVA:

4.1 — Todo pessoal deve ter o direito de formar, se associar e organizar sindicatos de sua escolha e de negociar coletivamente a seu favor com a empresa. A empresa deve respeitar este direito e deve eficazmente informar ao pessoal que eles são livres para se associarem a uma organização de sua escolha e que, ao fazerem assim, isto não irá resultar em quaisquer consequências negativas para eles, ou em retaliação pela empresa. A empresa não deve de nenhuma maneira interferir no estabelecimento, no funcionamento ou a na administração de tais organizações de trabalhadores ou da sua negociação coletiva.

4.2 — Em situações em que o direito à liberdade de associação e o direito de negociação coletiva forem restringidos por lei, a empresa deve permitir livremente aos trabalhadores eleger seus próprios representantes.

4.3 — A empresa deve assegurar que os representantes dos trabalhadores e qualquer pessoal empenhado em organizar os trabalhadores não sejam sujeitos à discriminação, assédio, intimidação ou retaliação por motivo de serem membros de um sindicato ou de participarem de atividades do sindicato e que tais representantes tenham acesso aos membros de seu sindicato no local de trabalho.

5 – DISCRIMINAÇÃO:

5.1 — A empresa não deve se envolver ou apoiar a discriminação na contratação, remuneração, acesso a treinamento, promoção, encerramento de contrato ou aposentadoria, com base em raça, origem nacional ou social, classe social, nascimento, religião, deficiência, sexo, orientação sexual, responsabilidades familiares, estado civil, associação a sindicato, opinião política, idade ou qualquer outra condição que poderia dar ensejo à discriminação.

5.2 — A empresa não deve interferir com o exercício dos direitos do pessoal em observar preceitos ou práticas, ou em atender às necessidades relativas à raça, origem nacional ou social, religião, deficiência, sexo, orientação sexual, responsabilidades familiares, associação a sindicato, opinião política, ou qualquer outra condição que poderia dar ensejo à discriminação.

5.3 — A empresa não deve permitir qualquer comportamento que seja ameaçador, abusivo, explorador ou sexualmente coercitivo, incluindo gestos, linguagem e, quando aplicável, nas residências e outras instalações fornecidas pela empresa para uso pelo pessoal.

5.4 — A empresa não deve submeter o pessoal a testes de gravidez ou virgindade, sob nenhuma circunstância.

6 — PRÁTICAS DISCIPLINARES:

6.1 — A empresa deve tratar todo o pessoal com dignidade e respeito. A empresa não deve se envolver ou tolerar a utilização de punição corporal, mental ou coerção física e abuso verbal das pessoas. Não se permite tratamento rude ou desumano.

7 — HORÁRIO DE TRABALHO:

7.1 — A empresa deve estar em conformidade com as leis aplicáveis e com os padrões da indústria sobre horário de trabalho e feriados públicos. A semana de trabalho normal, não se incluindo horas extras, deve ser conforme definido por lei, mas não deve exceder a 48 horas.

7.2 — Ao pessoal deve ser fornecido, pelo menos, um dia de folga, após seis dias consecutivos de trabalho. Outros arranjos serão permitidos, contudo, nos casos em que as duas seguintes condições existam:

a) A legislação nacional permite horário de trabalho que exceda a este limite; e

b) Um acordo de negociação coletiva, livremente negociado, está em vigor e que permite o cálculo da média do tempo de trabalho, incluindo-se períodos adequados de descanso.

7.3 — Todo trabalho em hora extra deve ser voluntário, exceto conforme disposto em 7.4 abaixo e não deve exceder a 12 horas por semana, nem ser requisitado com regularidade.

7.4 — Nos casos em que o trabalho em hora extra for necessário para atingir demandas de curto prazo e a empresa fizer parte do acordo de negociação coletiva, livremente negociado com organizações de trabalhadores (uma associação voluntária de trabalhadores organizados, de forma continuada, com o objetivo de manter e aprimorar as cláusulas de emprego e as condições no local de trabalho), representando uma porção significativa de sua força de trabalho, a empresa pode requerer tal trabalho em hora extra, em conformidade com tais acordos. Qualquer acordo deve estar em conformidade com os requisitos da Seção 7.1 acima.

8 – REMUNERAÇÃO:

8.1 — A empresa deve respeitar o direito do pessoal a um salário de subsistência e assegurar que os salários pagos por uma semana normal de trabalho devam sempre satisfazer a pelo menos os padrões mínimos da indústria e devem ser suficientes para atender às necessidades básicas do pessoal e proporcionar alguma renda extra.

8.2 — A empresa deve assegurar que as deduções dos salários não sejam feitas por razões disciplinares. Exceções a esta regra se aplicam somente quando existirem ambas as condições abaixo:

a) As deduções de salário por razões disciplinares são permitidas por legislação nacional; e

b) Um acordo de negociação coletiva livremente negociado está em vigor.

8.3 — A empresa deve assegurar que a composição dos salários e benefícios do pessoal seja detalhada clara e apresentada regularmente por escrito, para cada período de pagamento. A empresa deve assegurar também que os salários e benefícios sejam pagos em plena conformidade com todas as leis aplicáveis e que a remuneração seja paga em dinheiro ou cheque, de uma maneira que seja conveniente para os trabalhadores.

8.4 — Toda hora extra deve ser remunerada em base especial, conforme definido por lei nacional. Nos países onde uma taxa especial para hora extra não for regulamentada por lei ou por acordo de negociação coletiva, o pessoal deve ser recompensado por hora extra em base especial ou igual aos padrões prevalentes da indústria, a que for mais favorável aos interesses dos trabalhadores.

8.5 — A empresa não deve utilizar somente contratos de mão de obra temporária, contratos consecutivos de curto prazo e/ou falsos esquemas de aprendizagem para evitar o cumprimento das obrigações para com o pessoal, sob a legislação aplicável pertinente às leis e regulamentações trabalhistas e de seguridade social.

Ademais, para garantir a efetividade do cumprimento de todos os elementos descritos, como condição exigida na Norma SA 8000, a empresa deve aperfeiçoar um efetivo sistema de gestão, por meio de documentação, implementação, manutenção, comunicação, fiscalização e monitoramento da corporação em relação a cada uma das temáticas abordadas na norma, num processo de melhoria contínua. Em referido sistema, insere-se, ainda, a exigência formal do comprometimento de fornecedores e demais integrantes da cadeia de produção com a responsabilidade social nas relações de trabalho representadas pelos direitos fundamentais no trabalho e definidas pelos padrões na Norma SA 8000.

No mesmo sentido, por ser condição estabelecida na Norma SA 8000, a corporação deve atender às leis nacionais e a todas as outras regras aplicáveis, em harmonia com a dimensão legal da responsabilidade social empresarial e em consonância com os princípios protetivos juslaborais. Nos casos em que as leis nacionais ou outros preceitos pertinentes tratarem das mesmas questões definidas na Norma SA 8000, a disposição que for mais favorável aos trabalhadores preponderará.

6.4.3. Elementos complementares

Embora a proposta da vertente pesquisa relacione-se com o estudo da responsabilidade social empresarial na afirmação dos direitos fundamentais do trabalho, é extremamente desejável — e até mesmo necessário — que as práticas adotadas pelas corporações, que assumem o compromisso ético com os trabalhadores e com a sociedade, ultrapassem os padrões mínimos definidos internacionalmente.

Quanto mais amplas as práticas de responsabilidade social empresarial orientadas ao público interno e aos profissionais vinculados aos fornecedores e integrantes da cadeia de produção e distribuição, maior será o engajamento dos trabalhadores em prol da corporação e o incremento de sua imagem. Denotará, ainda, a busca por patamares e níveis mais altos de Direitos Humanos e trabalhistas.

Seriam, assim, elementos complementares a caracterizar a relação de trabalho responsável:

- adoção de programas de participação nos lucros ou resultados da empresa (PLR) — a proposta da participação nos lucros e resultados das empresas pelos funcionários é parte integrante de um modelo de gestão que busca integrar os objetivos dos funcionários da empresa com o escopo da sua administração, otimizando a organização do processo produtivo. Como recompensa, ao trabalhador é franqueado participar financeiramente dos lucros e resultados corporativos. Paulo Sérgio João[173], ao tratar da natureza jurídica da participação nos lucros ou resultados da empresa, apresenta, na moderna teoria que desenvolve, um modelo de relação que se estabelece em verdadeira comunhão de interesses entre empresas e trabalhadores, representando, portanto, efeito transformador das relações de trabalho:

> Trata-se de forma de gestão empresarial e de transformação da relação de trabalho através do envolvimento do trabalhador considerado como um parceiro no plano de metas do empregador com tratamento diferenciado daquele comum e legal decorrente do contrato de trabalho.

- incentivo à formação da relação de emprego — a importância da relação de trabalho em sentido estrito deve ser reconhecida e estimulada como meio de proteção jurídica aos trabalhadores. Segundo afirma Pedro Paulo Teixeira Manus[174]:

> O ideal do Direito do Trabalho é que se estabeleça um número maior de contratos de trabalho, dada a proteção do empregado e de sua família e a vocação de perenidade dos contratos de trabalho.

- adoção da cláusula trabalhista em todos os contratos comerciais — corresponde à inserção de previsão contratual específica que assegure, sob pena de rescisão motivada e aplicação de penalidades, que os produtos fornecidos à contratante advenham, em sua cadeia produtiva, de fornecedores que respeitam os ditames da relação de trabalho responsável e os direitos fundamentais no trabalho, notadamente no que respeita à proibição dos trabalhos escravo e infantil;

- implantação da Comissão de Responsabilidade Social nas Relações de Trabalho — um dos elementos complementares corresponde à constituição de comitê no âmbito empresarial, com representantes dos trabalhadores, gestores, fornecedores, consumidores e, até mesmo, *experts* independentes, como auditores, advogados, voltados à concretização de políticas e práticas de responsabilidade social e dos direitos fundamentais no trabalho. Todos empenhados na efetivação da relação de trabalho responsável.

---

(173) JOÃO, Paulo Sérgio. *Participação nos lucros ou resultados das empresas*. São Paulo: Dialética, 1998. p. 74.
(174) MANUS, Pedro Paulo Teixeira. *Op. cit.*, p. 121.

- participação na gestão empresarial — a gestão participativa é uma postura socialmente responsável na medida em que a empresa admite que os empregados compartilhem seus desafios, projetos, dificuldades. Tal também favorece o desenvolvimento profissional e a conquista de metas estabelecidas em conjunto. A valorização do público interno na tomada de decisão é forma incontestes de investir na realização pessoal do trabalhador. A participação necessita ser efetiva, e não decorativa.

Por se tratar de conceito em construção, é possível estender-se a relação de elementos complementares à configuração da relação de trabalho responsável, alcançando preceitos como a garantia aos trabalhadores de não serem des-pedidos sem causa fundamentada, a liberdade de opinião no ambiente de traba-lho, o devido processo nas questões laborais, o tratamento equânime e justo.

Versando sobre temática nova, que tem sido objeto de reflexões, diferentes contribuições a destacar os específicos aspectos da responsabilidade social empresarial no tocante aos direitos fundamentais no trabalho serão propícias à afirmação dos elementos constitutivos da relação de trabalho responsável.

No referido contexto, a título de adensamento e sistematização, a proposta de Joaquim Manhães Moreira[175] para o rol dos princípios que uma empresa deve observar nas decisões relativas ao trabalho:

Cumprir integralmente a lei, acordos, convenções e contratos, inclusive respeitando integralmente os direitos de cidadania do empregado, principalmente:

- sua liberdade, mesmo a liberdade de escolha do emprego;

- sua privacidade, mesmo a de comunicação;

- seu direito ao contraditório e à ampla defesa em qualquer procedi-mento instaurado contra ele;

- seu direito à imagem e à reputação.

Observar o princípio da igualdade, garantindo tratamento idêntico para os que se encontram em situação equivalente ou similar: sem discriminações e nem proteções indevidas.

Motivar as pessoas a viverem e serem felizes em outros ambientes, além do ambiente de trabalho (família, amigos, escola, grupos voltados para fins específicos etc.).

Manter um ambiente de criatividade e engrandecimento profissional.

---

(175) MOREIRA, Joaquim Manhães. *Op. cit.*, p. 131-132.

Não permitir práticas abusivas contra os empregados, como assédio sexual, arrogância, maus-tratos ou agressões.

Seguir os padrões mais elevados de proteção à saúde e segurança dos empregados.

Seguir critérios de avaliações de desempenho objetivos, profis-sionais e justos.

Abster-se de impor ou sugerir a fornecedores, distribuidores e outros parceiros a contratação de pessoas ou a negação de trabalho a pessoas.

Não permitir que preconceitos ou discriminações possam interferir em quaisquer decisões de emprego (seleção, admissão, promoção, remuneração ou demissão).

6.4.4. Perspectivas

A realidade impõe transformações significativas voltadas à formação de um novo contrato social entre empresas e trabalhadores. Os desafios da mudança permitem que as corporações se conscientizem, cada vez mais, do fato de que a responsabilidade social empresarial não é simplesmente mais um custo, mas uma mais valia do ponto de vista econômico. A responsabilidade social empresarial nas relações de trabalho representa um investimento estratégico, gerador de resultados, verdadeiramente.

Manter relações de trabalho responsáveis no âmbito das empresas atrai diversas vantagens e benefícios, como a afirmação da dignidade da pessoa humana no trabalho, a demonstração do compromisso da organização com o futuro, a efetiva melhora das relações com as partes interessadas, a valorização da imagem corporativa, o incremento de sua produtividade e competitividade, a redução de custos por acidentes e perdas. Sobretudo, gera mais confiança para todos os envolvidos na operação empresarial.

Ademais, é perceptível o movimento dos maiores agentes de desenvolvimento e investimento, como instituições bancárias, agências internacionais de financiamento, bancos estatais de fomento, para exigirem o compromisso com a responsabilidade social empresarial nas relações de trabalho como requisito para o acesso a linhas de crédito, investimentos, entre outros estímulos produtivos.

Nesse sentido, a ativação de estruturas garantidoras demonstra crucial importância, sendo certo que a relação de trabalho responsável:

- Deve ser promovida e exigida pelo Estado e órgãos governamentais, notadamente nos contratos públicos;

- Deve ser reivindicada e demandada pelos trabalhadores;
- Deve ser defendida e estimulada pelos sindicatos, organizações não governamentais e imprensa;
- Deve ser verificada e cobrada pelos consumidores em suas decisões de compra (consumo responsável);
- Deve ser convencionada como condição obrigatória para concessões de financiamento, investimentos e empréstimos por agências de fomento, instituições bancárias e fundos de investimento (critério ético);
- Deve ser preconizada e defendida pelas empresas em toda a cadeia de produção e distribuição.

O efetivo modelo de desenvolvimento de sustentabilidade empresarial exige a adoção progressiva dos elementos da relação de trabalho responsável.

6.5. Humanizar as relações de trabalho no mundo contemporâneo: por uma nova ética global

O problema fundamental em relação aos Direitos Humanos, conforme pontifica Norberto Bobbio[176], é a efetividade da sua proteção.

A Declaração de Princípios e Direitos Fundamentais no Trabalho da OIT, como cânone de Direitos Humanos do trabalhador, apresenta-se como enunciado amplo e ambicioso, de índole inegavelmente protetiva. A admirável iniciativa da OIT, no entanto, ainda está longe de se tornar realidade na maioria dos países, inclusive no Brasil.

Dados da OIT[177] indicam que apenas vinte por cento dos trabalhadores em esfera mundial ativam-se em condições de trabalho decente e estão amparados por uma rede de proteção social.

Não resta dúvida de que os Direitos Humanos do trabalhador necessitam sair do plano etéreo. A implementação dos direitos fundamentais no trabalho e das dimensões do trabalho digno é fator determinante para tal mister.

Flávia Piovesan[178] ressalta:

> O forte padrão de exclusão socioeconômica constitui um grave comprometimento à noção de indivisibilidade dos Direitos Humanos. O caráter indivisível desses direitos tem sido mitigado pelo esvazia-

---
(176) BOBBIO, Norberto. *A era dos direitos*. Rio de Janeiro: Campus, 1992. p. 24.
(177) *Apud* BRAYN, Alessandra S. Almeida. *Op. cit.*, p. 76.
(178) PIOVESAN, Flávia. *Op. cit.*, p. 79.

mento dos direitos sociais fundamentais, especialmente em virtude da tendência de flexibilização de direitos sociais básicos, que integram o conteúdo dos Direitos Humanos fundamentais.

O Ministro do Tribunal Superior do Trabalho, Luciano de Castilho Pereira[179], acentua que:

> O desemprego e a precarização do trabalho cada vez mais vinculam o Direito do Trabalho aos Direitos Humanos, não como um apêndice deste, mas como um de seus fundamentos básicos. O trabalho decente, com remuneração justa, é elemento essencial à dignidade humana e eficaz elemento à paz social. Pois como se sabia — parece que esquecemos todos — a paz é obra da Justiça.

O significado mais importante do trabalho é, incontestavelmente, a dignidade que ele confere ao ser humano, constituindo-se equívoco vislumbrá-lo apenas em sua dimensão econômica, desumanizada. Cada trabalhador precisa ser percebido como um ser único, uma vida.

Nas palavras de Daniel Lima Ribeiro:[180]

> Se é preciso buscar um sentido à vida humana, fugaz por natureza, é preciso ver que as lições de nossos antepassados decorrentes desta empreitada podem e devem ser consideradas como um projeto ético em constante andamento, ainda que registre passos de progresso e de retrocesso. Mesmo que seja difícil avançar neste projeto, é inadmissível retroceder, por meio de uma decisão ou omissão em tomá-la, a ponto anterior à superação de uma situação social desumana e indigna. Admitindo-se um sentido da história, legitima-se, pois, a preocupação quanto ao retrocesso, razão pela qual cada decisão acerca de valores ínsitos à dignidade da pessoa humana deve deixar contaminar-se por esta preocupação, para, assim, firmar mais um passo em frente, em direção à luz, ou à *paz perpétua* de Kant, e não às trevas.

O Papa João Paulo II, na Encíclica *Centesimus Annus*, apresenta contornos da importância da responsabilidade social empresarial. Segundo o Santo Padre[181]:

> A finalidade da empresa não é simplesmente a produção de benefícios, mas principalmente a própria existência da empresa como comunidade

---

(179) *Apud* SÜSSEKIND, Arnaldo. *Os direitos humanos do trabalhador*. Disponível em: <http://www.fazer.com.br/a2_default2.asp?cod_materia=1780> Acesso em: 10.set.2010.
(180) GARCIA, Emerson (Coord.). *A efetividade dos direitos sociais*. Rio de Janeiro: Lumen Juris, 2004. p. 50.
(181) IGREJA CATÓLICA. Papa (1978-2005: João Paulo II). *Centesimus Annus:* Carta Encíclica de João Paulo II. 4 ed. São Paulo: Paulinas, 1999. (Coleção A Voz do Papa)

de pessoas que, de diversas maneiras, buscam a satisfação de suas necessidades fundamentais e constituem um grupo particular a serviço da sociedade inteira.

Na compreensão das atividades empresariais e até na questão do desenvolvimento de um país, o fator mais relevante, dentro de uma lógica humanista, é a qualidade de vida dos cidadãos e não apenas percentuais de crescimento.

A responsabilidade social das empresas precisa estar diretamente vinculada ao compromisso de humanização do trabalho.

O trabalho, manifestamente, é um ato humano. Mas, no contexto da gestão empresarial, no mais das vezes, é tido como um custo (a reduzir, diga-se). Em termos de recursos tecnológicos, o trabalho humano é considerado auxiliar, ou assistente (dizem os gestores que quanto mais automatizado o negócio, melhor). Mas o golpe mais contundente na dimensão humana do trabalho está na sua proteção jurídica (influências e estratégias para a extinção pura e simples de direitos).

O trabalho humano não pode ser concebido apenas como um fator de produção, um mecanismo que serve para produzir riqueza, à qual, aliás, o trabalhador não terá acesso. Ele é instrumento essencial de afirmação da dignidade da pessoa humana. Jamais pode ser analisado pela ótica estritamente material. Sobretudo, merece estar em pauta o seu caráter marcantemente humanitário. Não é a pessoa humana que deve servir à economia, mas a economia que deve servir ao bem-estar da pessoa humana.

Ora, é o trabalho humano, como valor ético, que possibilita a realização pessoal, que permite o acesso ao desenvolvimento integral, à dignidade.

A desvalorização do trabalho tem sido percebida com o aumento das pressões sobre os direitos dos trabalhadores, representadas pelas formas atípicas de trabalho, inexistência de vínculos laborais, duração incerta e efêmera do trabalho, instabilidade, desregulação dos critérios remuneratórios, individualização da relação de trabalho, a suprimir-lhe o enquadramento coletivo em categorias profissionais.

Para Mauricio Godinho Delgado[182]:

> A generalização do Direito do Trabalho é o veículo para a afirmação do caminho do desenvolvimento econômico com justiça social.

A preservação e a efetividade de direitos são fundamentais para a qualidade da proteção ao trabalho. Apenas o acesso ao trabalho não significa o respeito à dignidade do trabalhador.

---

(182) DELGADO, Mauricio Godinho. *Capitalismo, trabalho e emprego:* entre o paradigma da destruição e os caminhos de reconstrução. São Paulo: LTr, 2006. p. 143.

No escopo de valorizar o trabalho humano, a responsabilidade social empresarial deve compreender a oferta de mais trabalho e de melhores condições laborais, que se projetem de forma positiva na esfera de proteção ao trabalhador, conforme acentua Josué Lafayete Petter[183]:

> Destarte, como ponto de partida, tome-se a noção de que valorizar o trabalho humano diz respeito a todas as situações em que haja mais trabalho, entenda-se, mais postos de trabalho, mais oferta de trabalho, mas também àquelas situações em que haja melhor trabalho, nesta expressão se acomodando todas as alterações fáticas que repercutam positivamente na própria pessoa do trabalhador (e. g., o trabalho exercido com mais satisfação, com menos riscos, com mais criatividade, com mais liberdade etc.).

A responsabilidade social das empresas, de tal modo, passa a representar a afirmação dos direitos fundamentais no trabalho. Promover condições dignas de trabalho e de desenvolvimento humano e profissional dos trabalhadores como pressuposto primeiro da responsabilidade social da empresas é comprometimento que evidencia e reforça o respeito e a admiração da sociedade.

Apenas por meio da afirmação da relação de trabalho responsável, como instrumento de efetivação dos Direitos Humanos, será possível expungir o trabalho indigno, como nos casos — vivenciados em todo o mundo — de trabalho infantil, de trabalho forçado, de trabalho em condições análogas às de escravo, entre outras práticas ainda mais desumanas.

As diversas nações do mundo têm condições de propagar os direitos fundamentais no trabalho preconizados pela relação de trabalho responsável para todos como objetivo estratégico em seus projetos de desenvolvimento sustentável, construindo, com solidez, uma ponte entre o social e o econômico.

É de nevrálgica importância dizer, ainda, que os elementos e dimensões propostos para conceito de relação de trabalho responsável correspondem a um piso de proteção, não a um teto. Ademais, os patamares da relação de trabalho responsável devem, sempre, avançar, notadamente quando os progressos social e econômico assim permitem.

Neste ponto do estudo, não há como contestar o fato de que a relação de trabalho responsável se refere à dignidade humana, revelando-se como via para a superação da pobreza. Trata-se de poder realizar aspirações pessoais da vida cotidiana e de solidariedade.

---

(183) PETTER, Josué Lafayete. Op. cit., p. 154.

Ives Gandra Martins Filho, ao tratar do princípio da dignidade da pessoa humana, eivado da doutrina social cristã[184], ensina que:

> A pessoa humana tem uma dignidade essencial, por ser criada à *imagem e semelhança de Deus*, em *igualdade natural* entre homem e mulher (Gn 1,27), estando acima de qualquer outra criatura material, razão pela qual não pode ser tratada como objeto ou mercadoria. Constitui o fim último da sociedade, que a ele está ordenada: não pode ser instrumentalizada para projetos econômicos, sociais ou político. Com a evolução da sociedade e a divisão do trabalho em diferentes espécies de atividades, as *relações* entre aqueles que gerenciam o trabalho e aqueles que são gerenciados não podem ser de conflituosidade (luta de classes), mas de *concórdia* pois todos são filhos de Deus e gozam da mesma dignidade.

A dignidade da pessoa humana é, fora de questionamento, o alicerce fundamental do pensamento social, político e filosófico, sendo sua proteção o conteúdo central de toda a construção jurídica contemporânea. Sua tutela é a causa maior da elaboração dos Direitos Humanos.

É imperativo e indispensável alcançar e incentivar o desenvolvimento da dimensão social da globalização. Os elementos da relação de trabalho responsável correspondem, nesse sentido, a ações afirmativas valorosas para o sistema de proteção da pessoa humana.

No mundo globalizado, o papel dos agentes estatais tem sido substituído pelos agentes privados detentores do poder econômico. Estes devem assumir, com os bônus que percebem, os ônus decorrentes. Acima de dissensões ideológicas ou políticas, em qualquer caso, é fundamental perseguir os mais operosos instrumentos que sejam eficientes para melhor garantir o núcleo essencial do princípio da dignidade da pessoa humana.

Para Juan Somavia[185], Diretor-Geral do OIT:

> A empresa tem participação direta no posicionamento das necessidades humanas em primeiro plano. Condições de trabalho que respeitem as necessidades de dignidade humana, igualdade e de proteção social também contribuem para a produtividade no trabalho e para a competitividade empresarial.

---

(184) MARTINS FILHO, Ives Gandra da Silva. Os direitos sociais na Constituição Federal de 1988. In: MARTINS, Ives Gandra; REZEK, Francisco (Orgs.). *Constituição Federal* — avanços, contribuições e modificações no processo democrático brasileiro. São Paulo: RT, 2008. p. 84-85.
(185) Tradução livre do texto: "Business has a direct stake in putting human needs first. Working conditions that respect the need for human dignity, equality and social protection also bring productive workplaces and competitive businesses." Disponível em: <http://www.un.org/Pubs/chronicle/2000/issue2/0200p42.htm> Acesso em: 10.set.2010.

Uma nova ética global deve corresponder, necessariamente, a uma ética dos Direitos Humanos realizados, da efetivação plena dos direitos fundamentais no trabalho. Deve, objetivamente, possibilitar a reconciliação entre o desenvolvimento econômico e a Justiça Social.

O Direito do Trabalho, para Boaventura de Souza Santos[186], expressa a necessidade de humanização ambicionada:

> O direito trabalhista se apresenta, assim, como integrante deste paradigma de pensamento da pós-modernidade, na medida em que considera que o objeto do contrato é uma pessoa (o trabalho humano). Impõe, pois, a perspectiva da prudência social ética e solidária, na medida em que estabelece nessa operação de conhecimento uma equação montada numa relação entre dois sujeitos e não entre sujeito e objeto. Por isso, o direito do trabalho, ao tutelar uma relação que tem homens como seu "objeto", deve estar impregnado de base socioética incompatível com o capitalismo neoliberal e que suplanta o paradigma da Era moderna.

O lineamento proposto pelos direitos fundamentais no trabalho, mais do que em qualquer outro momento, demanda concretização.

O individualismo, como patologia do indivíduo, a indiferença, o embrutecimento da humanidade não podem, jamais, admoestar o sentimento de afirmação da dignidade da pessoa humana, valor central da sociedade. Valorizar as pessoas na atuação empresarial corresponde à verdadeira humanização do trabalho.

A responsabilidade social empresarial pode prover decisiva contribuição para a máxima concretização dos direitos fundamentais no trabalho. Pode, ademais, servir como instrumento de Justiça Social e como mecanismo efetivo de equalização de oportunidades dadas aos trabalhadores para mitigar as mazelas sociais largamente existentes em pleno século XXI, e que se demonstram inconciliáveis com os elevados preceitos dos Direitos Humanos.

---

(186) *Apud* CASTELO, Jorge Pinheiro. *O direito material e processual do trabalho e a pós-modernidade* — a CLT, o CDC e as repercussões do novo Código Civil. São Paulo: LTr, 2003. p. 102.

CONCLUSÕES

O trabalho, em sua concepção humanista, apresenta-se como referência simbólica fundamental da sociedade contemporânea. É essencialmente por meio dele que toda pessoa busca atingir o pleno desenvolvimento de suas potencialidades e, sobretudo, o sentido de completude. Pelo trabalho, a pessoa obtém seu sustento. É por meio dele que o homem se estabelece em sociedade.

Toda pessoa tem direito ao trabalho, respeitando-se sua dignidade e seus direitos fundamentais declarados. O trabalho, fora de dúvida, é o meio fundamental dado à pessoa humana para efetivar e sublimar sua existência com dignidade. Sua proteção, em decorrência, assume diferenciado relevo e superior importância. Daí a construção dos direitos fundamentais no trabalho.

A definição dos padrões mínimos de direitos trabalhistas no plano internacional corresponde aos mandamentos contidos na Declaração de Princípios e Direitos Fundamentais no Trabalho da OIT e nos postulados do trabalho decente, saudável e seguro. Esses padrões representam, autenticamente, a proteção deferida à dignidade da pessoa humana do trabalhador.

A OIT possui legitimidade para definir os padrões mínimos de direitos trabalhistas no plano internacional, escorada que está, de modo firme e consistente, no processo histórico que demarca sua evolução constitutiva e a progressiva defesa dos direitos laborais por meio de sua ação e instrumentos preconizados, o que se conjuga com as notáveis especificidades de sua estrutura decisória tripartite.

Os fenômenos da globalização e da integração econômica, assim como o novo padrão de concorrência internacional, têm produzido efeitos intensos e transformações sensíveis na proteção ao trabalho. A realidade, efetivamente, demonstrou que os benefícios advindos do fenômeno mencionado cingiram-se a poucos privilegiados. Ademais, não atingiu o mundo de modo uniforme e justo.

De forma contundente, o *dumping* social evidencia as disparidades e os desequilíbrios gerados pela globalização econômica que não valoriza, como preceito ético, padrões internacionais de direitos fundamentais no trabalho.

As normas internacionais de proteção ao trabalho, para alcançar patamares representativos de concretização, passam a exigir uma necessária complementação da ação da OIT. Isso deflui, notadamente, da questionada densidade normativa dos direitos fundamentais no trabalho, um dos fatores de comprometimento de sua efetividade nas diferentes nações do mundo.

A insuficiência, quanto à efetividade, dos instrumentos normativos tradicionais inerentes ao Direito Internacional do Trabalho para assegurar a afirmação da dignidade da pessoa humana nas relações de trabalho mostra-se nítida. Há real necessidade da existência de institutos que viabilizem os meios de promover intervenção afirmativa destinada à concretização e à efetivação dos direitos fundamentais no trabalho.

A dignidade da pessoa humana do trabalhador necessita de proteção especialíssima. As declarações de direitos, sem efetividade, em nada contribuem, nesse sentido.

A responsabilidade social empresarial, como exigência de movimentos de mudança impostos pela sociedade, eclode — exatamente — para definir um novo relacionamento ético das empresas com os diversos grupos com os quais elas interagem, notadamente os trabalhadores.

A responsabilidade social empresarial representa e desempenha um importante papel no âmbito da proteção e da valorização do trabalho humano, especialmente por meio da efetivação da proteção dos direitos fundamentais no trabalho no sistema capitalista globalizado.

A conjugação da responsabilidade social empresarial (consolidada com o conjunto de instrumentos de normalização e de diretrizes autônomas) com o conteúdo jurídico das declarações de direitos humanos (formalizadas como normas de Direito Internacional) representa, na vertente de proteção do trabalho humano, poderosa interação e influente aparato destinado ao enfrentamento dos desafios da efetivação dos direitos fundamentais no trabalho e da construção do paradigma da relação de trabalho responsável.

As condutas empresariais, especialmente quanto às relações de trabalho, não são determinadas somente pelas leis, pelo Direito positivado. Diversos e distintos são os elementos definidores do modo de agir na empresas como Direito, Ética, consciência social, objetivos econômicos. Há a efetiva necessidade de interação de diversos instrumentos para se determinar o respeito e a afirmação da dignidade da pessoa humana do trabalhador nas relações laborais.

Os direitos de proteção ao trabalho constituem um sistema ético e legal, baseados no ideal da Justiça Social. Direito e responsabilidade social empresarial apresentam relações próximas, principalmente quanto ao elemento ético que os caracteriza, à interseção de mandamentos, à dimensão legal da responsabilidade social corporativa e — mormente — à efetividade do Direito potencializada pela responsabilidade social corporativa.

Uma das funções da legislação é dar amparo aos cidadãos e às instituições que compõem o cenário social com foco no bem comum. Impõe-se, por isso, a abertura da reflexão jurídica e ética para que os empresários, consumidores e trabalhadores se sintam fortalecidos e estimulados a assumirem práticas de responsabilidade e sustentabilidade social. Ao Direito, portanto, incumbe ofertar instrumentos capazes de incentivar as empresas a perpetrarem ações de cidadania corporativa e de promover condições para a realização da responsbilidade social. O Direito não pode, jamais, representar empecilho ao desenvolvimento da conscientização social.

As diretivas estabelecidas para a responsabilidade social, definidas usualmente por meio da normalização, exigem a implementação efetiva da ética corporativa, da sustentabilidade empresarial com foco em seu desempenho social, entre outros elementos, indicando uma nova cultura institucional nas organizações, as quais passam a contemplar os diferentes grupos de interesse presentes na sociedade, para além da exclusiva preocupação com os anseios de seus acionistas. Reconhecem que, de modo inexorável, a sociedade moderna não mais se compadece com objetivos empresariais que se restrinjam à busca pura e simples pelo lucro.

Na responsabilidade social, a violação dos parâmetros de conduta definidos leva a reações das demais partes interessadas (*stakeholders*) que interagem com a empresa. A mais notória reação é a do consumidor que — em plena cultura do consumo — pode simplesmente deixar de comprar, condenando à ruína a empresa. Mas, ao mesmo tempo, fornecedores podem deixar de contratar. A comunidade local pode se mobilizar no intuito de abalar a atuação empresarial. Os trabalhadores, em similar sentido, perdem a motivação, o orgulho do pertencimento. Por distinto enfoque, a adoção da responsabilidade social empresarial impacta a reputação da corporação, que passa a deter prestígio e valoriza sua imagem, sua marca, com reflexos positivos para os negócios.

O efeito produzido pelas escolhas de consumo determina as características do mundo em que vivemos. Ao decidirem sobre consumo, as pessoas estão delineando o mundo em que querem viver. Ao consumirem, as pessoas podem usar seu poder de escolha para maximizar os impactos positivos e minimizar os negativos. O consumidor que simplesmente deixa de comprar um produto, por saber que é feito com utilização de trabalho escravo, inviabiliza a empresa. A efetividade do consumo consciente é incontestável.

A Norma SA 8000, fora de questionamento, corresponde à afirmação da dignidade da pessoa humana do trabalhador nas relações laborais, pois preconiza a efetivação dos mandamentos contidos na Declaração de Princípios e Direitos Fundamentais no Trabalho da OIT.

A SA 8000 atende, sobremodo, às necessidades de consumidores mais esclarecidos, os quais se preocupam com a maneira como os produtos são fabricados, e não apenas com a sua qualidade. A SA 8000 possibilita às companhias de todo o mundo externarem seus valores éticos e seu grau de envolvimento social, aspectos fundamentais frente a um consumidor-cidadão cada vez mais participante e vigilante, além de proteger a reputação e a integridade da marca empresarial.

Ao incorporar as normas jurídicas legítimas e válidas, considerando-as como paradigma, a normalização da responsabilidade social corporativa descerra caminhos e fornece meios para a concretização da lei. Potencializa, em decorrência, a produção de efeitos concretos pela regra de Direito. A exigibilidade do comportamento normatizado percebe notória intensificação na direção de seu cumprimento.

A responsabilidade social empresarial com foco na correção das práticas trabalhistas em relação ao público interno e aos profissionais que atuam em fornecedores integrantes da cadeia de produção e distribuição, enaltecendo o respeito aos direitos fundamentais no trabalho, mostra-se como instrumento precioso para a concretização da proteção da dignidade do trabalhador.

A aplicação irrestrita dos direitos fundamentais no trabalho e dos elementos do trabalho decente é pressuposto primeiro para o verdadeiro reconhecimento da responsabilidade social empresarial, correspondendo, conforme ora se propõe, ao paradigma da relação de trabalho responsável. A própria função social da empresa, na relação entre capital e trabalho, apenas se configura por meio do cumprimento e efetivação dos direitos trabalhistas.

A conceituação de relação de trabalho responsável demanda a consideração dos elementos definidores da responsabilidade social empresarial e os direitos fundamentais no trabalho, admitindo e reconhecendo, com ênfase, a centralidade da proteção da dignidade da pessoa humana do trabalhador como valor ético.

Relação de trabalho responsável é o vínculo ético-jurídico mantido entre a empresa socialmente responsável e o trabalhador, destinado a assegurar a dignidade humana do obreiro por meio da concretização dos direitos fundamentais no trabalho, resguardando, sempre, a humanização dos liames laborais e o comprometimento da corporação e de seus gestores com o desenvolvimento e sustentabilidade da sociedade.

A postura corporativa que se restrinja a almejar lucro não é mais sustentável na sociedade contemporânea. A responsabilidade social empresarial pode, verdadeiramente, representar a reconciliação efetiva e prática entre desenvolvimento econômico e Justiça Social.

A sociedade contemporânea vivencia um momento histórico único, o qual evidencia a força intensa e inexorável de movimentos de mudança, com expressões como a responsabilidade social empresarial, a sustentabilidade, o consumo consciente, a governança corporativa. Os atores sociais precisam ser sensibilizados para a nevrálgica e decisiva importância da questão trabalhista, a qual atinge a todos de modo absolutamente contundente. O despertar efetivo da sociedade para a proteção dos direitos fundamentais no trabalho pode ser influenciado, definitivamente, pelo paradigma da relação de trabalho responsável.

Há um longo caminho a se percorrer para que a responsabilidade social empresarial produza todos os desejados efeitos no propósito da concretização plena dos direitos fundamentais no trabalho. Em tal sentido, é de essencial importância mobilizar não somente as empresas, mas também toda a sociedade, para o estabelecimento de uma nova ética global. Uma ética de afirmação verdadeira dos Direitos Humanos, de humanização das relações de trabalho.

BIBLIOGRAFIA

ABBAGNANO, Nicola. *Dicionário de filosofia*. São Paulo: Martins Fontes, 1998.

ABRANTES, José João. *Contrato de trabalho e direitos fundamentais*. Coimbra: Coimbra Editora, 2005.

ALEXY, Robert. *Teoria de los derechos fundamentales*. Madri: Centro de Estudios Políticos y Constitucionales, 2002.

ALMEIDA, Pedro Washington de. *1º Anuário de responsabilidade Social* — Paraná: iniciativas que apontam soluções para o futuro. Curitiba: Paranapress, 2003.

ALVES, Giovanni. *Desemprego estrutural e trabalho precário na era da globalização*. Disponível em: <www.economiabr.net/2003/10/01/desemprego.html> Acesso em: 10.set.2010.

ANDRADE, José Carlos Vieira de. *Os direitos fundamentais na Constituição Portuguesa*. Coimbra: Almedina, 1987.

ANKER, Richard; CHERNYSHEV, Igor et al. *Measuring decent work with statistical indicators*. International Labour Review. Genebra: ILO, 2003. v. 142.

ARAGÃO, Selma Regina. *Direitos Humanos na ordem mundial*. Rio de Janeiro: Forense, 2000.

ARENDT, Hannah. *A condição humana*. Rio de Janeiro: Forense Universitária, 1987.

_____. *Entre o passado e o futuro*. São Paulo: Perspectiva, 1992.

ARIOSI, Mariângela F. *Os efeitos das convenções e recomendações da OIT no Brasil*. Disponível em: <http://jus2.uol.com.br/doutrina/texto.asp?id=5946> Acesso em: 10.set.2010.

ARRUDA JÚNIOR, Edmundo Lima de (Org.). *Globalização, neoliberalismo e o mundo do trabalho*. Curitiba: Edibej, 1998.

ASHLEY, Patrícia Almeida. *Ética e responsabilidade social nos negócios*. São Paulo: Saraiva, 2005.

AUDI, Patrícia. A escravidão não abolida. In: VELLOSO, Gabriel; FAVA, Marcos Neves (Coords.). *Trabalho escravo contemporâneo*: o desafio de superar a negação. São Paulo: LTr, 2006.

AZEVEDO, Antônio Junqueira de. *Negócio jurídico*: existência, validade e eficácia. 2. ed. São Paulo: Saraiva, 1996.

BARRETO FILHO, Oscar. A dignidade do direito mercantil. *Revista de Direito Mercantil*, São Paulo, n. 11, Malheiros, 1973.

BASTOS, Guilherme Augusto Caputo. Trabalho escravo: uma chaga humana. *Revista LTr*, São Paulo, ano 70, n. 3, p. 367-371, mar. 2006.

BATTAGLIA, Felice. *Filosofia do trabalho*. São Paulo: Saraiva, 1958.

BELISÁRIO, Luiz Guilherme. *A redução dos trabalhadores rurais à condição análoga à de escravos:* um problema de direito penal trabalhista. São Paulo: LTr, 2005.

BELTRAN, Ari Possidonio. *Direito do trabalho e direitos fundamentais*. São Paulo: LTr, 2002.

_____. *Impactos da integração econômica no direito do trabalho* — Globalização e direitos sociais. São Paulo: LTr, 1998.

BENEDICTO, Gideon Carvalho de. A responsabilidade social da empresa: exigências dos novos tempos. In: *Cadernos da FCECA*, Campinas, v. 6, p. 76-84, 1997.

BITENCOURT, Claudia. *Gestão contemporânea de pessoas:* novas práticas, conceitos tradicionais. Porto Alegre: Bookman, 2004.

BITTAR, Eduardo C. B.; ALMEIDA, Guilherme Assis de. *Curso de filosofia do direito*. 2. ed. São Paulo: Atlas, 2002.

BLANCHET, Jeanne D'Arc Anne Marie Lucie. *A função social da empresa, a liberdade econômica e o bem comum*. Curitiba: Genesis, 2004.

BOBBIO, Norberto. *A era dos direitos*. Rio de Janeiro: Campus, 1996.

_____. *Teoria da norma jurídica*. São Paulo: Edipro, 2001.

_____. *Teoria generale del diritto (teoria della norma giuridica. teoria dell'ordinamento giuridico)*. Turim: G. Giappichelli Editore, 1993.

BONAVIDES, Paulo. *Curso de direito constitucional*. 7. ed. São Paulo: Malheiros, 1998.

BRAYN, Alessandra S. Almeida. *Trabalho decente:* uma avaliação das possibilidades de aplicação do conceito. Dissertação (Mestrado em Economia Política) — Faculdade de Economia, Pontifícia Universidade Católica de São Paulo, 2006.

BREGALDA, Gustavo Neves. *Direito internacional público e direito internacional privado*. 2. ed. São Paulo: Atlas, 2008.

BRITO FILHO, José Claudio Monteiro de. *Trabalho decente*: análise jurídica da exploração, trabalho forçado e outras formas de trabalho indigno. São Paulo: LTr, 2004.

CAMARGOS, Ana Amélia Mascarenhas. *Institutos de direito do trabalho aplicados na sustentabilidade do terceiro setor*. Tese (Doutorado em Direito das Relações Sociais) — Faculdade de Direito, Pontifícia Universidade Católica de São Paulo, 2005.

CAMPOS, Diogo Leite de. *Lições de direitos da personalidade*. Coimbra: Universidade de Coimbra, 1995.

CANOTILHO, José Joaquim Gomes. *Constituição dirigente e vinculação do legislador*: contributo para a compreensão das normas constitucionais programáticas. Coimbra: Coimbra Editora, 1994.

_____. *Direito constitucional e teoria da Constituição*. 3. ed. Coimbra: Almedina, 1999.

_____. *Direito constitucional*. 6. ed. Coimbra: Almedina, 1995.

_____. *Estudos sobre direitos fundamentais*. Coimbra: Coimbra Editora, 2004.

CARBONARI, Paulo César. A construção dos direitos humanos. *Revista Eletrônica Portas*, p. 5-14, jun. 2007. Disponível em: <http://www.acicate.com.br/portas/artigo1.pdf> Acesso em: 10.set.2010.

CARRION, Valentin. *Comentários à Consolidação das Leis do Trabalho*. São Paulo: Saraiva, 2006.

CARROL, Archie B. The pyramid of corporate social responsibility: toward the moral management of corporate stakeholders. *Business Horizons*, 34, p. 42, July-August 1991.

CASO, Giovanni; PUSSOLI, Lafaiete. *Ética social*. A exigência ética hoje. Ética na virada do milênio. 2. ed. São Paulo: LTr, 1999.

CASSESE, Antonio. *I diritti umani nel mondo contemporaneo*. 5. ed. Roma: Laterza, 1999.

CASTELO, Jorge Pinheiro. *O direito material e processual do trabalho e a pós-modernidade* — A CLT, o CDC e as repercussões do novo Código Civil. São Paulo: LTr, 2003.

CHANLAT, Jean-François. *Revista GV Executivo*, São Paulo, FGV, v. 4, n. 1, fev./abr. 2005.

CHEVALLIER, Jacques. A racionalização da produção jurídica. *Legislação* — Cadernos de Ciência da Legislação, Lisboa, INA, n. 3, jan./mar. 1992.

COLPO, Cláudia D. *Responsabilidade social e trabalho decente no paradigma organizacional*. Disponível em: <http://www.intercom.org.br/papers/nacionais/2005/resumos/R0673-1.pdf> Acesso em: 10.set.2010.

COMPARATO, Fábio Konder. *A afirmação histórica dos direitos humanos*. 5. ed. São Paulo: Saraiva, 2007.

CORREIA, Marcus Orione Gonçalves. O contrato individual do trabalho no contexto neoliberal: uma análise crítica. *Revista LTr*, São Paulo, v. 67, n. 4, p. 422-429, maio 2003.

CRIVELLI, Ericson. *A OIT e o futuro das normas internacionais do trabalho na era da globalização*. Tese (Doutorado em Direito Internacional) — Faculdade de Direito, Universidade de São Paulo, 2004.

_____. *Integração econômica e normas internacionais do trabalho no Mercosul*. Montevidéu: Fundação Friedrich Ebert, 2001.

CRUZ, Claudia Ferreira. *Os direitos fundamentais dos trabalhadores e a carta sociolaboral do Mercosul*. São Paulo: LTr, 2006.

DALLARI, Dalmo de Abreu. *Direitos humanos e cidadania*. São Paulo: Moderna, 1998.

DELGADO, Gabriela Neves. *Direito fundamental ao trabalho digno*. São Paulo: LTr, 2006.

DELGADO, Mauricio Godinho. *Capitalismo, trabalho e emprego*: entre o paradigma da destruição e os caminhos de reconstrução. São Paulo: LTr, 2006.

_____. *Curso de direito do trabalho.* São Paulo: LTr, 2007.

DEON, Rodrigo. Os impactos sociais diante do ressurgimento das ideias liberais, e a dignidade da pessoa humana, como limite à flexibilização do direito do trabalho. *DireitoNet*, São Paulo, 4 fev. 2004. Disponível em: <http://www.direitonet.com.br/artigos/x/14/52/1452/> Acesso em: 10.set.2010.

DESCARTES, René. *Discurso do método.* São Paulo: Martins Fontes, 1999.

DIMOULIS, Dimitri. *Manual de introdução ao estudo do direito.* São Paulo: RT, 2003.

DINIZ, Maria Helena. *Compêndio de introdução à ciência do direito.* 15. ed. São Paulo: Saraiva, 2003.

DWORKIN, Ronald. *Levando os direitos a sério.* São Paulo: Martins Fontes, 2002.

FALAVIGNA, Maria Clara Osunna Diaz. *Os princípios gerais do direito e os* standards *jurídicos no Código Civil.* Tese (Doutorado em Direito Civil) — Faculdade de Direito, Universidade de São Paulo, 2007.

FARIA, José Eduardo. *Direitos humanos, direitos sociais e justiça.* São Paulo: Malheiros, 1994.

FARIAS, Edílsom Pereira de. *Colisão de direitos.* Porto Alegre: Fabris, 1996.

_____. *Liberdade de expressão e comunicação*: teoria e proteção constitucional. São Paulo: RT, 2004.

FELIPPE, Marcio Sotelo. *Razão jurídica e dignidade humana.* São Paulo: Max Limonad, 1996.

FERRARI, Irany; NASCIMENTO, Amauri Mascaro; MARTINS FILHO, Ives Gandra. *História do trabalho, do direito do trabalho e da justiça do trabalho.* São Paulo: LTr, 1998.

FERRAZ JÚNIOR, Tércio Sampaio. *Função social da dogmática jurídica.* São Paulo: RT, 1980.

FERREIRA FILHO, Manoel Gonçalves. *Comentários à Constituição brasileira de 1988.* São Paulo: Saraiva, 1990. v. I.

_____. *Curso de direito constitucional.* 26. ed. São Paulo: Saraiva, 1999.

FREITAS JÚNIOR, Antonio Rodrigues de. *Conteúdo dos pactos sociais.* São Paulo: LTr, 2002.

_____. Direitos sociais e direitos humanos numa economia globalizada. *Revista de Direito do Trabalho,* São Paulo, RT, v. 24, n. 104, p. 34-50, out./dez. 2001.

_____. *Globalização, Mercosul e a crise do Estado-nação.* São Paulo: LTr, 1997.

_____. Os direitos sociais como direitos humanos num cenário de globalização econômica e de integração regional. In: PIOVESAN, Flávia (Coord.). *Direitos Humanos, globalização econômica e integração regional*: desafios do direito constitucional internacional. São Paulo: Max Limonad, 2002.

FREITAS JÚNIOR, Antonio Rodrigues de (Org.). *Direito do trabalho e direitos humanos.* São Paulo: BH, 2006.

FREY, Irineu Afonso; FREY, Márcia Rosane. Responsabilidade social empresarial: um novo paradigma para a análise comparativa das diferentes dinâmicas de desenvolvimento regional. In: *Anais Segundas Jornadas de História Regional Comparada e Primeiras Jornadas de Economia Regional Comparada*. Porto Alegre: PUC-RS, 2005.

FRIEDMANN, Georges. *Tratado de sociologia do trabalho*. São Paulo: Cultrix, 1973.

FRIEDMAN, Milton. The Social Responsibility of Business Is to Increase Its Profits. *New York Times Magazine*, 13 set. 1970. Disponível em: <http://www.colorado.edu/studentgroups/libertarians/issues/friedman-soc-resp-business.html> Acesso em: 10.set.2010.

FRIEDMAN, Thomas. *O mundo é plano*: uma breve história do século XXI. Rio de Janeiro: Objetiva, 2005.

GALANTINO, Luisa. *Diritto sindacale*. Turim: G. Giappichelli, 1996.

GALINDO, Bruno. *Direitos fundamentais* — Análise de sua concretização constitucional. Curitiba: Juruá, 2003.

GARCIA, Emerson (Coord.). *A efetividade dos direitos sociais*. Rio de Janeiro: Lumen Juris, 2004.

GIUGNI, Gino. *Lo statuto dei lavoratori* — Commentario. Milão: Giuffrè, 1979.

GOSDAL, Thereza Cristina. *Dignidade do trabalhador:* um conceito construído sob o paradigma do trabalho decente e da honra. São Paulo: LTr, 2007.

GRAU, Eros Roberto. *A ordem econômica na Constituição de 1988*: interpretação e crítica. 4. ed. São Paulo: Malheiros, 1998.

GUERRA FILHO, Willis Santiago (Coord.). *Dos Direitos Humanos aos direitos fundamentais*. Porto Alegre: Livraria do Advogado, 1997.

HABERMAS, Jürgen. *O discurso filosófico da modernidade*. Lisboa: Publicações Dom Quixote, 2000.

HART, Herbert L. A. *O conceito de direito*. Lisboa: Fundação Calouste Gulbenkian, 1986.

HELOANI, Roberto. *Gestão e organização no capitalismo globalizado*. São Paulo: Atlas, 2003.

HERKENHOFF, João Batista. *Curso de direitos humanos*. São Paulo: Acadêmica, 1994. v. I.

HESSE, Konrad. *A força normativa da Constituição*. Porto Alegre: Sérgio Fabris, 1991.

HOLANDA, Aurélio Buarque de. *Novo dicionário Aurélio da Língua Portuguesa*. 7. ed. São Paulo: Positivo, 2008.

HUGON, Paul. *História das doutrinas econômicas*. 10. ed. São Paulo: Atlas, 1969.

IGREJA CATÓLICA. Papa (1978-2005: João Paulo II). *Centesimus Annus*: Carta Encíclica de João Paulo II. 4. ed. São Paulo: Paulinas, 1999.

INSTITUTO ETHOS DE RESPONSABILIDADE SOCIAL. Responsabilidade social das empresas — a contribuição das universidades. V. 5. São Paulo: Peirópolis, 2006.

JAVILLIER, Jean-Claude. *Manual de direito do trabalho*. São Paulo: LTr, 1988.

_____. Pragmatismo e inovação no direito internacional do trabalho. *Revista Synthesis*. Resumo do artigo publicado em *Revista Internacional del Trabajo*, São Paulo, v. 113/94, Tribunal Regional do Trabalho da 2ª Região, n. 22/96.

JOÃO, Paulo Sérgio. *Participação nos lucros ou resultados das empresas*. São Paulo: Dialética, 1998.

KANT, Immanuel. *A paz perpétua e outros opúsculos*. Lisboa: Edições 70, 1995.

_____. *Crítica da razão pura*. São Paulo: Abril, 1993.

_____. *Fundamentação da metafísica dos costumes e outros escritos*. São Paulo: Martin Claret, 2004,

KIRSCHNER, Ana Maria. A sociologia diante da globalização: a perspectiva da sociologia de empresa. *Revista Antropolítica*, Niterói, v. 4, 1º sem. 1998.

KÜNG, Hans; SCHMIDT, Helmut. *Introdução para a Declaração do Parlamento das Religiões do Mundo*: uma ética mundial e responsabilidades globais. São Paulo: Loyola, 2001.

LAFER, Celso. *A reconstrução dos direitos humanos*. São Paulo: Companhia das Letras, 1991.

LEITE, Jorge. *Legislação do trabalho*. Coimbra: Coimbra Editora, 1996.

LIMA, Paulo Rogério dos Santos. *Responsabilidade social* — A experiência do selo empresa cidadã na cidade de São Paulo. São Paulo: Educ, 2005.

MAIOR, Jorge Luiz Souto. *O direito do trabalho como instrumento de justiça*. São Paulo: LTr, 2000.

MAÑAS, Christian Marcelo. *Tempo e trabalho*: a tutela jurídica do tempo de trabalho e tempo livre. São Paulo: LTr, 2005.

MANNRICH, Nelson. A administração pública do trabalho em face da autonomia privada coletiva. In: MALLET, Estêvão; ROBORTELLA, Luiz Carlos Amorim (Coords.). *Direito e processo do trabalho*: estudos em homenagem ao Prof. Octavio Bueno Magano. São Paulo: LTr, 1996.

_____. *Inspeção do trabalho*. São Paulo: LTr, 1991.

MANUS, Pedro Paulo Teixeira. *Direito do trabalho*. 6. ed. São Paulo: Atlas, 2001.

_____. *O direito do trabalho na nova Constituição*. São Paulo: Atlas, 1989.

MARTINS, Adalberto. *Manual didático de direito do trabalho*. 3. ed. São Paulo: Malheiros, 2009.

MARTINS, Ives Gandra; REZEK, Francisco (Coords.). *Constituição Federal*: avanços, contribuições e modificações no processo democrático brasileiro. São Paulo: RT, 2008.

MARTINS, Sergio Pinto. *A terceirização e o direito do trabalho*. São Paulo: Malheiros, 1995.

_____. *Direito do trabalho*. São Paulo: Atlas, 1995.

_____. *Práticas discriminatórias contra a mulher e outros estudos*. São Paulo: LTr, 1996.

MATTIOLI, Maria Cristina. *As políticas públicas para promover e implementar os direitos fundamentais no trabalho e a integração econômica internacional*. Disponível em: <http://www.usp.br/prolam/cadernos2003/2003b/06m_c_mattioli.pdf> Acesso em: 10.set.2010.

_____. Responsabilidade social e legal das empresas transnacionais. *Revista do Tribunal Superior do Trabalho — TST*, Brasília, dez. 2003.

MAZZONI, Giuliano. *Manuale di diritto del lavoro*. Milão: Giuffrè, 1988.

MELO, Diogo L. Machado de. *Cláusulas contratuais gerais*. São Paulo: Saraiva, 2008.

MELO, Osvaldo Ferreira de. *Fundamentos da política jurídica*. Porto Alegre: Fabris Editor, 1994.

MIRANDA, Jorge. *Manual de direito constitucional*. Coimbra: Coimbra Editora, 1994.

MIRANDA, Jorge; SILVA, Marco Antonio Marques da. (Coords.). *Tratado luso-brasileiro da dignidade humana*. São Paulo: Quartier Latin, 2008.

MONREAL, Eduardo Novoa. *O direito como obstáculo à transformação social*. Porto Alegre: Sergio Antonio Fabris Editor, 1988.

MORAES, Alexandre de. *Direito constitucional*. 14. ed. São Paulo: Atlas, 2003.

_____. *Direitos humanos fundamentais*: teoria geral. 4. ed. São Paulo: Atlas, 2002.

MOREIRA, Joaquim Manhães. *A ética empresarial no Brasil*. São Paulo: Pioneira, 1999.

NASCIMENTO, Amauri Mascaro. *Comentários às leis trabalhistas*. São Paulo: LTr, 1991.

_____. *Curso de direito do trabalho*. 19. ed. São Paulo: Saraiva, 2004.

_____. *Direito do trabalho na Constituição de 1988*. São Paulo: Saraiva,1991.

_____. *Direito sindical*. São Paulo: Saraiva, 1989.

_____. *Iniciação ao direito do trabalho*. São Paulo: LTr, 1993.

_____. O direito do trabalho analisado sob a perspectiva do princípio da igualdade. *Revista LTr*, São Paulo, v. 68, n. 7, jul. 2004.

_____. *Teoria jurídica do salário*. São Paulo: LTr, 1997.

NASSAR, Rozita de Nazaré Sidrin. *Flexibilização no direito do trabalho*. São Paulo: LTr, 1991.

NERY, Rosa Maria de Andrade. *Noções preliminares de direito civil*. São Paulo: RT, 2002.

NUNES, Luiz Antônio Rizzato. *O princípio da dignidade da pessoa humana*: doutrina e jurisprudência. São Paulo: Saraiva, 2002.

OLEA, Manoel Alonso. *Da escravidão ao contrato de trabalho*. Curitiba: Juruá, 1990.

OLIVEIRA, Fábio Risério Moura de. Relações Públicas e a comunicação na empresa cidadã. In: *Responsabilidade Social das Empresas*: a contribuição das universidades. São Paulo: Peirópolis, 2002.

OLIVEIRA, Marcos Antonio de. *SA 8000* — O modelo ISO 9000 aplicado à responsabilidade social. Rio de Janeiro: Qualitymark, 2003.

ORGANIZAÇÃO DAS NAÇÕES UNIDAS. *Full and productive employment and decent work*. Nova York: Departament of economic and social affairs, 2006.

_____. *World economic situation and prospects 2008*. Nova York: Departament of economic and social affairs, 2008.

ORGANIZAÇÃO INTERNACIONAL DO TRABALHO. *A fair globalization — creating opportunities for all*. Genebra: World Commission on the Social Dimension of Globalization, 2004.

_____. *Changing patterns in the world of work*. Genebra: International Labour Office, 2006.

_____. *Decent work*. Genebra: International Labour Office, 1999.

_____. *Decent working time* — New trends, new issues. Genebra: International Labour Office, 2006.

_____. *Declaración de la OIT relativa a los principios y derechos fundamentales en el trabajo*, 24 maio 2004. Disponível em: <http://www.ilo.org/declaration/thedeclaration/textdeclaration/lang—es/index.htm> Acesso em: 10.set.2010.

_____. *Emprego, desenvolvimento humano e trabalho decente*: a experiência brasileira recente. Brasília: CEPAL, 2008.

_____. *Governance, international law & corporate social responsibility*. Genebra: International Labour Office, 2008.

_____. *Toolkit for mainstreaming employment and decent work*. Genebra: International Labour Office, 2007.

_____. *Perspectives on decent work*. Genebra: International Labour Office, 2000.

PASTORE, José. *Normas trabalhistas e comércio internacional*: o debate sobre a cláusula social. Brasília: Mimeo, 1997.

PATRUNO, M. *Manuale di diritto della Comunità Europea*. Roma: CxT, 1996.

PETTER, Josué Lafayete. *Princípios constitucionais da ordem econômica*: o significado e o alcance do art. 170 da Constituição Federal. São Paulo: RT, 2005.

PEREZ LUÑO, Antonio Enrique. *Derechos humanos, estado de derecho y Constitución*. 3. ed. Madri: Tecnos, 1990.

_____. *Los derechos fundamentales*. Madri: Tecnos, 1993.

PIMENTA, Joaquim. *Sociologia econômica e jurídica do trabalho*. Rio de Janeiro: Freitas Bastos, 1954.

PIMENTA, José Roberto Freire (Coord.) et al. *Direito do trabalho*: evolução, crise e perspectivas. São Paulo: LTr, 2004.

PINTO, Antonio Luiz de Toledo; WINDT, Márcia Crisitna Vas dos Santos; CÉSPEDES, Livia. *Vade Mecum.* 8. ed. São Paulo: Saraiva, 2009.

PIOVESAN, Flávia. *Direitos humanos e o direito constitucional internacional.* São Paulo: Saraiva, 2006.

_____. Direitos humanos e o trabalho: principiologia dos direitos humanos aplicada ao direito do trabalho. *Revista do Advogado — AASP*, São Paulo, n. 97, p. 73, 2008.

_____. *Direitos humanos, globalização econômica e integração regional:* desafios do direito constitucional internacional. São Paulo: Max Limonad, 2002.

_____. *Direitos humanos globais, justiça internacional e o Brasil.* Disponível em: <http://www.escolamp.org.br/arquivos/15_07.pdf> Acesso em: _____.

_____. *Temas de direitos humanos.* São Paulo: Max Limonad, 1998.

RAMALHO, Maria do Rosário Palma. *Da autonomia dogmática do direito do trabalho.* Coimbra: Livraria Almedina, 2000.

REALE, Miguel. *Filosofia do direito.* 17. ed. São Paulo: Saraiva, 1996.

_____. *Lições preliminares de direito.* São Paulo: Saraiva, 1998.

RÍBAR, Geórgia. Os princípios constitucionais da dignidade da pessoa humana, da igualdade e o princípio da não discriminação na proteção contra a discriminação na relação de emprego. *Revista LTr,* São Paulo, n. 9, 2006.

RIFKIN, Jeremy. *O fim dos empregos.* São Paulo: Makron Books, 1995.

RIPERT, Georges. *A regra moral nas obrigações civis.* Campinas: Bookseller, 2000.

ROBORTELLA, Luiz Carlos Amorim. As relações de trabalho no Mercosul. *Revista LTr,* São Paulo, n. 57(11), p. 1.315, nov. 1993.

_____. *O moderno direito do trabalho.* São Paulo: LTr, 1994.

ROCCELLA, Massimo. *Diritto del lavoro della Comunità Europea.* Pádua: CEDAM, 1995.

RODRIGUEZ, Américo Plá. *Princípios de direito do trabalho.* São Paulo: LTr, 1993.

ROMITA, Arion Sayão. *Globalização da economia e direito do trabalho.* São Paulo: LTr, 1997

_____. *Sindicalismo, economia e Estado democrático.* São Paulo: LTr, 1993.

SAÉNZ, José Montoya. *Introducción a algunos problemas de la historia de la etica.* Universidade de Valencia. Madri: Manuscrito, 1998.

SANTOS, Enoque Ribeiro dos. Internacionalização dos direitos humanos trabalhistas: o advento da dimensão objetiva e subjetiva dos direitos fundamentais. *Revista LTr,* São Paulo, v. 72, n. 3, p. 277, mar. 2008.

SARLET, Ingo Wolfgang. *A eficácia dos direitos fundamentais.* 4. ed. Porto Alegre: Livraria do Advogado, 2004.

_____. *Constituição, direitos fundamentais e direito privado.* Porto Alegre: Livraria do Advogado, 2001.

_____. *Dignidade da pessoa humana e direitos fundamentais.* 6. ed. Porto Alegre: Livraria do Advogado, 2008.

SARMENTO, Daniel. *Direitos fundamentais e relações privadas.* 2. ed. Rio de Janeiro: Lumen Juris, 2006.

SCHMITT, Carl. *Teoría de la Constitución.* Madri: Alianza, 1996.

SCOGNAMIGLIO, Renato. *Nuovo codice del lavoro.* Bolonha: Zanichelli, 1996.

SICHES, Luis Recásen. *Introducción al estúdio del derecho.* Cidade do México: Editorial Porruá, 1997.

SILVA, De Plácido e. *Vocabulário jurídico.* Rio de Janeiro: Forense, 2008.

SILVA, José Afonso da. *Curso de direito constitucional positivo.* São Paulo: Malheiros, 1993.

_____. A dignidade da pessoa humana como valor supremo da democracia. *Revista de Direito Administrativo*, Rio de Janeiro, RDA, n. 212, p. 89-94, abr./jun. 1998.

SILVA, Luis Virgilio Afonso da. *A constitucionalização do direito:* os direitos fundamentais nas relações entre os particulares. São Paulo: Malheiros, 2005.

SILVA, Otavio Pinto e. *Subordinação, autonomia e parassubordinação.* São Paulo: LTr, 2004.

SILVA, Walküre Lopes Ribeiro da. Política social nas Comunidades Europeias. In: FIGUEIREDO, Guilherme José Purvin de (Coord.). *Temas atuais de direito do trabalho e direito processual do trabalho.* Rio de Janeiro: ADCOAS, 2001.

SILVA NETO, Manoel Jorge. *Direito constitucional e econômico.* São Paulo: LTr, 2001.

SILVESTRE, Rita Maria; NASCIMENTO, Amauri Mascaro. *Os novos paradigmas do direito do trabalho.* São Paulo: Saraiva, 2001.

SINGER, Paul. *Globalização e desemprego:* diagnóstico e alternativas. São Paulo: Contexto, 2001.

SOARES FILHO, José. A crise do direito do trabalho em face da globalização. *Revista LTr*, São Paulo, v. 66, 2002.

SOUZA NETO, Cláudio Pereira; SARMENTO, Daniel (Orgs.) et al. *A constitucionalização do direito.* Rio de Janeiro: Lumen Juris, 2007.

SÜSSEKIND, Arnaldo Lopes. *Convenções da OIT.* São Paulo: LTr, 1994.

_____. *Direito internacional do trabalho.* São Paulo: LTr, 1983.

TAVARES, André Ramos. *Curso de direito constitucional.* São Paulo: Saraiva, 2003.

TEPEDINO, Gustavo. Premissas metodológicas para a constitucionalização do Direito Civil. *Revista de Direito do Estado*, Rio de Janeiro, RDE, n. 2, 2006, p. 37/53, 2006.

TINOCO, José Eduardo Prudêncio. *Balanço social:* uma abordagem da transparência e da responsabilidade pública das organizações. São Paulo: Atlas, 2001.

TOLDO, Mariesa. *Responsabilidade social empresarial.* Prêmio Ethos Valor. Responsabilidade social das empresas: a contribuição das universidades. São Paulo: Peirópolis, 2002.

TRINDADE, Antônio Augusto Cançado. *A proteção internacional dos direitos humanos e o Brasil:* as primeiras cinco décadas. Brasília: Universidade de Brasília, 2000.

VÁLTICOS, Nicolas. *Derecho internacional del trabajo.* Madrid: Tecnos, 1977.

VÁZQUES, Adolfo Sanchez. *Ética.* Rio de Janeiro: Civilização Brasileira, 2000.

VENOSA, Sílvio de Salvo. *Direito civil:* parte geral. 7. ed. São Paulo: Atlas, 2007.

VIANNA, Segadas; MARANHÃO, Délio; SÜSSEKIND, Arnaldo Lopes. *Instituições de direito do trabalho.* Rio de Janeiro: Freitas Bastos, 2003.

VIEIRA, Maria Margareth Garcia. *A globalização e as relações de trabalho.* Curitiba: Juruá, 2000.

VIEIRA, Oscar Vilhena. *Direitos fundamentais:* uma leitura da jurisprudência do STF. São Paulo: Malheiros, 2006.

WEBER, Max. *Economia e sociedade.* Brasília: Universidade de Brasília, 1999. v. 2.

ZANDA, Gianfranco. *La valutazione del capitale umano dell'impresa.* Torino: G. Giappichelli, 1996.

ZENONE, Luiz Cláudio. *Marketing social.* São Paulo: Thompson Learning, 2006.

APÊNDICE

APPENDICE

CASO NIKE

O ativista Marc Kasky, de São Francisco, Califórnia, acusou a Nike de se apresentar, durante 1996, em campanha de marketing e de relações públicas, como empresa socialmente responsável, escondendo as condições de trabalho dos operários que fabricam seus produtos na Ásia. Na mesma época, a empresa estava sendo atacada por indivíduos e organizações não governamentais, pela violação de direitos trabalhistas em sua cadeia de fornecedores. As diversas acusações tratavam da utilização de trabalho infantil e superexploração de mão de obra.

A marca Nike, que surgiu em 1972, responde, na atualidade, por negócios superiores a US$ 10 bilhões por ano. A Nike é reconhecida como um dos fenômenos de marketing contemporâneo. Sua maior estratégia para transformar a marca em líder mundial de artigos esportivos foi o uso intensivo de marketing.

As denúncias produziram enorme repercussão, com o questionamento da reputação da empresa. Houve forte reação, com campanhas diretas da sociedade civil contra a marca.

A Nike reagiu, negando as alegações e afirmando que era líder em melhoria das condições de trabalho e oferecia postos de trabalho altamente desejáveis. Nunca negou que terceirizou a produção dos calçados para ganhar competitividade.

Num momento seguinte, a Nike respondeu aos ataques, dizendo que seus produtos eram manufaturados em vários locais do mundo de acordo com um estrito código de conduta, livres de violações às condições dignas de trabalho.

Kasky alegou que tais declarações eram falsas ou enganosas e, por essa razão, deveriam ser censuradas de acordo com as leis de concorrência desleal do Estado da Califórnia. Após a questão ter sido enfrentada pela Suprema Corte da Califórnia, afastando a alegação da empresa de que suas declarações estavam protegidas pela Emenda Constitucional n. 1, a qual garante a liberdade de expressão, as declarações da Nike, no contexto específico, foram submetidas, novamente, a exame de acordo com referida lei, tendo em vista que o público e o consumidor estariam decepcionados e teriam sido enganados com suas declarações.

Para resolver a disputa judicial, a Nike contratou, por aproximadamente US$ 1,5 milhão, um grupo de monitoramento chamado *GoodWorks International* para avaliar as condições de trabalho nas indústrias em questão. Após a realização de mais de 500 procedimentos e auditorias em fábricas vinculadas à marca, a empresa reconheceu irregularidades como o excesso de horas de trabalho e o assédio moral de seus empregados (sobretudo de empregadas). De modo geral, o relatório emitido pelo grupo de monitoramento foi favorável aos registros da Nike.

O caso da Nike revela como uma corporação pode revisar ou modificar o seu comportamento para atender às pressões exercidas pela sociedade, respeitando as diretivas de responsabilidade social empresarial.

(Referência: <http://www.reclaimdemocracy.org/nike/> Acesso em: 20.set.2010).

CASO BRADESCO

O caso em estudo corresponde à reclamação trabalhista proposta em face do Banco Bradesco S.A., na qual o autor afirma ter sido vítima de discriminação imposta em seu local de trabalho, a afligir, notadamente, seu direito ao trabalho. Entre outros pontos, requereu indenização por danos morais sofridos. O Banco negou a prática de atos discriminatórios.

Na sentença, foi reconhecida a prática de atos discriminatórios a ensejar latente dano moral ao trabalhador, vitimado em sua honra subjetiva.

A conduta do empregador foi considerada como *mobbing,* ou seja, terror psicológico, apresentando dois elementos, quais sejam o abuso de poder e a manipulação perversa.

Configurado o ato ilícito praticado pelo empregador, a reparação determinada adotou, quanto à valoração de indenização, os critérios da natureza do dano causado, o tempo que perdurou a lesão, a capacidade econômica das partes e quem é o agressor. Destaca-se, quanto ao último aspecto, a fundamentação adotada pelo Juízo:

> E quem é o banco? Sem dúvida nenhuma hoje uma das maiores entidades financeiras do país. Em página do próprio, na internet acessando o site "www.bradesco.com.br/rsa/", nesta data, pode se ler quais os valores da Ré que são apresentados para o público:
>
> **Valores: Sempre valorizando o diálogo e a capacidade realizadora do trabalho**, sempre respeitando a ética e a transparência, ao longo dos anos o nome Bradesco tornou-se uma das principais referências brasileiras de **comprometimento com a responsabilidade socioambiental.** Para o Bradesco, a atividade empresarial é, acima de tudo, um instrumento eficiente de indução do desenvolvimento, de integração nacional e de difusão da cidadania.
>
> E ainda:
>
> **O respeito à ética e à dignidade. O respeito ao respeito.**
>
> **No cotidiano de negócios e nas iniciativas de relacionamento com a comunidade, o Bradesco defende e pratica os seguintes valores:**

- cliente como razão da existência da Organização;
- relacionamento ético e transparente com clientes, acionistas, investidores, parceiros e funcionários;
- crença no valor das pessoas e na capacidade de desenvolvimento;
- **respeito à dignidade do ser humano, preservando a individualidade e a privacidade, não admitindo a prática de atos discriminatórios por condição social, crença religiosa, cor, raça, fé ou ideologia política;**
- pioneirismo em tecnologia e soluções para os clientes;
- responsabilidade social, destacando-se investimentos na área de educação;
- capacidade de enfrentar com determinação diferentes ciclos econômicos e a dinâmica das mudanças sociais.

Deste modo, certo que todo o exposto neste processo o que se vislumbra é a verdadeira contradição entre o que a Ré diz ser para angariar clientes e aquilo que efetivamente ela é na realidade prática de seus atos, o que torna ainda mais graves os atos discriminatórios praticados pela mesma.

Portanto, ante todo o exposto e os critérios considerados, arbitro em R$ 400.000,00 (quatrocentos mil reais) a indenização por danos morais devida pela Ré ao Autor, na qual resta condenada. A indenização fixada teve o seu valor praticamente duplicado pelo fato de a Ré apresentar-se como empresa respeitadora do socioambiental para toda a sociedade e dispensar aos empregados os tratamentos discriminatórios delineados nas linhas supra. Assim, não fosse a propaganda da Ré, esta Juíza arbitraria a condenação em duzentos mil reais, considerando ser a mesma uma instituição financeira. No entanto, ante a publicidade apresentada pela mesma, tenho que os atos discriminatórios restam ainda mais graves não só ao Autor, mas para toda a sociedade, pelo que deve ser indenizado valor superior com fito punitivo-educacional, para que a agressora efetivamente observe os valores que prega ao público.

Em conclusão, a ação foi julgada procedente em parte, sendo de se destacar a utilização da disciplina responsabilidade social empresarial e sua relação com as práticas trabalhistas verificadas para o estabelecimento de expressiva indenização por danos morais.

(*Referência: Sentença proferida pela Juíza do Trabalho, Fernanda Stipp no Rio de Janeiro, em 29.01.2009 — Tribunal Regional do Trabalho da 1ª Região — Processo n. 00500-2008-023-01-00-5).*

CASO COSAN

A empresa Cosan S.A., maior corporação sucroalcooleira do Brasil, teve seu nome incluído na denominada "lista suja do trabalho escravo". Trata-se do cadastro oficial do Ministério do Trabalho e Emprego, criado pela Portaria n. 540/04 do Ministério do Trabalho, publicado no último dia 31 de dezembro de 2009 que contém a relação de empresas em atividade no Brasil nas quais se constatou a ocorrência do trabalho em condições análogas às de escravo.

A Cosan foi incluída na lista no dia 31/12/2009, após 42 trabalhadores terem sido resgatados da usina Junqueira, em Igarapava, extremo norte de São Paulo.

O fato fez com que o Banco Nacional de Desenvolvimento Econômico e Social (BNDES) decidisse suspender todas as operações com a Cosan. Além da suspensão, a celebração de novos contratos com o BNDES ficou condicionada à exclusão da companhia do referido cadastro. Como consequência direta, as ações da empresa cotadas na BOVESPA perceberam declínio expressivo, da ordem de 10%. Algumas instituições especializadas, como o CITIGROUP, classificaram a situação da empresa como "dramática".

A Cosan declarou que adotou prontamente diversas providências, dentre as quais o pagamento de todas as despesas necessárias à regularização de tais trabalhadores. De se destacar o teor do referido comunicado ao mercado, de 7 de janeiro de 2010:

A **COSAN S.A. INDÚSTRIA E COMÉRCIO** (Bovespa: CSAN3) vem a público esclarecer que a empresa José Luiz Bispo Colheita — ME prestava serviços de corte de cana-de-açúcar para diversos produtores do interior do Estado de São Paulo que faziam parte da cadeia produtiva da Cosan. Em fiscalização ocorrida durante o ano de 2007, o Ministério do Trabalho e Emprego apontou irregularidades na contratação e nas acomodações dos empregados daquela empresa. A Cosan se viu então envolvida como responsável solidária por tais irregularidades.

A Cosan reafirma que possui rígidas políticas internas que determinam o cumprimento das normas legais aplicáveis a seu negócio. O evento que envolveu a empresa José Luiz Bispo Colheita — ME não contou com a cooperação ou concordância da Cosan. Independentemente de tal fato, ciente de sua responsabilidade social e imbuída de boa-fé, a Cosan adotou prontamente diversas providências, dentre as quais o pagamento de todas as despesas necessárias à regularização de tais trabalhadores. A Cosan também providenciou o descredenciamento da referida empresa da cadeia produtiva referente ao fornecimento de cana-de-açúcar.

A Cosan repudia veementemente qualquer prática que não respeite os direitos trabalhistas de colaboradores do seu quadro de empregados e dos quadros de nossos fornecedores e parceiros. O grupo Cosan conta hoje com mais de 40 mil funcionários, todos contratados pelo regime CLT, e desempenha forte papel de liderança, junto aos governos estadual e federal, no esforço de regulamentar e melhorar as condições de trabalho de toda a cadeia produtiva do agronegócio.

Assim, surpreendida com a inclusão de seu nome no cadastro de empregadores da Portaria n. 540/04 do Ministério do Trabalho, publicado no último dia 31 de dezembro de 2009, a Cosan esclarece que tal processo de inclusão do seu nome na lista não era em absoluto de seu conhecimento e que, portanto, não teve a oportunidade de se defender. A Companhia reforça que adotará imediatamente todas as medidas necessárias para excluir seu nome do referido cadastro, que considera consequência de ato abusivo e intempestivo.

Após alguns dias, a empresa foi excluída da "lista suja", mas o fato, amplamente divulgado pela imprensa, dificilmente será apagado da memória de consumidores, trabalhadores e investidores, comprometendo irremediavelmente a reputação da companhia com o questionamento de seu real compromisso com a responsabilidade social empresarial.

(*Referência:* <http://br.reuters.com/article/businessNews/idBRSPE6060RI20100107> Acesso em: 10.set.2010).

CASO JBS-FRIBOI

O caso em estudo corresponde à reclamação trabalhista proposta em face da empresa JBS-Friboi S.A., líder mundial na produção de carnes, a qual resultou na condenação ao pagamento de indenização por *dumping* social. A decisão contra a JBS-Friboi é considerada um marco importante na jurisprudência do *dumping* social no Brasil. No entendimento da Justiça do Trabalho, em decisão de recurso ordinário que confirmou os termos da sentença da Vara do Trabalho de Ituiutaba, práticas constantes que desrespeitam a legislação trabalhista — como não registrar em carteira e não pagar horas extras — com o objetivo de reduzir os custos de produção configuram o *dumping* social.

A condenação por dumping social não está prevista na legislação trabalhista do Brasil.

Na decisão contra o grupo JBS-Friboi, levou-se em consideração que, desde 2008, mais de vinte ações foram propostas contra a empresa pela falta de pagamento de horas extras. Nesses processos, os trabalhadores alegaram terem sido obrigados a permanecer nas dependências da empresa por mais de dez horas diárias.

A indenização fixada é de valor simbólico, qual seja R$ 500,00 em favor de um ex-funcionário do grupo. Mas a repercussão da sentença poderá mudar o rumo de outros processos semelhantes, inclusive contra outras empresas que atuam no Brasil.

Configurado o ato ilícito praticado pelo empregador, a reparação determinada adotou, quanto à valoração de indenização, os critérios da natureza do dano causado, o tempo que perdurou a lesão, a capacidade econômica das partes e quem é o agressor. Destaca-se, quanto ao último aspecto, a fundamentação adotada pelo Juízo:

2.2 — RESPONSABILIDADE SOCIAL — INDENIZAÇÃO — *DUMPING* SOCIAL

No tópico, a recorrente argumenta, em síntese, que o *dumping* social seria a prática abusiva de mão de obra barata e super explorada, praticada na produção de produtos que tornariam os seus preços mais competitivos para o mercado, em busca de "burlar" a lei trabalhista, o que não ocorreu no presente caso. Alega que não restou provado que os produtos que comercializa possuem os preços mais competitivos do mercado e que não está incluída no rol de empresas que exploram seus empregados, tampouco utiliza mão de obra barata, tendo em vista que o piso salarial da categoria é corretamente reajustado pelo índice IGP-M acumulado todo ano no mês de maio. Assevera que não se trata, ademais, de intermediação de empresa, mas de relação de trabalho entre empresa e colaborador, o que descaracteriza o dumping social e afirma que cabe ao Ministério Público e não ao juiz a quo, a fiscalização sobre a existência de jornada de trabalho excessiva em alguns dias e aplicação de sanções legais, se for o caso.

Pretende, sob enfoques tais, seja excluída da condenação a indenização no importe de R$ 500,00 deferida, ou fixado valor bem inferior ao estabelecido.

Ab initio, segundo Jorge Luiz Souto Maior, denomina-se dumping social a prática na qual se buscam vantagens comerciais através da adoção de condições desumanas de trabalho.

Pode ser também definido — ou caracterizado — como o desrespeito às normas trabalhistas, por meio da utilização de formas precárias de trabalho como o escravo. Podemos também entendê-lo através da prática de produzir produtos mais baratos com a exploração da mão de obra adquirida a baixos custos, não condizentes com os direitos humanos e trabalhistas. Com o emprego dessa prática, produtos importados a preços inferiores aos praticados pelo país importador, que cumpre as normas trabalhistas e internacionais, desequilibram seu mercado interno.

O Brasil, como vários países periféricos, caracteriza-se por praticá-lo: longas jornadas de trabalho, baixos salários, utilização da mão de obra infantil e condições de labor inadequadas são algumas modalidades exemplificativas do denominado *dumping* social, favorecendo em última análise o lucro pelo incremento de vendas, inclusive de exportações, devido à queda dos custos de produção nos quais encargos trabalhistas e sociais se acham inseridos. "Alega-se, sob esse aspecto, que a vantagem derivada da redução do custo de mão de obra é injusta, desvirtuando o comércio internacional. Sustenta-se, ainda, que a harmonização do fator trabalho é indispensável para evitar distorções num mercado que se globaliza." (LAFER, Celso. Dumping social. In: *Direito e comércio internacional:* tendências e perspectivas, estudos em homenagem ao Prof. Irineu Strenger. São Paulo: LTr, 1994. p. 162).

Para o direito do trabalho o *dumping* social ocorre mediante agressões reincidentes aos direitos trabalhistas, gerando um dano à sociedade, dano esse que configura ato ilícito, por exercício abusivo do direito, já que extrapola limites econômicos e sociais, nos exatos termos dos arts. 186, 187 e 927 do Código Civil. Encontra-se no art. 404, parágrafo único do Código Civil, o fundamento de ordem positiva para impingir ao agressor contumaz uma indenização suplementar, como, aliás, já previam os arts. 652, "d", e 832, § 1º, da CLT e, nessa ordem de ideias, tanto doutrina, quanto jurisprudência, têm se pronunciado no sentido de admitir a responsabilização das empresas pela desconsideração dos direitos sociais coletivamente assegurados.

A propósito, o dano moral gerado é coletivo, uma vez que a reparação dele, em alguns casos, pode ter natureza social e não meramente individual, atingindo toda a massa trabalhadora (portanto, parcela determinável da sociedade) e não difuso, que atinge indistintamente toda a sociedade.

As empresas não podem considerar irrelevante o *dumping* social, pois essa prática pode acarretar problemas comerciais, de ordem financeira, bem como de ordem punitiva como barreiras não tarifárias (restrições quantitativas, licenciamento de importações, procedimentos alfandegários e medidas antidumping), como formas de sanção aos países que não cumprirem as normas mínimas de trabalho internacional e praticarem o dumping social ou, ainda, o pagamento de multas e autuações pela inadequação às normas internacionais de trabalho criadas por organismos internacionais, tais como a OIT — Organização Internacional do Trabalho e a OMC — Organização Mundial do Comércio, sendo que esta levou a debate a inclusão de cláusulas sociais em seus estatutos.

Não se pode deixar de mencionar, ainda, o fator da responsabilidade social, ao qual as empresas estão sujeitas e são avaliadas pelos compradores de seus produtos e serviços e, também, pelos órgãos governamentais.

Existem países que se recusam a comprar produtos de empresas que utilizam dessa prática desleal, lembrando que a adoção de cláusulas sociais nas negociações internacionais reflete o fenômeno da globalização.

A propósito, vale ressaltar que foi aprovado, na 1ª Jornada de Direito Material e Processual na Justiça do Trabalho, realizada no final de 2007, o Enunciado n. 4, justamente a respeito do tema, *in verbis*:

DUMPING SOCIAL. DANO À SOCIEDADE. INDENIZAÇÃO SUPLEMENTAR. "As agressões reincidentes e inescusáveis aos direitos trabalhistas geram um dano à sociedade, pois com tal prática desconsidera-se, propositalmente, a estrutura do Estado Social e do próprio modelo capitalista com a obtenção de vantagem indevida perante a concorrência. A prática, portanto, reflete o conhecido 'dumping social', motivando a necessária reação do Judiciário trabalhista para corrigi-la. O dano à sociedade configura ato ilícito, por exercício abusivo do direito, já que extrapola limites econômicos e sociais, nos exatos termos dos arts. 186, 187 e 927 do Código Civil. Encontra-se no art. 404, parágrafo único, do Código Civil, o fundamento de ordem positiva para impingir ao agressor contumaz uma indenização suplementar, como, aliás, já previam os arts. 652, 'd', e 832, § 1º, da CLT"

Nesse contexto, verifica-se que restará caracterizado o *dumping* social quando a empresa, por meio da burla na legislação trabalhista, acaba por obter vantagens indevidas, através da redução do custo da produção, o que acarreta um maior lucro nas vendas. Logo, representa uma prática prejudicial e condenável, haja vista uma conduta desleal de comércio e de preço predatório, em prejuízo da dignidade da pessoa humana.

Na espécie, o d. Juízo *a quo* ressaltou que foram julgados, desde 2008, cerca de 20 (vinte) processos propostos contra a reclamada, somente sobre o não pagamento de horas extras — como, aliás, também aponta a documentação trazida pelo autor à colação, em razões de contrariedade.

Em contrapartida, os autos demonstram o cumprimento de jornada extraordinária além da 10ª hora diária em empresa enquadrada no risco três — INSS — em termos de riscos ergonômicos para os trabalhadores e o risco de acidentes, configurando-se o dano social.

Portanto, considera-se escorreita a fixação de uma sanção pecuniária, em prol do reclamante, a ser paga pelo reclamado, no importe de R$ 500,00 (quinhentos reais), em parcela única, com espeque nos arts. 186, 187, parágrafo único do art. 404, 927 e 1553 todos do Código Civil; arts. 8º *caput* 652, "d", 769 e 832, § 1º todos da CLT.

Tal valor, inclusive, a meu ver, comportaria majoração, obstada, na espécie, pelo princípio da *non reformatio in pejus*.

Nego provimento.

A empresa JBS-Friboi S.A. interpôs recurso contra a decisão dirigida ao Tribunal Superior do Trabalho, refutando as acusações. De se destacar que a empresa não se pronunciou publicamente sobre o assunto.

Em conclusão, a ação foi julgada procedente em parte, sendo de se destacar a utilização da disciplina responsabilidade social empresarial e sua relação com as práticas trabalhistas verificadas para o estabelecimento de precursora indenização por *dumping* social.

(Referência: Voto condutor proferido pelo Desembargador do Trabalho, Júlio Bernardo do Carmo em Belo Horizonte, em 19.08.2009 — Tribunal Regional do Trabalho da 3ª Região — Processo n. 00866-2009-063-03-00-3. Disponível em: <http://as1.trt3.jus.br/jurisprudencia/716201&codProcesso=710388&datPublicacao=31/08/2009&index=0> Acesso em: 10.set.2010).

CASO VALE DO RIO DOCE

A companhia mineradora Vale do Rio Doce (Vale S.A.), uma das maiores empresas do mundo, foi condenada pela 1ª Vara do Trabalho de Parauapebas, no Estado do Pará, a pagar indenização trabalhista histórica, em valor aproximado de R$ 300.000.000,00.

A decisão foi proferida nos autos da Ação Civil Pública ajuizada pelo Ministério Público do Trabalho, sustentando o entendimento de que a Vale teria impedido empresas terceirizadas de registrar em planilhas de custo o pagamento das horas que os trabalhadores expendiam em trânsito aos locais de trabalho (*in itinere*). As empresas terceirizadas, ao seu turno, teriam deixado de pagar essas horas aos trabalhadores, concretizando a lesão a direitos laborais.

A decisão contra a mineradora Vale do Rio Doce condena práticas constantes que, de acordo com o entendimento apresentado, desrespeitam a legislação trabalhista com o objetivo de reduzir os custos de produção, configurando o denominado *dumping* social. As indenizações arbitradas correspondem aos montantes de aproximadamente R$ 100.000.000,00 a título de dano moral coletivo, revertidos à própria comunidade lesada em todos os municípios da província mineral de Carajá "por via de projetos derivados de políticas públicas, de defesa e promoção dos direitos humanos do trabalhador", e de aproximadamente R$ 200.000.000,00 por *dumping* social, propriamente, destinados ao Fundo de Amparo do Trabalhador (FAT). Destaca-se, quanto ao último aspecto, a fundamentação adotada pelo Juízo:

2.3.3 DO *DUMPING* SOCIAL

(...)

A ordem econômica nacional, fundada na valorização do trabalho humano e na livre iniciativa, tendo por fim último assegurar o primado da dignidade humana — art. 170, da Constituição Federal — rege-se por princípios de lealdade concorrencial, prevenindo e reprimindo infrações contra a ordem econômica, consubstanciados na Lei n. 8.884/1994.

No bojo dessa legislação, há a repressão ao *dumping*. *Dumping* é uma prática comercial consistente na venda de produtos por preços abaixo de seu valor justo — ou do próprio custo — com o propósito de prejudicar e/ou eliminar concorrentes. A prática pode visar ao próprio lucro, à expansão de mercados ou ao domínio do mercado para futura imposição de preços arbitrários. O conceito é de uso corrente no comércio internacional e objeto de restrições pelos governos nacionais.

O *dumping* social constitui a redução de custos da produção a partir da eliminação de direitos trabalhistas. É o viés trabalhista desta prática. Frequenta as agendas de organizações internacionais como a OIT — Organização Internacional do Trabalho e OMC — Organização Mundial do Comércio. O *dumping*, em qualquer dos seus aspectos, não se alinha com a lei do livre mercado — *lex mercatoria* — eis que atenta contra a concorrência leal.

(...)

A agenda do *dumping* social chegou à jurisprudência trabalhista. Antes, como dito, o tema frequentava somente a programação das organizações internacionais. A jurisprudência trabalhista pátria recebeu significativo impulso a partir da emissão dos enunciados aprovados na 1ª Jornada de Direito Material e Processual na Justiça do Trabalho, realizada pela Associação Nacional de Magistrados do Trabalho — ANAMATRA e pelo Colendo Tribunal Superior do Trabalho, em novembro de 2007.

A respeito dispõe o Enunciado n. 4:

4. "DUMPING SOCIAL". DANO À SOCIEDADE. INDENIZAÇÃO SUPLEMENTAR. As agressões reincidentes e inescusáveis aos direitos trabalhistas geram um dano à sociedade, pois com tal prática desconsidera-se, propositalmente, a estrutura do Estado social e do próprio modelo capitalista com a obtenção de vantagem indevida perante a concorrência. A prática, portanto, reflete o conhecido "dumping social", motivando a necessária reação do Judiciário trabalhista para corrigi-la. O dano à sociedade configura ato ilícito, por exercício abusivo do direito, já que extrapola limites econômicos e sociais, nos exatos termos dos arts. 186, 187 e 927 do Código Civil. Encontra-se no art. 404, parágrafo único do Código Civil, o fundamento de ordem positiva para impingir ao agressor contumaz uma indenização suplementar, como, aliás, já previam os arts. 652, "d", e 832, § 1º, da CLT.

(...)

Segundo Simão de Melo, visualiza-se (...) *no limiar do terceiro milênio, o advento da globalização. Somos atores ou personagens num palco de transformações históricas radicais no caráter da mão de obra, notadamente a industrial, decorrente da automação e da informatização. Conjuga-se a essa nova realidade um crescente desemprego, decorrente do dumping social, ao qual se alia um sentimento generalizado de impotência da sociedade civil — uma cidadania cansada — diante das possibilidades que, eventualmente, poderia a democracia política oferecer em termos de criação e apresentação de novas opções e novos modelos sociais.*

A indenização por *dumping* social constitui uma das opções que o Estado Democrático de Direito pode oferecer ao cidadão, para não ver triunfar a bandeira de um capitalismo tacanho e selvagem, nem tampouco o desalento da *cidadania cansada*, de que nos fala o mestre.

As agressões sistemáticas aos direitos trabalhistas causam danos a outros empregadores, ao mercado de trabalho, assim considerado como bem público, na medida em que ele é o meio veiculador da dinâmica econômica que proporciona o sustento e progresso sociais. Tais empregadores lesados muitas vezes sequer podem ser identificados. Inadvertidamente, no meio concorrencial, continuam cumprindo a legislação ou, de certo modo, se veem forçados a agir da mesma forma.

Restou sobejamente demonstrado nos autos as lesões perpetradas à sociedade como um todo, de forma sistemática, diretamente pela tomadora dos serviços, ou indiretamente pela firme orientação e gestão dos contratos comerciais de suas contratadas, conforme já restou demonstrado.

A tomadora praticou e pratica atos, sob qualquer forma manifestados, que têm por objeto ou que produzem efeitos, ainda que não sejam alcançados, que prejudicam a livre concorrência.

Tome-se por exemplo o prejuízo concorrencial existente pela não cotação da itinerância, cuja redução de custos na produção, como já demonstrado na seção *DO DANO MORAL COLETIVO*, importou em valores nominais, livres de quaisquer acréscimos impugnáveis, R$ 133.872.000,00 (cento e trinta e três milhões, oitocentos e setenta e dois mil reais). *Economia* considerável, mesmo para a maior mineradora de ferro do mundo.

De se registrar que o gerenciamento estrito, consubstanciado no óbice à cotação da itinerância imposto pela companhia às suas contratadas, tipifica mais uma das infrações à ordem econômica: o exercício de forma abusiva de sua posição dominante.

De se ressaltar que a lesão até aqui demonstrada é de caráter patrimonial à coletividade dos trabalhadores, mas concomitantemente malfere a ordem econômica. São lesões de naturezas distintas.

Veja-se ainda um outro aspecto do *dumping* social praticado com a redução do custo trabalhista com a jornada dos turnos ininterruptos de revezamento.

Os trabalhadores laboram no regime de turnos ininterruptos de revezamento — 6 horas diárias, divisor 180 — mas tal regime é negociado há longos anos, de forma que são escalados apenas 3 turnos, com trocas às 0, 6 e 15 horas. A jornada reduzida de 6 horas, em média, foi negociada para que três turnos de 8 horas cobrissem as 24 horas do dia. Trata-se de uma majoração da jornada de 33,33%, de 6 para 8 horas, em média. Dado seu caráter extraordinário, tal majoração importaria, se remunerada fosse, em 49,95% de acréscimo salarial. Pelo elasticimento da jornada, a VALE S. A. paga tão somente o adicional de turno, equivalente a 27% do salário (folha 4236), resultando numa *economia* de 22,95% da massa salarial. A VALE S. A. é quem melhor remunera o adicional de turno.

Partindo-se da mesma premissa anterior e adotando-se para a quantificação o salário mínimo de R$ 510,00 (quinhentos e dez reais), a quantidade de 10 mil trabalhadores e apenas o período prescricional — últimos 5 anos ou 60 meses — a redução de custos trabalhistas importa em R$ 70.227.000 (setenta milhões, duzentos e vinte e sete mil reais), sem qualquer reflexo.

Adicionados os valores nominais do prejuízo da itinerância — R$ 133.872.000,00 (cento e trinta e três milhões, oitocentos e setenta e dois mil reais) — e da jornada extraordinária dos turnos ininterruptos de revezamento — R$ 70.227.000 (setenta milhões, duzentos e vinte e sete mil reais) — a monta do prejuízo à ordem econômica é de R$ 204.099.000,00 (duzentos e quatro milhões e noventa e nove mil reais).

Significa dizer que a tomadora dos serviços reduziu seus custos trabalhistas, nos últimos cinco anos, de maneira nominal e aproximada, no valor mencionado. Significa dizer que a VALE S. A. aumentou arbitrariamente os seus lucros em R$ 204.099.000,00 (duzentos e quatro milhões e noventa e nove mil reais) à custa dos salários, prejudicando não somente trabalhadores, mas suas próprias contratadas — que por essa verba não podiam pleitear — e as concorrentes da produção mineral que tem como objeto social — pelo *dumping* social praticado.

Retorna-se à observância da capacidade de suporte econômico do ofensor. Conforme já exposto, no sítio da companhia — www.vale.com — se extrai a informação de que seu lucro líquido no último ano de 2009 foi da ordem de R$ 10,249 bilhões. Indenização no valor equivalente ao *dumping* praticado — R$ 204.099.000,00 (duzentos e quatro milhões e noventa e nove mil reais) — importa em somente 2% (dois por cento) do seu lucro líquido. Módico, portanto, pelo porte econômico alcançado pela VALE S. A.

Arbitra-se o valor da indenização por dumping em R$ 200 milhões.

Condena-se a ré VALE S. A. em indenização por *dumping* social, no valor de R$ 200 milhões, reversível ao FAT — Fundo de Amparo ao Trabalhador (Lei n. 7.998/1990).

As empresas envolvidas refutarão os termos da decisão por meio da interposição recurso dirigido ao Tribunal Regional do Trabalho da 8ª Região.

Em conclusão, a ação foi julgada procedente em parte, sendo de se destacar a utilização da disciplina responsabilidade social da empresa e sua relação com as práticas trabalhistas verificadas para o estabelecimento de precursora indenização por *dumping* social.

(Referência: Sentença proferida pelo Juiz do Trabalho da 1ª Vara do Trabalho de Parauapebas-PA, Jônatas dos Santos Andrade Júlio Bernardo do Carmo em Belo Horizonte, em 10.03.2010 – Tribunal Regional do Trabalho da 8ª Região — Processo n. 0068500-45.2008.5.08.0114. Disponível em: <http://www.reporterbrasil.org.br/documentos/sentenca_vale.pdf> Acesso em: 10.set.2010).

ANEXOS

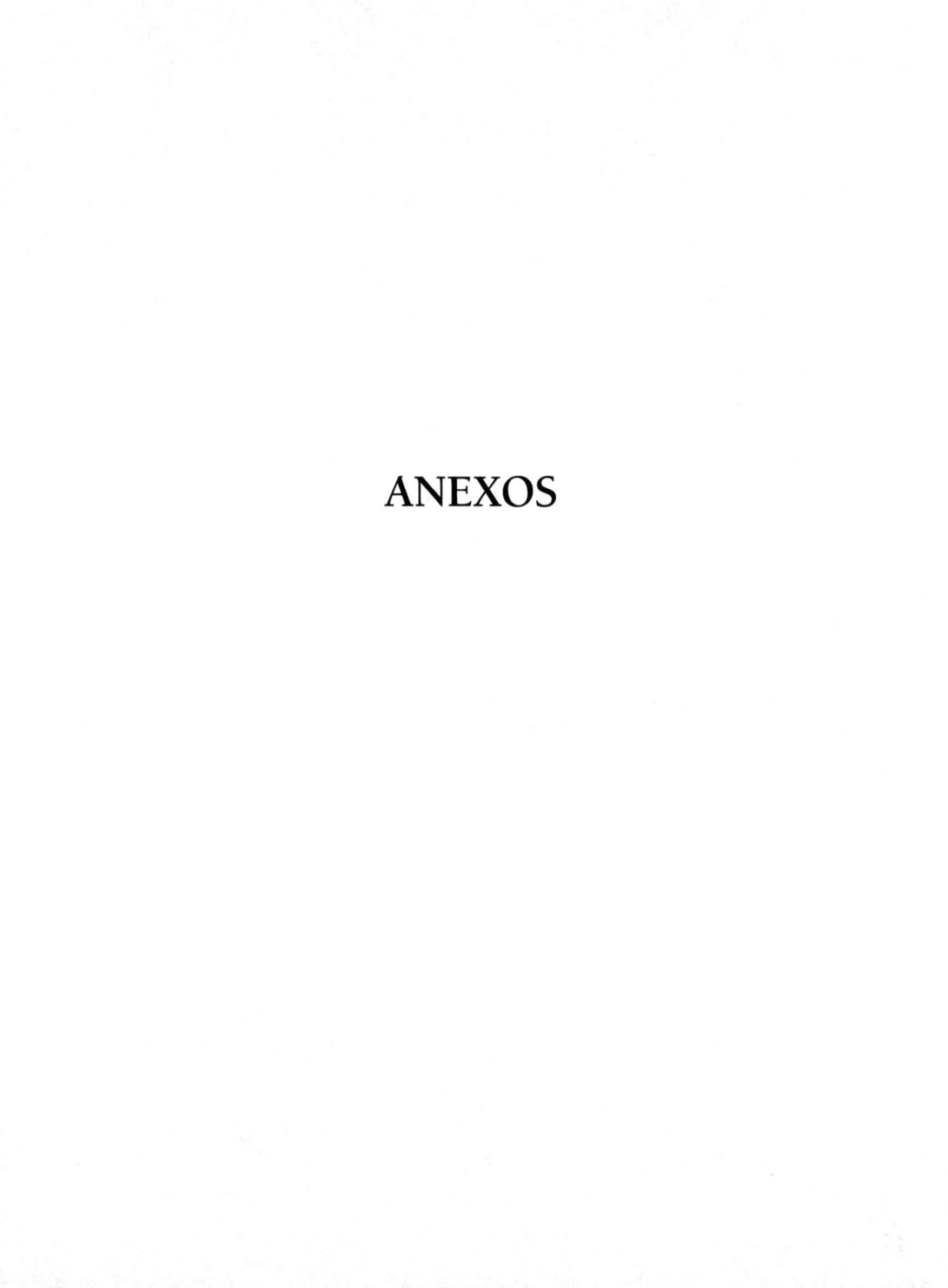

DECLARAÇÃO DA OIT SOBRE OS PRINCÍPIOS E DIREITOS FUNDAMENTAIS NO TRABALHO E SEU SEGUIMENTO[187]

Considerando que a criação da OIT procede da convicção de que a justiça social é essencial para garantir uma paz universal e permanente;

Considerando que o crescimento econômico é essencial, mas não suficiente, para assegurar a equidade, o progresso social e a erradicação da pobreza, o que confirma a necessidade de que a OIT promova políticas sociais sólidas, justiça e instituições democráticas;

Considerando, portanto, que a OIT deve hoje, mais do que nunca, mobilizar o conjunto de seus meios de ação normativa, de cooperação técnica e de pesquisa em todas as áreas de sua competência e, em particular, no emprego, a formação profissional e as condições de trabalho, para garantir que no âmbito de uma estratégia global de desenvolvimento econômico e social, as políticas econômicas e sociais se reforcem mutuamente para a criação de um desenvolvimento sustentável de ampla base;

Considerando que a OIT deveria prestar especial atenção aos problemas de pessoas com necessidades sociais especiais, em particular os desempregados e os trabalhadores migrantes, mobilizar e estimular os esforços internacionais, regionais e nacionais, encaminhados à solução de seus problemas, e promover políticas eficazes destinadas à criação de emprego;

Considerando que, com o objetivo de manter o vínculo entre progresso social e crescimento econômico, a garantia dos princípios e direitos fundamentais no trabalho reveste-se de especial significado ao assegurar aos próprios interessados a possibilidade de reivindicar livremente e em igualdade de oportunidades uma participação justa na riqueza para a qual têm contribuído para gerar, assim como a de desenvolver plenamente seu potencial humano;

Considerando que a OIT é a organização internacional com mandato constitucional e o órgão competente para estabelecer Normas Internacionais do Trabalho e ocupar-se delas, e que conta com apoio e reconhecimento universais na promoção dos direitos fundamentais no trabalho como expressão de seus princípios constitucionais;

Considerando que, em uma situação de crescente interdependência econômica, é urgente reafirmar a natureza imutável dos princípios e direitos fundamentais contidos na Constituição da Organização, assim como promover sua aplicação universal;

A Conferência Internacional do Trabalho,

1. Lembra:

a) que ao incorporar-se livremente à OIT, todos os Membros aceitaram os princípios e direitos enunciados em sua Constituição e na Declaração de Filadélfia, e se comprometeram a esforçar-se para atingir os

---

(187) Disponível em: <http://www.oitbrasil.org.br/info/download/declaracao_da_oit_sobre_principio_direitos_fundamentais.pdf> Acesso em: 10.set.2010.

objetivos gerais da Organização com o melhor de seus recursos e de acordo com suas condições específicas;

b) que esses princípios e direitos se expressam e desenvolvem na forma de direitos e obrigações específicos em Convenções reconhecidas como fundamentais dentro e fora da Organização.

2. Declara que todos os Membros, ainda que não tenham ratificado as Convenções, têm um compromisso derivado do simples fato de pertencer à Organização de respeitar, promover e tornar realidade, de boa-fé e de conformidade com a Constituição, os princípios relativos aos direitos fundamentais que são objeto dessas Convenções, isto é:

(a) a liberdade sindical e o reconhecimento efetivo do direito de negociação coletiva;

(b) a eliminação de todas as formas de trabalho forçado ou obrigatório;

(c) a efetiva abolição do trabalho infantil; e

(d) a eliminação da discriminação em matéria de emprego e ocupação.

3. Reconhece a obrigação da Organização de ajudar seus Membros, em resposta a necessidades que tenham estabelecido e expressado, a alcançar esses objetivos fazendo pleno uso de seus recursos constitucionais, operacionais e orçamentários, incluída a mobilização de recursos e apoio externos, assim como estimulando outras organizações internacionais com as quais a OIT tenha estabelecido relações, de conformidade com o art. 12 de sua Constituição, a apoiar esses esforços:

(a) oferecendo cooperação técnica e serviços de assessoramento destinados a promover a ratificação e aplicação das convenções fundamentais;

(b) assistindo aos Membros que ainda não estão em condições de ratificar todas ou algumas dessas convenções em seus esforços por respeitar, promover e tornar realidade os princípios relativos aos direitos fundamentais que são objeto dessas convenções; e

(c) ajudando os Membros em seus esforços por criar um ambiente favorável ao desenvolvimento econômico e social.

4. Decide que, para tornar plenamente efetiva a presente Declaração, implementar-se-á um seguimento para sua promoção, que seja crível e eficaz, de acordo com as modalidades que se estabelecem no anexo que será considerado parte integrante da Declaração.

5. Ressalta que as normas do trabalho não deveriam ser utilizadas para fins de protecionismo comercial e que nada na presente Declaração e seu seguimento poderá ser invocado ou utilizado de outro modo para tais fins; ainda, não deveria de modo algum colocar-se em questão a vantagem comparativa de qualquer país com base na presente Declaração e seu seguimento.

Seguimento da Declaração

I. OBJETIVO GERAL

1. O objetivo do seguimento descrito a continuação é estimular os esforços desenvolvidos pelos Membros da Organização para promover os princípios e direitos fundamentais consagrados na Constituição da OIT e na Declaração de Filadélfia, e reafirmados nesta Declaração.

2. De acordo com este objetivo, de natureza estritamente de promoção, o presente seguimento permitirá a identificação de áreas nas quais a assistência da Organização, por meio de suas atividades de cooperação técnica, possa ser útil a seus Membros para ajudá-los a tornar efetivos esses princípios e direitos fundamentais. Não poderá substituir os mecanismos de controle estabelecidos nem impedir seu funcionamento; por conseguinte, situações particulares próprias ao âmbito desses mecanismos não poderão discutir-se ou rediscutir-se no âmbito deste seguimento.

3. Os dois aspectos do presente seguimento, descritos a seguir, estão baseados em procedimentos existentes: o seguimento anual relativo às Convenções não ratificadas somente envolverá certos ajustes nas atuais modalidades de aplicação do art. 19, parágrafo 5(e) da Constituição; e o Relatório Global permitirá otimizar os resultados dos procedimentos realizados no cumprimento da Constituição.

II. SEGUIMENTO ANUAL RELATIVO ÀS CONVENÇÕES FUNDAMENTAIS NÃO RATIFICADAS

A. Objetivo e âmbito de aplicação

1. Seu objetivo é proporcionar uma oportunidade de rever, a cada ano, por meio de um procedimento simplificado que substituirá o procedimento quadrienal introduzido em 1995 pelo Conselho de Administração, os esforços desenvolvidos de acordo com a Declaração pelos Membros que ainda não ratificaram todas as convenções fundamentais.

2. O seguimento abrangerá, a cada ano, as quatro áreas de princípios e direitos fundamentais enumerados na Declaração.

B. Modalidades

1. O seguimento será baseado em relatórios solicitados aos Membros em virtude do art. 19, parágrafo 5(e) da Constituição. Os formulários dos relatórios serão redigidos com a finalidade de obter, dos governos que não tiverem ratificado alguma das convenções fundamentais, informação sobre quaisquer mudanças que ocorreram em sua legislação e sua prática, levando devidamente em conta o art. 23 da Constituição e a prática estabelecida.

2. Esses relatórios, compilados pelo Secretariado, serão revisados pelo Conselho de Administração.

3. Com vistas a apresentar uma introdução aos relatórios assim compilados, que permita chamar a atenção sobre os aspectos que possam merecer uma discussão mais detalhada, o Secretariado poderá recorrer a um grupo de peritos nomeados para este fim pelo Conselho de Administração.

4. Os ajustes aos procedimentos em vigor do Conselho de Administração deverão ser examinados para permitir que os Membros que não estejam nele representados possam proporcionar, da maneira mais adequada, os esclarecimentos que possam resultar necessários ou úteis nas discussões do

Conselho de Administração para completar a informação contida em seus relatórios.

III. RELATÓRIO GLOBAL

A. Objetivo e âmbito de aplicação

1. O objetivo deste relatório é fornecer uma imagem global e dinâmica de cada uma das categorias de princípios e direitos fundamentais observada no período quadrienal anterior, servir de base para a avaliação da eficácia da assistência prestada pela Organização e estabelecer as prioridades para o período seguinte na forma de programas de ação para cooperação técnica destinados a mobilizar os recursos internos e externos necessários a respeito.

2. O relatório tratará, a cada ano, uma das quatro categorias de princípios e direitos fundamentais.

B. Modalidades

1. O relatório será elaborado sob a responsabilidade do Diretor-Geral com base em informações oficiais ou informações reunidas e avaliadas de acordo com os procedimentos estabelecidos. Em relação aos Estados que ainda não ratificaram as Convenções fundamentais, será baseado, em particular, nos resultados do seguimento anual já mencionado. No caso dos Membros que tenham ratificado as referidas Convenções, estas informações terão como base, em particular, os relatórios tal como são apresentados e tratados em virtude do art. 22 da Constituição.

2. Este relatório será submetido à Conferência como um relatório do Diretor-Geral para ser objeto de uma discussão tripartite. A Conferência poderá tratá-lo de um modo distinto daquele previsto para os relatórios a que se refere o art. 12 de seu Regulamento, e poderá fazê-lo em uma sessão dedicada exclusivamente a esse informe ou de qualquer outro modo apropriado. Posteriormente, corresponderá ao Conselho de Administração, durante uma de suas reuniões subsequentes mais próximas, tirar as conclusões de referido debate no que se refere às prioridades e aos programas de ação para cooperação técnica a serem implementados no período quadrienal seguinte.

IV. FICA ENTENDIDO QUE:

1. Deverão ser feitas propostas para emendas ao Regulamento do Conselho de Administração e da Conferência, que deverão implantar disposições anteriores.

2. A Conferência deverá, no momento apropriado, revisar o funcionamento do presente seguimento considerando a experiência adquirida, com a finalidade de assegurar que este mecanismo atenda adequadamente ao objetivo enunciado na Parte I. O texto precedente é a Declaração da OIT relativa aos Princípios e Direitos Fundamentais no Trabalho e seu Seguimento devidamente adotada pela Conferência Geral da Organização Internacional do Trabalho durante a Octogésima Sexta Reunião, realizada em Genebra, e cujo encerramento foi declarado em 18 de junho de 1998. Em fé da qual foi assinado neste décimo nono dia de junho de 1998.

86ª Sessão, Genebra, junho de 1998

Presidente da Conferência
JEAN-JACQUES OECHSLIN

O Diretor Geral da Secretaria Internacional do Trabalho
MICHEL HANSENNE

CONVENÇÕES DA OIT REFERENCIADAS

1. Convenção n. 29 da OIT

Disponível em: <http://www.oitbrasil.org.br/info/download/conv_29.pdf> Acesso em: 10.set.2010.

2. Convenção n. 87 da OIT

Disponível em: <http://www.oit.org/ilolex/portug/docs/C087.htm> Acesso em: 10.set.2010.

3. Convenção n. 98 da OIT

Disponível em: <http://www.oitbrasil.org.br/download/convencao98.pdf> Acesso em: 10.set.2010.

4. Convenção n. 100 da OIT

Disponível em: <http://www.ilo.org/public/portugue/region/ampro/brasilia/info/download/conv_100.pdf> Acesso em: 10.set.2010.

5. Convenção n. 105 da OIT

Disponível em: <http://www.oitbrasil.org.br/info/download/conv_105.pdf> Acesso em: 10.set.2010.

6. Convenção n. 111 da OIT

Disponível em: <http://www.gddc.pt/direitos-humanos/textos-internacionais-dh/tidhuniversais/pd-conv-oit-111-emprego.html> Acesso em: 10.set.2010.

7. Convenção n. 138 da OIT

Disponível em: <http://www.oitbrasil.org.br/info/download/conv_138.pdf> Acesso em: 10.set.2010.

8. Convenção n. 182 da OIT

Disponível em: <http://www.oitbrasil.org.br/info/download/conv_182.pdf> Acesso em: 10.set.2010.

NORMA SA 8000 DA *SOCIAL ACCOUNTABILITY INTERNATIONAL*[188]

I. OBJETIVO E ESCOPO

A intenção da SA8000 é oferecer um padrão que se baseia em normas internacionais de Direitos Humanos e em leis trabalhistas nacionais que irão proteger e habilitar todo o pessoal dentro do escopo de controle e influência de uma empresa, que produzam ou forneçam serviços para esta mesma empresa, incluindo o pessoal empregado pela própria empresa, bem como o pessoal de fornecedores/subcontratados, subfornecedores e trabalhadores em domicílio.

A SA8000 é verificável através de um processo baseado em evidência. Seus requisitos se aplicam universalmente, independente do porte da empresa, da sua localização geográfica ou do setor industrial.

Estar em conformidade com os requisitos de responsabilidade social deste padrão possibilitará a uma empresa:

a) Desenvolver, manter e executar políticas e procedimentos com o objetivo de gerenciar aqueles temas os quais ela possa controlar ou influenciar;

b) Demonstrar com credibilidade para as partes interessadas que as políticas, procedimentos e práticas existentes na empresa estão em conformidade com os requisitos deste padrão.

II. ELEMENTOS NORMATIVOS E SUA INTERPRETAÇÃO

A empresa deve atender às leis nacionais e a todas as outras aplicáveis, às normas industriais vigentes, a outros requisitos aos quais a empresa tenha se obrigado e a este padrão. Quando as leis nacionais ou outras aplicáveis, as normas industriais vigentes, outros requisitos aos quais a empresa tenha se obrigado e este padrão tratarem do mesmo tema, a disposição que for mais favorável aos trabalhadores se aplica.

A empresa deve também respeitar os princípios dos seguintes instrumentos internacionais:

Convenção OIT 1 (Horários de Trabalho — Indústria) e Recomendação 116 (Redução de Horários de Trabalho)

Convenções OIT 29 (Trabalho Forçado) e 105 (Abolição do Trabalho Forçado)

Convenção OIT 87 (Liberdade de Associação)

Convenção OIT 98 (Direito de Organizar e Negociar Coletivamente)

Convenções OIT 100 (Remuneração equivalente para trabalhadores masculinos e femininos por trabalho equivalente) e 111 (Discriminação — Emprego e Ocupação)

---

(188) Disponível em: <http://www.sa-intl.org/_data/n_0001/resources/live/2008StdPortugese.pdf> Acesso em: 10.set.2010.

Convenção OIT 102 (Previdência Social — Padrões Mínimos)

Convenção OIT 131 (Fixação do Salário Mínimo)

Convenção OIT 135 (Representantes dos Trabalhadores)

Convenção OIT 138 e Recomendação 146 (Idade Mínima)

Convenção OIT 155 e Recomendação 164 (Saúde e Segurança Ocupacional)

Convenção OIT 159 (Reabilitação Vocacional e Emprego — Pessoas com Deficiência)

Convenção OIT 169 (Povos Indígenas e Tribais)

Convenção OIT 177 (Trabalho em Domicílio) Convenção OIT 182 (As Piores Formas de Trabalho Infantil)

Convenção OIT 183 (Proteção da Maternidade)

Código de Práticas da OIT sobre HIV/AIDS e o Mundo do Trabalho

Declaração Universal dos Direitos Humanos

Pacto Internacional sobre Direitos Econômicos, Sociais e Culturais

Pacto Internacional sobre Direitos Civis e Políticos

Convenção das Nações Unidas sobre os Direitos da Criança

Convenção das Nações Unidas para a Eliminação de Todas as Formas de Discriminação Contra as Mulheres

Convenção das Nações Unidas sobre a Eliminação de Todas as Formas de Discriminação Racial

III. DEFINIÇÕES

1. Definição de empresa: a totalidade de qualquer organização ou entidade de negócio responsável pela implementação dos requisitos deste padrão, incluindo todo o pessoal empregado pela empresa.

2. Definição de pessoal: todo indivíduo, homem ou mulher, diretamente empregado ou contratado por uma empresa, incluindo-se diretores, executivos, gerentes, supervisores e trabalhadores.

3. Definição de trabalhador: Todo pessoal não gerencial.

4. Definição de fornecedor/subcontratado: uma organização que forneça à empresa bens e/ou serviços necessários e utilizados na/para a produção de bens e/ou serviços da empresa.

5. Definição de subfornecedor: uma organização na cadeia de suprimentos que, direta ou indiretamente, forneça bens e/ou serviços utilizados na produção de bens e/ou serviços do fornecedor ou da empresa.

6. Definição de ação corretiva e ação preventiva: uma reparação imediata e contínua de uma não conformidade em relação ao padrão SA8000.

7. Definição de parte interessada: indivíduo ou grupo interessado em ou afetado pelo desempenho social da empresa.

8. Definição de criança: qualquer pessoa com menos de 15 anos de idade, a menos que a idade mínima para trabalho ou educação compulsória seja estipulada como sendo mais alta pela lei local, caso em que a idade mais alta estipulada se aplica naquela localidade.

9. Definição de trabalhador jovem: qualquer trabalhador com idade acima da idade de criança conforme definido acima e abaixo de 18 anos de idade.

10. Definição de trabalho infantil: qualquer trabalho realizado por uma criança com idade menor do que as idades especificadas na definição de criança acima, exceção feita ao que está previsto na Recomendação 146 da OIT.

11. Definição de trabalho forçado e compulsório: todo trabalho ou serviço que uma pessoa não tenha se oferecido para fazer voluntariamente e seja obrigada a fazer, sob ameaça de punição ou retaliação, ou seja obrigada como forma de ressarcimento de débito.

12. Definição de tráfico humano: recrutamento, transferência, refúgio ou receptação de pessoas, por meio de ameaça, força e/ou outras formas de coerção ou fraude, com o objetivo de exploração.

13. Definição de reparação de crianças: todo o apoio e ações necessários para garantir a segurança, saúde, educação e o desenvolvimento de crianças que tenham sido submetidas a trabalho infantil, conforme definido acima e tenham sido subsequentemente demitidas.

14. Definição de trabalhador em domicílio: uma pessoa que seja contratada por uma empresa ou por um fornecedor, subfornecedor ou subcontratado, mas que não trabalha nas instalações dos mesmos.

15. Definição de representante dos trabalhadores para a SA8000: um trabalhador escolhido para facilitar a comunicação com a alta administração sobre assuntos relacionados à SA8000, através de sindicato reconhecido em organizações sindicalizadas e, nos demais casos, um trabalhador eleito para esse fim entre o pessoal não gerencial.

16. Representante da Alta Administração: um membro da alta administração indicado pela empresa para assegurar que os requisitos desta norma sejam atendidos.

17. Organização de trabalhadores: uma associação voluntária de trabalhadores organizados, de forma continuada, com o objetivo de manter e aprimorar as cláusulas de emprego e as condições no local de trabalho.

18. Acordo de negociação coletiva: um contrato de trabalho negociado entre um empregador ou grupo de empregadores e uma ou mais organizações de trabalhadores, que especifica as cláusulas e condições de emprego.

IV. REQUISITOS DE RESPONSABILIDADE SOCIAL

1. TRABALHO INFANTIL

Critérios:

1.1 A empresa não deve se envolver com ou apoiar a utilização de trabalho infantil, conforme definido acima;

1.2 A empresa deve estabelecer, documentar, manter e efetivamente comunicar aos funcionários e a outras partes interessadas, as políticas e procedimentos escritos para reparação de crianças que forem encontradas trabalhando em situações que se enquadrem na definição de trabalho infantil acima, e deve fornecer apoio financeiro adequado e outros meios para possibilitar que tais crianças frequentem e permaneçam na escola até passar a idade de criança, conforme definido acima;

1.3 A empresa pode empregar trabalhadores jovens, mas quando tais trabalhadores jovens estiverem sujeitos a leis de educação compulsória, eles somente podem trabalhar fora dos horários escolares. Em nenhuma circunstância o tempo somado de aula, trabalho e transporte desses trabalhadores jovens deve exceder 10 horas por dia, e em caso nenhum os trabalhadores jovens devem trabalhar mais do que 8 horas por dia. Os jovens trabalhadores não podem trabalhar durante horário noturno.

1.4 A empresa não deve expor crianças ou trabalhadores jovens a quaisquer situações dentro ou fora do local de trabalho que sejam perigosas ou inseguras para sua saúde e desenvolvimento físico e mental.

2. TRABALHO FORÇADO E COMPULSÓRIO

Critérios:

2.1 A empresa não deve se envolver com ou apoiar a utilização de trabalho forçado ou compulsório, conforme definido na Convenção 29 da OIT, nem se deve solicitar das pessoas que façam 'depósitos' ou deixem documentos de identificação com a empresa quando do início do emprego.

2.2 Nem a empresa nem qualquer entidade que forneça mão de obra à empresa devem reter qualquer parte do salário, benefícios, propriedade ou documentos de qualquer pessoa, a fim de forçar tal pessoa a continuar trabalhando para a empresa.

2.3 O pessoal deve ter o direito de deixar o local de trabalho após concluir um dia de trabalho padrão e deve ter liberdade para encerrar o contrato de emprego, desde que seja feita uma notificação ao empregador com prazo razoável.

2.4 Nem a empresa ou qualquer entidade fornecedora de mão de obra deve se envolver ou apoiar o tráfico de seres humanos.

3. SAÚDE E SEGURANÇA

Critérios:

3.1 A empresa deve proporcionar um ambiente de trabalho seguro e saudável e deve tomar medidas eficazes para prevenir acidentes e danos potenciais à saúde dos trabalhadores que surjam do, estejam associados com ou que ocorram no curso do trabalho, minimizando, tanto quanto seja razoavelmente praticável, as causas de perigos inerentes ao ambiente do local de trabalho e, tendo-se em mente o conhecimento prevalente da indústria e de quaisquer perigos específicos;

3.2 A empresa deve nomear um representante da alta administração para ser responsável por assegurar um ambiente seguro e saudável do local de trabalho para todo o pessoal e por implementar os elementos de Saúde e Segurança deste padrão;

3.3 A empresa deve fornecer ao pessoal, de forma regular, instruções eficazes de saúde e segurança, inclusive instruções no próprio local de trabalho e, quando necessário, instruções específicas da tarefa. Tais instruções devem ser repetidas para o pessoal novo e realocado e nos casos onde ocorreram acidentes.

3.4 A empresa deve estabelecer sistemas para detectar, evitar ou reagir às ameaças à saúde e segurança do pessoal. A empresa deve manter registros escritos de todos os acidentes que ocorram no local de trabalho e nas residências e propriedades controladas pela empresa.

3.5 A empresa deve fornecer ao pessoal, assumindo esses custos, equipamentos de proteção individual. Caso ocorra uma lesão relacionada com o trabalho, a empresa deve fornecer primeiros socorros e assistir ao trabalhador na obtenção de tratamento e acompanhamento médicos.

3.6 A empresa deve se comprometer a avaliar todos os riscos em relação a mães recentes e grávidas, que surjam de suas atividades no trabalho, e assegurar que todas as medidas possíveis sejam tomadas para remover ou reduzir quaisquer riscos à sua saúde e segurança.

3.7 A empresa deve proporcionar, para uso por todo o pessoal, acesso a banheiros limpos, acesso à água potável e, quando aplicável, acesso a instalações sanitárias para armazenamento de alimentos.

3.8 A empresa deve assegurar que quaisquer instalações de dormitório fornecidas ao pessoal sejam limpas, seguras e atendam às necessidades básicas do pessoal.

3.9 Todo o pessoal deve ter o direito de se retirar de local com perigo grave iminente, sem ter que buscar autorização da empresa.

4. LIBERDADE DE ASSOCIAÇÃO E DIREITO À NEGOCIAÇÃO COLETIVA

Critérios:

4.1 Todo pessoal deve ter o direito de formar, se associar e organizar sindicatos de sua escolha e de negociar coletivamente a seu favor com a empresa. A empresa deve respeitar este direito e deve eficazmente informar ao pessoal que eles são livres para se associarem a uma organização de sua escolha e que, ao fazerem assim, isto não irá resultar em quaisquer consequências negativas para eles, ou em retaliação pela empresa. A empresa não deve de nenhuma maneira interferir com o estabelecimento, funcionamento ou a administração de tais organizações de trabalhadores ou da sua negociação coletiva.

4.2 Em situações em que o direito à liberdade de associação e o direito de negociação coletiva forem restringidos por lei, a empresa deve permitir livremente aos trabalhadores eleger seus próprios representantes.

4.3 A empresa deve assegurar que os representantes dos trabalhadores e qualquer pessoal empenhado em organizar os trabalhadores não sejam sujeitos à discriminação, assédio, intimidação ou retaliação por motivo de serem membros de um sindicato ou de participarem de atividades do sindicato e que tais representantes tenham acesso aos membros de seu sindicato no local de trabalho.

5. DISCRIMINAÇÃO

Critérios:

5.1 A empresa não deve se envolver ou apoiar a discriminação na contratação, remuneração, acesso a treinamento, promoção, encerramento de contrato ou aposentadoria, com base em raça, origem nacional ou social, classe social, nascimento, religião, deficiência, sexo, orientação sexual, responsabilidades familiares, estado civil, associação a sindicato, opinião política, idade ou qualquer outra condição que poderia dar ensejo à discriminação.

5.2 A empresa não deve interferir com o exercício dos direitos do pessoal em observar preceitos ou práticas, ou em atender às necessidades relativas à raça, origem nacional ou social, religião, deficiência, sexo, orientação sexual, responsabilidades familiares, associação a sindicato, opinião política, ou qualquer outra condição que poderia dar ensejo à discriminação.

5.3 A empresa não deve permitir qualquer comportamento que seja ameaçador, abusivo, explorador ou sexualmente coercitivo, incluindo gestos, linguagem e, quando aplicável, nas residências e outras instalações fornecidas pela empresa para uso pelo pessoal.

5.4 A empresa não deve submeter o pessoal a testes de gravidez ou virgindade, sob nenhuma circunstância.

6. PRÁTICAS DISCIPLINARES

Critério:

6.1 A empresa deve tratar todo o pessoal com dignidade e respeito. A empresa não deve se envolver ou tolerar a utilização de punição corporal, mental ou coerção física e abuso verbal das pessoas. Não se permite tratamento rude ou desumano.

7. HORÁRIO DE TRABALHO

Critérios:

7.1 A empresa deve estar em conformidade com as leis aplicáveis e com os padrões da indústria sobre horário de trabalho e feriados públicos. A semana de trabalho normal, não se incluindo horas extras, deve ser conforme definido por lei, mas não deve exceder a 48 horas.

7.2 Ao pessoal deve ser fornecido, pelo menos, um dia de folga, após seis dias consecutivos de trabalho. Outros arranjos serão permitidos, contudo, nos casos onde as duas seguintes condições existam:

a) A legislação nacional permite horário de trabalho que exceda a este limite; e

b) Um acordo de negociação coletiva, livremente negociado, está em vigor e que permite o cálculo da média do tempo de trabalho, incluindo-se períodos adequados de descanso.

7.3 Todo trabalho em hora extra deve ser voluntário, exceto conforme disposto em 7.4 abaixo e não deve exceder a 12 horas por semana, nem ser requisitado com regularidade.

7.4 Nos casos onde o trabalho em hora extra for necessário para atingir demandas de curto prazo e a empresa fizer parte do acordo de negociação coletiva, livremente negociado com organizações de trabalhadores (conforme definido acima), representando uma porção significativa de sua força de trabalho, a empresa pode requerer tal trabalho em hora extra, em conformidade com tais acordos. Qualquer acordo deve estar em conformidade com os requisitos da Seção 7.1 acima.

8. REMUNERAÇÃO

Critérios:

8.1 A empresa deve respeitar o direito do pessoal a um salário de subsistência e assegurar que os salários pagos por uma semana normal de trabalho devam sempre satisfazer a pelo menos os padrões mínimos da indústria e devem ser suficientes para atender às necessidades básicas do pessoal e proporcionar alguma renda extra;

8.2 A empresa deve assegurar que as deduções dos salários não sejam feitas por razões disciplinares. Exceções a esta regra se aplicam somente quando existirem ambas as condições abaixo:

a) As deduções de salário por razões disciplinares são permitidas por legislação nacional; e

b) Um acordo de negociação coletiva livremente negociado está em vigor.

8.3 A empresa deve assegurar que a composição dos salários e benefícios do pessoal seja detalhada clara e apresentada regularmente por escrito, para cada período de pagamento. A empresa deve assegurar também que os salários e benefícios sejam pagos em plena conformidade com todas as leis aplicáveis e que a remuneração seja paga em dinheiro ou cheque, de uma maneira que seja conveniente para os trabalhadores.

8.4 Toda hora extra deve ser remunerada em base especial, conforme definido por lei nacional. Nos países onde uma taxa especial para hora extra não for regulamentada por lei ou por acordo de negociação coletiva, o pessoal deve ser recompensado por hora extra em base especial ou igual aos padrões prevalentes da indústria, a que for mais favorável aos interesses dos trabalhadores.

8.5 A empresa não deve utilizar somente contratos de mão de obra temporária, contratos consecutivos de curto prazo e/ou falsos esquemas de aprendizagem para evitar o cumprimento das obrigações para com o pessoal, sob a legislação aplicável pertinente às leis e regulamentações trabalhistas e de seguridade social.

9. SISTEMAS DE GESTÃO

Critérios:

Política

9.1 A alta administração deve definir, por escrito, no idioma compreendido pelos trabalhadores, a política da empresa para a responsabilidade social e relações de trabalho, e exibir esta política e a SA8000 num lugar destacado, facilmente visualizável nas instalações da empresa, para informar ao pessoal que ela escolheu voluntariamente estar em conformidade com os requisitos do padrão SA8000. Tal política deve claramente incluir os seguintes comprometimentos:

a) Estar em conformidade com todos os requisitos deste padrão;

b) Incluir um comprometimento para estar em conformidade com as leis nacionais e outras leis aplicáveis, com outros requisitos aos quais a empresa subscrever e a respeitar os instrumentos internacionais e suas interpretações (conforme listado na Seção II);

c) Analisar criticamente sua política em caráter regular para sua melhoria contínua, levando-se em consideração as mudanças na legislação, nos requisitos de seu próprio código de conduta, e quaisquer outros requisitos da empresa;

d) Ser efetivamente documentada, implementada, mantida, comunicada e acessível de forma abrangente para todos os trabalhadores, incluindo-se diretores, executivos, gerências, supervisores e a administração, quer seja diretamente empregado, contratado ou de alguma forma representando a empresa;

e) Tornar esta política publicamente disponível de forma e maneira eficazes para as partes interessadas, quando solicitado.

Representante da Alta Administração

9.2 A empresa deve nomear um Representante da Alta Administração o qual, independentemente de outras responsabilidades, deve assegurar que os requisitos desta norma sejam atendidos.

Representante dos Trabalhadores para a SA8000

9.3 A empresa deve reconhecer que o diálogo no local de trabalho é um componente crítico da responsabilidade social e assegurar que todo o pessoal não gerencial tenha o direito de representação para facilitar a comunicação com a alta administração nos assuntos relativos à SA8000. Em instalações sindicalizadas, tal representação deve ser conduzida por sindicato(s) reconhecido(s). Nas outras instalações não sindicalizadas, o pessoal não gerencial pode eleger um representante do trabalhador para a SA8000 dentre os próprios trabalhadores, para este fim. Em nenhuma circunstância, o representante do trabalhador para a SA8000 pode ser visto como um substituto para a representação sindical.

Análise Crítica pela Alta Administração

9.4 A alta direção periodicamente deve analisar criticamente a adequação, pertinência e a contínua eficácia da política da empresa, dos procedimentos e dos resultados de desempenho, em particular em relação aos requisitos deste padrão e a outros requisitos aos quais a empresa subscrever. Quando apropriado, as alterações e melhorias do sistema devem ser implementadas. O representante dos trabalhadores para a SA8000 deve participar desta análise crítica.

Planejamento e Implementação

9.5 A empresa deve assegurar que os requisitos desta norma sejam entendidos e implementados em todos os níveis da organização. Os métodos devem incluir, mas não estão limitados a:

a) Clara definição de papéis, responsabilidades e autoridade de todas as partes;

b) Treinamento de empregados novos, realocados e/ou temporários quando da contratação;

c) Instrução periódica, treinamento e programas de conscientização para o pessoal existente;

d) Monitoração contínua das atividades e resultados para demonstrar a eficácia dos sistemas implementados, visando atender à política da empresa e aos requisitos deste padrão.

9.6 Exige-se que a empresa consulte o Documento Guia quanto a diretrizes interpretativas em relação a este padrão.

Controle de Fornecedores /Subcontratados e Subfornecedores

9.7 A empresa deve manter registros apropriados do comprometimento para com a responsabilidade social de fornecedores/subcontratados (e, quando apropriado, subfornecedores), incluindo, mas não se limitando a, acordos contratuais e/ou comprometimento por escrito dessas organizações em:

a) Estar em conformidade com todos os requisitos deste padrão e a exigir o mesmo de subfornecedores;

b) Participar de atividades de monitoração, conforme requerido pela empresa;

c) Identificar a causa raiz e prontamente implementar ação corretiva e preventiva para resolver qualquer não conformidade em relação aos requisitos deste padrão;

d) Pronta e completamente informar à empresa sobre qualquer e todo(s) o(s) relacionamento(s) relevante(s) com outros fornecedores/subcontratados e subfornecedores.

9.8 A empresa deve estabelecer, manter e documentar por escrito procedimentos apropriados para avaliar e selecionar fornecedores/subcontratados (e, quando apropriado, subfornecedores), levando em consideração o desempenho e comprometimento deles em atender aos requisitos desta norma;

9.9 A empresa deve fazer um razoável esforço para assegurar que os requisitos desta norma estejam sendo atendidos pelos fornecedores e subfornecedores dentro de sua esfera de controle e influência.

9.10 Além dos requisitos das Seções 9.7 e 9.9 acima, quando a empresa receber, manusear ou promover bens e/ou serviços de fornecedores/subcontratados ou subfornecedores que sejam classificados como trabalhadores em domicílio, a empresa deve tomar medidas especiais para assegurar que a tais trabalhadores em domicílio seja proporcionado um nível similar de proteção ao que seria proporcionado aos funcionários empregados diretamente, sob os requisitos deste padrão. Tais medidas especiais devem incluir, mas não se limitarem a:

a) Estabelecer contratos de aquisição por escrito e com valor legal que requeiram conformidade com critérios mínimos de acordo com os requisitos deste padrão;

b) Assegurar que os requisitos do contrato de aquisição por escrito sejam entendidos e implementados pelos trabalhadores em domicílio e por todas as outras partes envolvidas no contrato de aquisição;

c) Manter, nas instalações da empresa, registros abrangentes detalhando a identidade dos trabalhadores em domicílio; as quantidades de bens produzidos/serviços realizados e/ou horas trabalhadas por cada trabalhador em domicílio;

d) Atividades de monitoração programadas e não programadas para verificar a conformidade com os termos do contrato de aquisição assinado.

Tratando das Preocupações e Tomando Ação Corretiva

9.11 A empresa deve proporcionar meios confidenciais para todo o pessoal reportar não conformidades em relação a este padrão à alta administração e ao representante dos trabalhadores. A empresa deve investigar, tratar e responder às preocupações do pessoal e outras partes interessadas, com respeito à conformidades/não conformidades frente à política da empresa e/ou frente aos requisitos deste padrão; a empresa deve evitar repreender, demitir ou de alguma outra forma discriminar contra qualquer empregado que tenha fornecido informações relativas à observância deste padrão.

9.12 A empresa deve identificar a causa raiz, prontamente implementar ação corretiva e preventiva, e alocar os recursos necessários apropriados à natureza e severidade de qualquer não conformidade identificada contra a política da empresa e/ou contra este padrão.

Comunicação Externa e Engajamento de Partes Interessadas

9.13 A empresa deve estabelecer e manter procedimentos para comunicar regularmente a todas as partes interessadas dados e outras informações relativas à conformidade frente aos requisitos deste documento, incluindo, mas não se limitando aos resultados das análises críticas pela alta administração e das atividades de monitoração.

9.14 A empresa deve demonstrar sua vontade de participar de diálogos com todas as partes interessadas, incluindo, mas não se limitando a: trabalhadores, sindicatos, fornecedores, subcontratados, subfornecedores, compradores, organizações não governamentais e os representantes dos governos local e nacional, objetivando-se atingir uma conformidade sustentável com este padrão.

Acesso para Verificação

9.15 No caso de auditorias programadas e não programadas da empresa, com o objetivo de certificação de sua conformidade com os requisitos deste padrão, a empresa deve assegurar o acesso a seu recinto e a informações razoáveis requeridas pelo auditor.

Registros

9.16 A empresa deve manter registros apropriados para demonstrar conformidade com os requisitos deste padrão.

LISTA DE EMPRESAS BRASILEIRAS CERTIFICADAS DE ACORDO COM A NORMA SA 8000 DA *SOCIAL ACCOUNTABILITY INTERNATIONAL*[189]

1. 6º Ofício de Registro de Títulos e Documentos do Rio de Janeiro — RJ

2. Aalborg Industries S.A.

3. Açotubo Indústria e Comércio Ltda.

4. Adesi Ind. e Com. de Adesivos Ltda.

5. Ajinomoto Biolatina Indústria e Comércio Ltda.

6. Ajinomoto Interamericana Indústria e Comércio Ltda.

7. Albras Alumínio Brasileiro S.A.

8. Alunorte — Alumina do Norte do Brasil S.A.

9. American Banknote S.A.

10. ArcelorMittal Brasil S.A.

11. Arkema Química Ltda.

12. Banco BRADESCO S.A.

13. Belgo Siderúrgia S/A — Unidade Juiz de Fora

14. Beraca Sabara Químicos e Ingredientes Ltda.

15. C.S.E. Mecânica e Instrumentação Ltda.

16. Câmara Municipal de Barueri

17. Cegelec Ltda.

18. Centelha Equipamentos Elétricos Ltda.

19. Centro Integrado de Estudos e Programas de Desenvolvimento Sustentável

20. Cetrel S.A. — Empresa de Proteção Ambiental

---

[189] *SA 8000* — Empresas brasileiras certificadas até 31.03.2010. Disponível em: <http://www.saasaccreditation.org/certfacilitieslist.htm> Acesso em: 10.set.2010.

21. Companhia Suzano de Papel e Celulose
22. Consistem Sistemas Ltda
23. Consórcio de Alumínio do Maranhão — ALUMAR
24. Construtora Andrade Gutierrez S.A. — SP
25. COPAG da Amazônia S.A.
26. CPFL — Cia. Paulista de Força e Luz
27. CPFL — Cia. Piratininga de Força e Luz
28. CPFL — Geração de Energia S.A.
29. Ctmain Engenheiros S/S Ltda.
30. DRÄGER Safety do Brasil Equipamentos de Segurança Ltda.
31. EagleBurgmann do Brazil Vedações Industriais Ltda.
32. ECOVAP Engenharia E Construções Vale do Paraiba Ltda.
33. Electro Aço Altona S.A.
34. Engefiltro Comércio Importação e Exportação Ltda.
35. Engelógica Engenharia de Sistemas Ltda
36. Estrutural Serviços Industriais Ltda.
37. FERPAN
38. Fundimisa — Fundição e Usinagem Ltda.
39. GDK S/A
40. Geraldo J. Coan & Cia Ltda.
41. Givaudan do Brasil Ltda.
42. GPTI Tecnologia da Informação S.A.
43. Graça Terra
44. Gunnebo Industries Produtos para Movimentação de Cargas Ltda.
45. HSBC Bank Brasil S.A — Banco Múltiplo
46. Interdesign Móveis Ltda.
47. iQ Soluções & Química S/A (Antiga Ipiranga Química)
48. ISP do Brasil Ltda.
49. Kannenberg & Cia Ltda.
50. KBH & C — Kannenberg, Barker, Hail & Cotton Tabacos.

51. Kraton Polymers do Brasil S.A.

52. Laboratório Sabin de Análises Clínicas Ltda.

53. Maeda S.A. Agroindustrial

54. Mane do Brasil Indústria e Comércio Ltda.

55. Mangels Indústria e Comércio Ltda. — São Bernardo do Campo — SP

56. Mangels Indústria e Comércio Ltda. — Três Corações — MG

57. Mangels Indústria e Comércio Ltda. — Guarulhos — SP

58. Manserv Montagem e Manutenção Ltda.

59. Marcopolo S.A.

60. Marelli Móveis Para Escritório Ltda.

61. Masa da Amazônia Ltda.

62. MBF Embalagens Ltda.

63. Meadwestvaco Calmar Brasil Produtos Plásticos Ltda.

64. Mendes Júnior Trading e Engenharia S.A. — MG

65. Metalúrgica Jorba Indústria e Comércio Ltda.

66. MSA do Brasil Equipamentos e Instrumentos

67. Newsul S.A. Embalagens e Componentes

68. Nippon Engenharia Ltda.

69. NM Engenharia e Anticorrosão Ltda.

70. NM Serviços Brasil Ltda.

71. Núcleo Engenharia Consultiva Ltda.

72. Pastore da Amazônia S.A.

73. Personal Service Recursos Humanos Assessoria Empresarial Ltda.

74. Philips da Amazônia Indústria Eletrônica Ltda — PHAM

75. RGE — Rio Grande Energia S.A.

76. Rio Paracatu

77. Sao Marco Indústria Comércio Ltda.

78. Saraiva Equipamentos Ltda.

79. Service Engenharia Ltda.

80. Superquip Serviços e Equipamentos Técnicos

81. Suspensys Sistemas Automotivos Ltda.

82. Suzano Papel e Celulose

83. Tedia Brazil Produtos para Laboratórios Ltda.

84. Telsan Engenharia e Serviços Ltda.

85. Unimetal Indústria, Comércio e Empreendimentos Ltda.

86. UTC Engenharia S.A.

87. Valesul Alumínio S.A.

88. Verde Gaia Consultoria e Educação Ambiental Ltda.

FLUXOGRAMAS

VALOR SOCIAL DO TRABALHO

- Referência simbólica fundamental da sociedade contemporânea
- Patrimônio essencial do trabalhador
- Exigência indeclinável do ser social
- Meio dado à pessoal para alcançar a completudo e o pleno desenvolvimento de suas potencialidades
- Trabalho e valor são regidos por essencial dialética de complementaridade
- Realização da vocação da pessoa humana
- Fonte de realização material, moral e espiritual do trabalhador
- Preconiza a proteção da existência digna do homem
- Relacionado ao próprio direito à vida
- Corresponde à afirmação da dignidade humana, ao afastar a concepção de trabalho como mercadoria.
- Meio fundamental dado à pessoa humana para efetivar e sublimar sua existência com dignidade
- Consagração universal dos Direitos Humanos no trabalho

DIREITOS HUMANOS

Direitos em função da natureza humana, reconhecidos universalmente pelos quais indivíduos e humanidade, em geral, possam sobreviver e alcançar suas próprias realizações

| Sistema de proteção da pessoa humana — relacionado ao próprio estilo de vida | VIDA HUMANA COMO VALOR FONTE — Consagração da dignidade da pessoa humana como valor central da sociedade | Núcleo essencial dos direitos fundamentais, coligado ao próprio direito à vida, pois relaciona-se como as garantias e exigências básicas do ser humano para uma existência que permita o desenvolvimento de suas potencialidades |

⬇

DIGNIDADE DA PESSOA HUMANA DO TRABALHADOR

Qualidade intrínseca e distintiva reconhecida em cada ser humano que o faz merecedor do mesmo respeito e consideração por parte do Estado e da comunidade, implicando, neste sentido, um complexo de direitos e deveres fundamentais que assegurem a pessoa tanto contra todo e qualquer ato de cunho degradante e desumano, como venham a lhe garantir as condições existenciais mínimas para uma vida saudável

| Princípio fundamental, o qual se irradia para todos os quadrantes do ordenamento jurídico, notadamente na proteção ao trabalho | Desenvolvimento integral do trabalhador | Direitos contidos no mínimo existencial englobado no conteúdo jurídico do princípio da dignidade da pessoa humana |

⬇

DIREITOS FUNDAMENTAIS NO TRABALHO — OIT

| Concretização da dignidade da pessoa humana | Patrimônio normativo da humanidade | Estabelecimento de padrões universais de proteção ao trabalho |

⬇

DESAFIO DA PROTEÇÃO, EFETIVIDADE, AFIRMAÇÃO

"O problema fundamental em relação aos direitos do homem, hoje, não é tanto o de justificá-los, mas o de protegê-los"

| Obrigação deontológica Destituídos de certeza jurídica | Déficit mundial de trabalho decente, que só contempla 20% dos trabalhadores | Necessita sair do plano estéreo para enfrentar os desafios impostos pela globalização |

⬇

RESPONSABILIDADE SOCIAL EMPRESARIAL

É o comprometimento permanente dos empresários de adotar um comportamento ético e contribuir para o desenvolvimento econômico, simultaneamente, a qualidade de vida dos seus empregados e de seus familiares, da comunidade local e da sociedade como um todo

| Expressão dos movimentos de mudança da sociedade | Sustentabilidade exige a primazia da responsabilidade social nas relações de trabalho | Reconciliação entre o desenvolvimento econômico e a justiça social |

⬇

RELAÇÃO DE TRABALHO RESPONSÁVEL

| NOVO PARADIGMA — Conjugação da responsabilidade social empresarial com o conteúdo jurídico das declarações de direitos humanos no trabalho — EFETIVIDADE | É o vínculo ético-jurídico mantido entre a empresa socialmente responsável e o trabalhador, destinado a assegurar a dignidade humana do obreiro por meio da concretização dos direitos fundamentais no trabalho, resguardando, sempre, a humanização dos vínculos laborais e o comprometimento da corporação e de seus gestores com o desenvolvimento e a sustentabilidade da sociedade. |

RELAÇÃO DE TRABALHO RESPONSÁVEL

NOVO PARADIGMA

Conjugação da responsabilidade social empresarial com o conteúdo jurídico das declarações de direitos humanos no trabalho.

É o vínculo ético-jurídico entre a empresa socialmente responsável e o trabalhador, destinado a assegurar a dignidade humana do obreiro por meio da concretização dos direitos fundamentais no trabalho, resguardando, sempre, a humanização dos vínculos laborais e o comprometimento da corporação de seus gestores com o desenvolvimento e a sustentabilidade da sociedade.

Conceito evolutivo.

ELEMENTOS BÁSICOS

Afirmação dos preceptivos na Declaração de Princípios e Direitos Fundamentais no Trabalho da OIT.

Tutela e promove, assim, um trabalho produtivo e apropriadamente remunerado, executado em condições de liberdade, equidade e segurança, sem discriminação e apto para assegurar uma vida digna aos indivíduos que dele dependam.

Elementos que permitam projeção em nível global.

- Liberdade de associação de organização sindical
- Eliminação de todas as formas de trabalho forçado ou obrigatório
- abolição efetiva do trabalho infantil
- Eliminação da discriminação em matéria de emprego e ocupação
- Geração de oportunidades de trabalho, emprego e renda
- Diálogo social e equidade
- Proteção total dos trabalhadores
- Afirmação do trabalho seguro e saudável

ELEMENTOS COMPLEMENTARES

Extravasando a afirmação dos direitos fundamentais do trabalho, é extremamente desejável — e até mesmo necessário — que as práticas adotadas pelas corporações, que assumem o compromisso ético com os trabalhadores e com a sociedade, ultrapassem os padrões mínimos definidos internacionalmente, em direção aos mais altos padrões de direitos humanos e trabalhistas.

Modernos instrumentos do Direito do Trabalho.

- Adoção de programas de participação nos lucros ou resultados da empresa (PLR)
- Incentivo à formação da relação de emprego
- Adoção da cláusula trabalhista em todos os contratos comerciais
- Implantação da Comissão de Responsabilidade Social nas Relações de Trabalho
- Participação na gestão empresarial
- Como conceito em construção, pode agregar preceitos como: Garantia aos trabalhadores de não serem despedidos sem causa fundamentada. Liberdade de opinião no ambiente de trabalho: Devido processo nas questões laborais, o tratamento equânime e justo

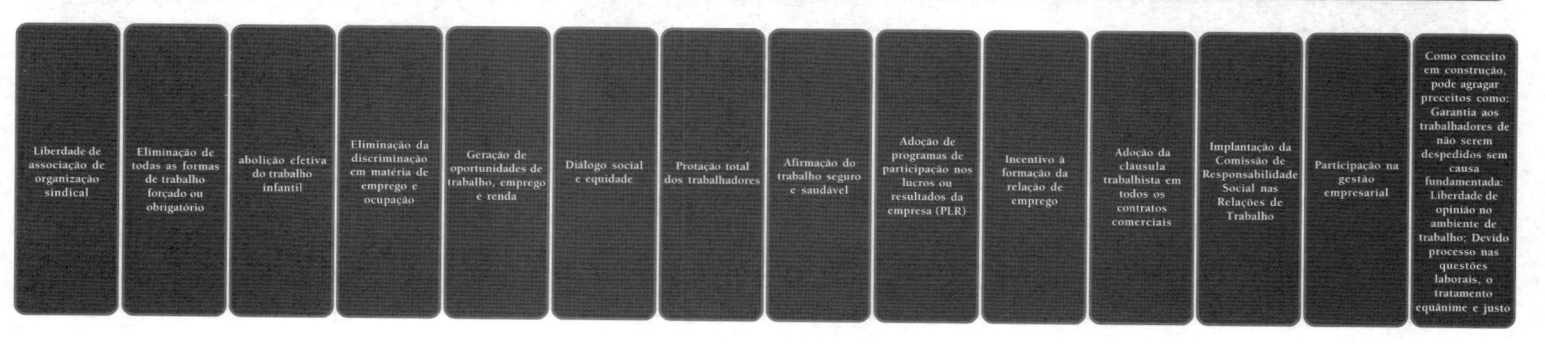

Declaração sobre Princípios e Direitos Fundamentais no Trabalho

- a liberdade sindical e o reconhecimento efetivo do direito de negociação coletiva — Convenção n. 37, de 1948, sobre a liberdade sindical e a proteção do direito sindical e Convenção n. 98, de 1949, sobre direito de sindicalização e de negociação coletiva

- a eliminação de todas as formas de trabalho forçado ou obrigatório — Convenção n. 29, de 1930, sobre o trabalho forçado obrigatório e Convenção n. 105, de 1957, relativa a abolição do trabalho forçado

- a abolição efetiva do trabalho infantil — Convenção n. 138, de 1973, sobre a idade mínima de admissão a emprego e Convenção n. 182, de 1999, sobre a proibição das piores formas de trabalho infantil e a ação imediata para sua eliminação

- a eliminação da discriminação em matéria de emprego e ocupação — Convenção n. 100, de 1951, sobre a igualdade de remuneração de homens e mulheres trabalhadores por trabalho de igual valor e Convenção n. 111, de 1958, sobre a discriminação em matéria de emprego e profissão

Trabalho decente

- a proteção e aplicação dos princípios e direitos fundamentais no trabalho e normas internacionais do trabalho

- a geração de oportunidades de trabalho, emprego e renda

- a proteção e a segurança social

- o diálogo social e o diálogo tripartite

Trabalho seguro e saudável

O direito ao trabalho saudável e seguro está intimamente ligado à vida e à dignidade — é, pois, direito fundamental

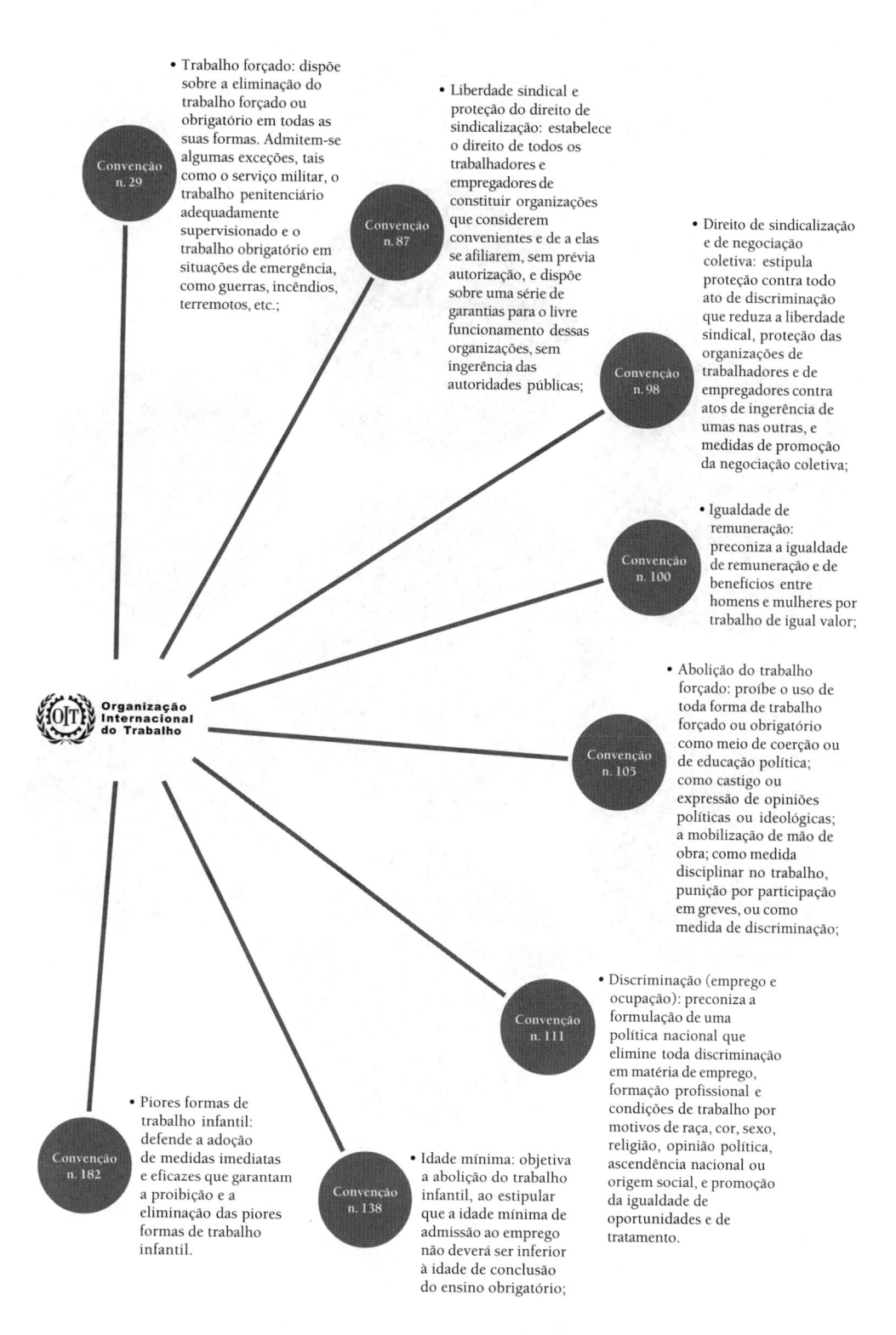

Organização Internacional do Trabalho

- **Convenção n. 29** — Trabalho forçado: dispõe sobre a eliminação do trabalho forçado ou obrigatório em todas as suas formas. Admitem-se algumas exceções, tais como o serviço militar, o trabalho penitenciário adequadamente supervisionado e o trabalho obrigatório em situações de emergência, como guerras, incêndios, terremotos, etc.;

- **Convenção n. 87** — Liberdade sindical e proteção do direito de sindicalização: estabelece o direito de todos os trabalhadores e empregadores de constituir organizações que considerem convenientes e de a elas se afiliarem, sem prévia autorização, e dispõe sobre uma série de garantias para o livre funcionamento dessas organizações, sem ingerência das autoridades públicas;

- **Convenção n. 98** — Direito de sindicalização e de negociação coletiva: estipula proteção contra todo ato de discriminação que reduza a liberdade sindical, proteção das organizações de trabalhadores e de empregadores contra atos de ingerência de umas nas outras, e medidas de promoção da negociação coletiva;

- **Convenção n. 100** — Igualdade de remuneração: preconiza a igualdade de remuneração e de benefícios entre homens e mulheres por trabalho de igual valor;

- **Convenção n. 105** — Abolição do trabalho forçado: proíbe o uso de toda forma de trabalho forçado ou obrigatório como meio de coerção ou de educação política; como castigo ou expressão de opiniões políticas ou ideológicas; a mobilização de mão de obra; como medida disciplinar no trabalho, punição por participação em greves, ou como medida de discriminação;

- **Convenção n. 111** — Discriminação (emprego e ocupação): preconiza a formulação de uma política nacional que elimine toda discriminação em matéria de emprego, formação profissional e condições de trabalho por motivos de raça, cor, sexo, religião, opinião política, ascendência nacional ou origem social, e promoção da igualdade de oportunidades e de tratamento.

- **Convenção n. 138** — Idade mínima: objetiva a abolição do trabalho infantil, ao estipular que a idade mínima de admissão ao emprego não deverá ser inferior à idade de conclusão do ensino obrigatório;

- **Convenção n. 182** — Piores formas de trabalho infantil: defende a adoção de medidas imediatas e eficazes que garantam a proibição e a eliminação das piores formas de trabalho infantil.

RELAÇÃO DE TRABALHO RESPONSÁVEL

- Deve ser promovida e exigida pelo **Estado e órgãos governamentais** inclusive nos contratos públicos
- Deve ser reivindicada e demandada pelos **trabalhadores**
- Deve ser defendida e estimulada pelos **sindicatos, organizações não governamentais e imprensa**
- Deve ser verificada e cobrada pelos **consumidores** em suas decisões de compra (consumo responsável)
- Deve ser convencionada como condição obrigatória para concessões de financiamento, investimentos e empréstimos **por agências de fomento, instituições bancárias e fundos de investimento** (critério ético)
- Deve ser preconizada e defendida pelas empresas em toda a **cadeia de produção e distribuição**

RELAÇÃO DE TRABALHO RESPONSÁVEL atrai diversas vantagens e benefícios:

- a afirmação da dignidade da pessoa humana no trabalho
- a demonstração do compromisso da organização com o futuro
- a efetiva melhora das relações com as partes interessadas
- a valorização da imagem corporativa
- o incremento de sua produtividade e competitividade
- a redução de custos por acidentes e perdas

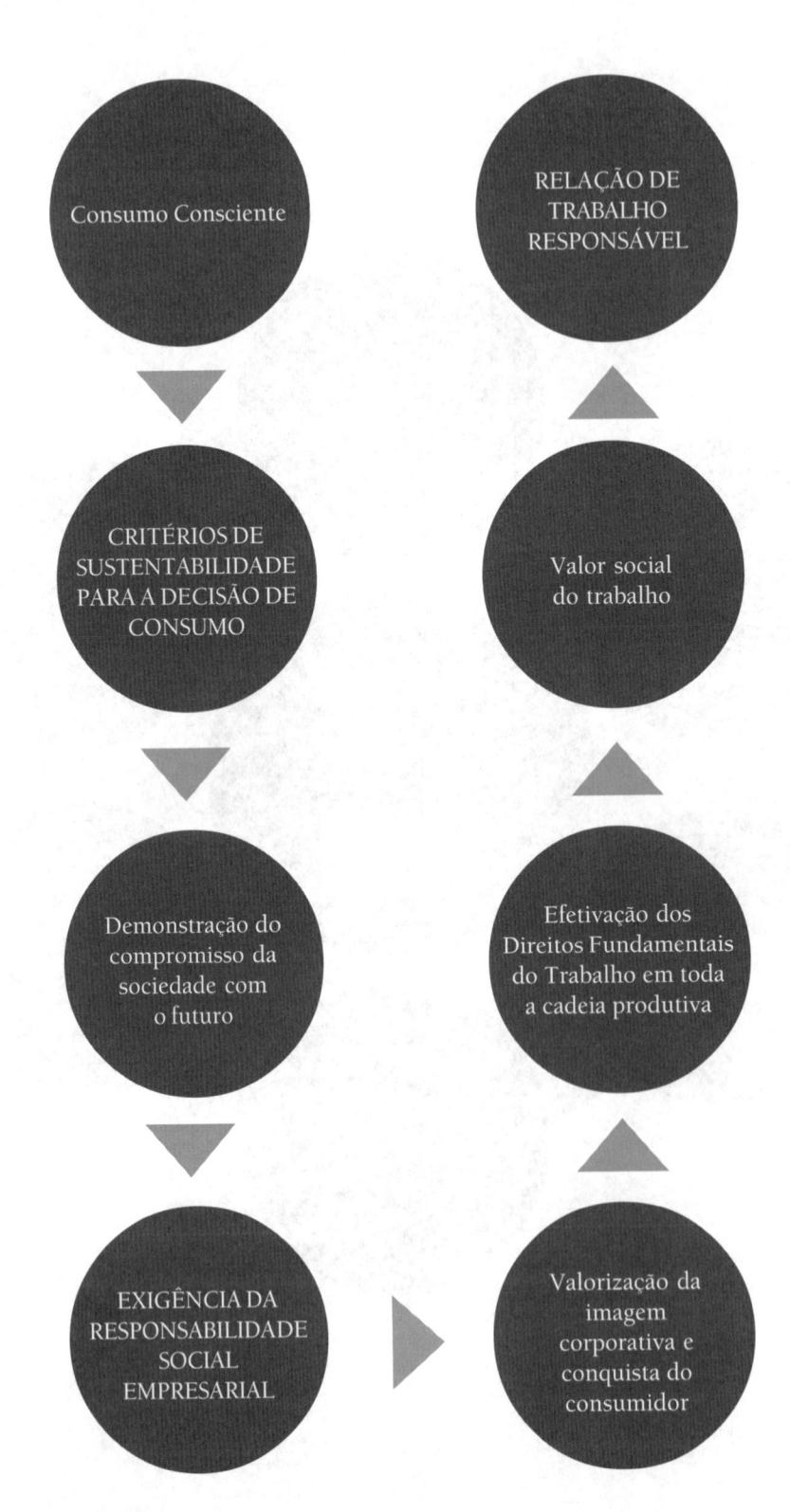

```
Consumo Consciente                          RELAÇÃO DE
                                            TRABALHO
         ▼                                  RESPONSÁVEL
                                                 ▲
CRITÉRIOS DE
SUSTENTABILIDADE                            Valor social
PARA A DECISÃO DE                           do trabalho
CONSUMO
                                                 ▲
         ▼
Demonstração do                             Efetivação dos
compromisso da                              Direitos Fundamentais
sociedade com                               do Trabalho em toda
o futuro                                    a cadeia produtiva

         ▼                                       ▲

EXIGÊNCIA DA                                Valorização da
RESPONSABILIDADE        ▶                   imagem
SOCIAL                                      corporativa e
EMPRESARIAL                                 conquista do
                                            consumidor
```

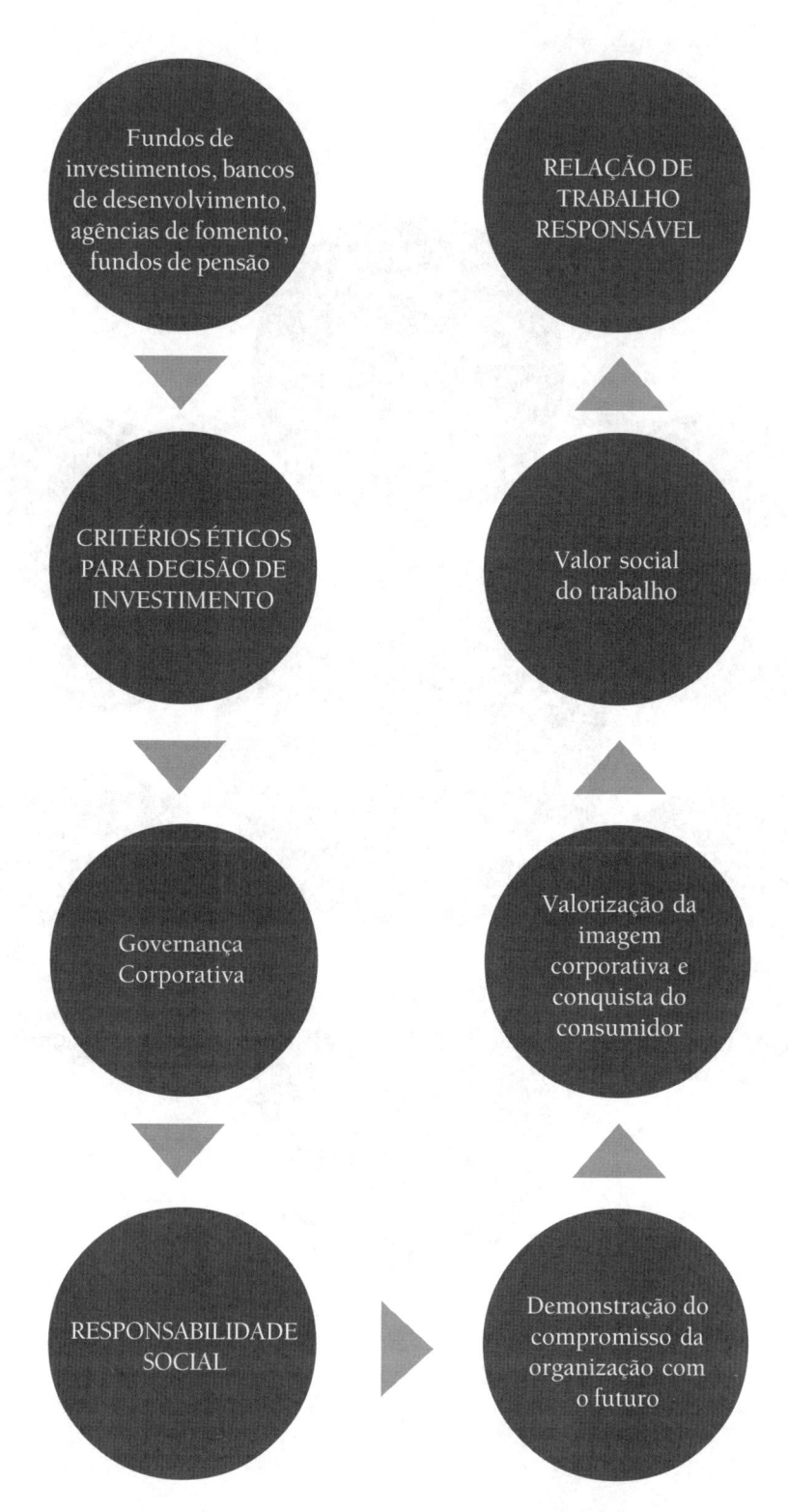

- Fundos de investimentos, bancos de desenvolvimento, agências de fomento, fundos de pensão
- CRITÉRIOS ÉTICOS PARA DECISÃO DE INVESTIMENTO
- Governança Corporativa
- RESPONSABILIDADE SOCIAL
- Demonstração do compromisso da organização com o futuro
- Valorização da imagem corporativa e conquista do consumidor
- Valor social do trabalho
- RELAÇÃO DE TRABALHO RESPONSÁVEL

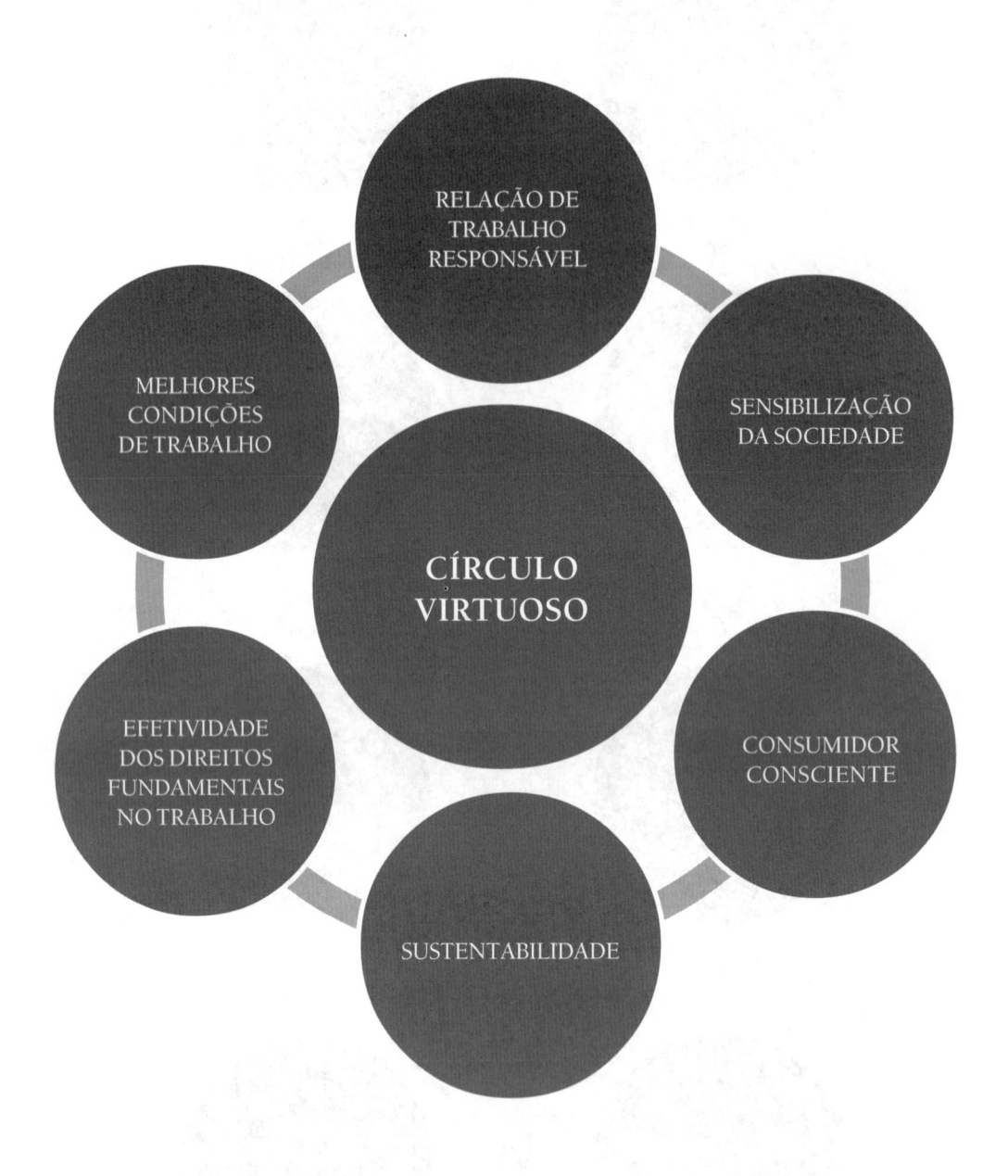

```
                    RELAÇÃO DE
                    TRABALHO
                    RESPONSÁVEL

   MELHORES                          SENSIBILIZAÇÃO
   CONDIÇÕES                         DA SOCIEDADE
   DE TRABALHO

                    CÍRCULO
                    VIRTUOSO

   EFETIVIDADE                       CONSUMIDOR
   DOS DIREITOS                      CONSCIENTE
   FUNDAMENTAIS
   NO TRABALHO

                    SUSTENTABILIDADE
```

Produção Gráfica e Editoração Eletrônica: **RLUX**
Projeto de Capa: **DDR COMUNICAÇÃO**
Impressão: **BARTIRA GRÁFICA E EDITORA**

LTr
Loja Virtual
www.ltr.com.br

LTr
Biblioteca Digital
www.ltrdigital.com.br